本书的研究工作得到国家自然科学基金重点项目
（编号：71033001）的资助

Methods,Technology, and Application of Resource Monitoring of International Scientific Cooperation based on Data Mining

基于数据挖掘的国际科技合作资源监测方法、技术及应用

刘　云　等◎编著

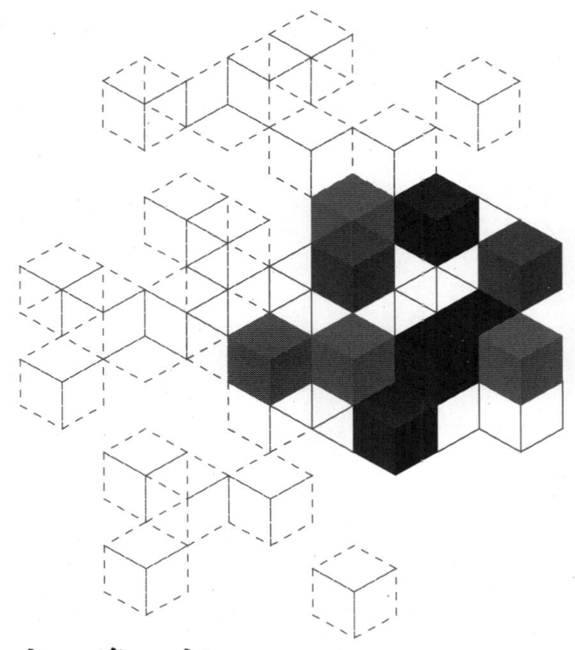

科学出版社

北　京

内 容 简 介

本书首先基于结构化国际科技资源信息数据库及非结构化国际科技资源信息，研究国际科技资源信息的数据抽取技术、学科与技术分类及数据库构建方法；其次，基于文献计量、专利计量、文本挖掘、研究价值图谱、技术路线图方法，研究构建国际科技资源监测分析方法和模型；再次，基于聚类分析、社会网络分析、地理信息系统等方法，研究国际科技资源信息监测分析的可视化方法和模型；最后，介绍了国际科技合作资源监测系统和国际科技资源监测地理信息系统的开发及应用。

本书可供相关专业师生阅读，也可供科技管理人员使用。

图书在版编目(CIP)数据

基于数据挖掘的国际科技合作资源监测方法、技术及应用 / 刘云等编著. —北京：科学出版社，2014

ISBN 978-7-03-041078-8

Ⅰ. ①基…　Ⅱ. ①刘…　Ⅲ. ①国际科技合作-资源管理-数据采集-研究　Ⅳ. ①F113.2

中国版本图书馆 CIP 数据核字（2014）第 127688 号

责任编辑：杨婵娟　乔艳茹 / 责任校对：鲁　素
责任印制：徐晓晨 / 封面设计：铭轩堂
编辑部电话：010—64035853
E-mail：houjunlin@mail.sciencep.com

科学出版社出版
北京东黄城根北街 16 号
邮政编码：100717
http://www.sciencep.com

北京凌奇印刷有限责任公司印刷

科学出版社发行　各地新华书店经销

*

2015 年 7 月第 一 版　开本：720×1000 1/16
2020 年 1 月第四次印刷　印张：16 3/4
字数：309 000

定价：88.00 元

（如有印装质量问题，我社负责调换）

目录

1 绪论

1.1 国际科技合作的重要性

科学是人类共同的财富，科学技术是在人类的共同努力、相互交流中发展起来的。目前，科学技术研究正朝着全球化的方向发展，国际化已成为当代科技研究的重要特征之一。科学研究所涉及问题的空间尺度、投资强度和复杂程度都标志着科学研究已进入一个全球化时代。例如，从事科学研究的科学家正更多地在全球化和网络化的开放环境中相互竞争、交流与合作；跨国公司在不同的国家建立研发机构开展合作研发等活动，充分利用全球科技资源，获得更强大的竞争力，从而成为推进科技全球化的主要力量。今天，科学研究的全球化趋势正在不断扩大，全球化将对科学研究的对象、方向、范围、水平，科学家之间的学术交流与合作方式，以及学科交叉研究的发展产生重大而深远的影响。随着科学技术活动范围的日益扩展和科学信息交流工具的不断发展，科学研究的全球化趋势在未来将会越来越扩大，成为科学研究的一种普遍方式。因此，我国的科学研究必须顺应全球化的潮流，抓住全球化带来的机遇和挑战，把国际合作交流放在一个重要的位置。

多年来，国内外的实践证明，积极开展国际科技合作，在技术引进、人才引进的基础上，实施消化吸收再创新，是实现科技进步的一条捷径，是发展中国家和落后地区实现技术跨越的有效手段。经过 30 多年的改革开放，我国国际科技合作进入了新的战略转型期，国际科技合作对促进我国科技的跨越发展、增强我国科技自主创新能力的作用日益明显，在推进科技、经济、社会发展中的战略地位日益提升。《“十一五”国际科技合作实施纲要》明确指出，未来我国国际科技合作要实现战略转变，树立全局观念，加强宏观指导和统筹协调，形成资源共享、信息沟通、政策配套、多方参与的“大国际科技合作”的新格局，充分利用全球科技资源，更好地服务于国家战略目标，在体制和机制上保障《国家中长期科学和技术发展规划纲要（2006—2020年）》的贯彻落实。

围绕国家科技发展战略，建立高层次、高水平的对外科技合作平台，以充分利用国际科技资源，增强我国科技自主创新能力，努力为国家经济建设和社会发展服务，为国家科技发展和建设中国特色国家创新体系服务，是我国科研管理的一项重要任务。

国家“国际科技合作专项”是国家层面上首个也是唯一的旨在通过整合、统筹，充分利用全球科技资源，提高自主创新能力的对外国际科技合作与交流平台。“国际科技合作专项”配合国家外交战略，有选择地资助一批政府间科技合作协定中的重点项目，以及一批有效利用全球科技资源，着力解决制约我国社会、经济、科技发展的重大科学问题和关键技术瓶颈，有利于实现“重点跨越”的重大国际科技合作项目。该计划自启动以来，每年针对我国重点领域及项目展开的国际合作进行资助，在逐年增长的国际合作与交流专项经费的基础上，整合863计划、973计划、科技支撑计划等国家各大科技计划中的国际合作资源，形成了国际科技合作凝聚力。其中，2001～2006年立项的国际科技合作项目共424项；而2007年和2008年分别立项170项和233项，合作项目分别涉及27个、41个国家和地区组织，主要集中在欧洲、北美洲和亚洲，尤以美国、德国、日本、荷兰、澳大利亚、俄罗斯、英国等为主。中华人民共和国科学技术部（以下简称科技部）专项经费资助超过4亿元，集成国际科技合作经费超过10亿元，工作重点是政府间国际科技合作项目，以及围绕中医药、新能源、信息通信、生物医药、纳米技术等重点领域的合作项目。

在科学技术全球化的今天，国际科学技术合作已经成为国家科技发展战略中的一个重要组成部分。由于人类对未知世界的探索是无限的，而社会可以用于科学探索的资源却是有限的，所以无论是发达国家要保持在科学知识前沿领域的领先地位，还是发展中国家在原本落后的起点上实现局部突破、跨越式发展，都需要通过国际合作的途径，在全球范围内整合有限的资源，以求得本国科学技术最有效的发展。综上，我国的科研管理工作者应深入研究，在充分考虑国家安全和国家利益的前提下，在国际科技合作的对象选择、资源配置等方面制定并采取有效措施，使国家的科学技术研究在科技全球化的大趋势下获得更高的效率。

1.2 国际科技合作资源挖掘的意义

随着计算机技术和网络技术的广泛使用，以及各类科技文献信息服务系统的涌现，科研用户要查找所需的基础文献已不再是难事，而对研究领域内的科技热点、前沿、发展趋势、领域内的知识结构及发展变化过程、领域内科研活动主体之间的各种关系等更加专业化和深层次的知识服务有着强烈的需求。当前科学技术日新月异，科研工作也广泛深入开展，新兴学科和交叉学科不断出现，科学研究要解决的问题也日益复杂，跨学科、跨机构、跨区域的科研协同已成为科学发展的必然趋势，未来的科研工作将更多地由分散在不同地域的研究团体通过合作的方式进行，便于交流和协作的科研信息环境是科研工作取得成功的重要保障。

此外，现代科学的发展为社会和科学家们提供了越来越多的科研机会，科学研究领域也越来越广阔。这就向现代的科技决策管理者提出了一个难以解决的问题，即任何一个国家和政府都无法满足科学家们无尽的探索能力和科研兴趣，无法给当代科学活动以全面的支持，而必须有所选择。因此，在科学资源和科技经费受限的情况下，我们开展的国际合作项目必须是高水平的国际合作项目。

在我国国际科技合作的宏观战略制定和计划项目管理中，决策者、管理者、战略专家和评审专家经常遇到无法准确判断合作伙伴的质量和水平的问题，中方寻找合作伙伴也存在一定的随意性，缺乏一个高水平的国际科技合作资源数据中心和监测分析系统为决策者、管理者和执行者提供行动参考，致使我国的国际科技合作难以把握战略上的主动权和针对性，一些低水平、低效率的合作活动削弱了我国国际科技合作应有的作用，不能适应新时期国际科技合作战略转型和国家财政对国际科技合作经费投入大幅提升的发展需求。因此，研究建立高水平的国际科技合作资源监测平台，对提升我国国际科技合作战略管理的科学化水平和实现合作中的效益最大化意义重大。

开展高水平的国际科技合作，首先要识别一流水平的国际科技合作资源。我们将国际科技合作资源界定为一流机构、一流人才和一流技术，那么，这“三个一流”国际资源在哪里？如何挖掘？如何评价？如何表征？这是本书要解决的关键问题，通过研究开发面向结构化和非结构化的国际科学技术信息的数据挖掘与可视化方法和技术，构建国际科技合作资源监测系统，建立可视化的国际科技合作资源多维分布地图，为国家的国际科技合作宏观战略管理和产学研寻找高质量的国际科技合作伙伴提供决策支持平台。

1.3 国内外研究现状

近年来，随着科技文献信息量的猛增、科技信息资源和科学研究朝着数字化方向的发展、计算能力提高和计算速度的迅速增长、存储容量的不断提高，以及一系列新的挖掘、分析、检索、可视化等技术的成熟应用，国内外在科技监测领域开展了一些理论研究和实践探索。

1.3.1 国外研究现状

在科技监测领域，国外已基于科技文献和互联网信息资源，在监测模型、相关算法和系统工具等方面开展了大量的理论研究与应用实践，具体如下。

德国 Transinsight 公司与德累斯顿工业大学（Technische Universität Dresden，TU Dresden）的生物信息集团合作研发的 Gopubmed，基于语义分类工具 Gene Ontology 和 Mesh，实现语义网络、生物医学信息检索和生物医学热点可视化分析的相互结合，帮助用户迅速定位某一领域的热点术语、核心作者、核心期刊、年度分布、著者城市分布及国家分布；美国科学信息研究所（Institute for Scientific Information，ISI）2004 年在对 Web of Knowledge 升级过程中新增了分析工具 Result Analysis，使用户能够对通过检索获得的数据进行深入挖掘，并将检索结果进行过滤，揭示出隐含的趋势和模式，从而达到掌握领域科技研究热点的目的；美国利哈伊大学（Lehigh University）开发了分层分布式动态索引（hierarchical distributed dynamic indexing，HDDI），利用语义局部性区域方法进行概念的聚类，并通过神经网络来识别新兴概念；美国曼彻斯特大学研发的 TimeMines 系统可以从具有时间阈的自由文本集合中生成时间线，该系统可以基于统计属性，对语义特征进行监测、排序及分类，从而确定科技研究热点；美国德克赛尔大学研发的 Citespace 采用基于突发词的科技动态监测方法，辨识和探测学科知识领域研究的热点，预测知识领域发展的前沿趋势；Kleinberg 于 2002 年提出了突发监测算法，它主要关注焦点词和相对增长率突然提高的词。突发词监测法更注重的是研究领域内研究活跃、有潜在影响研究热点的因素，突发词监测有助于发现、推动学科（或主题）研究发展中的微观因素。

1.3.2 国内研究现状

国内在科技监测领域的研究开展得相对较晚，处于起步阶段，但也有一些成果。

在理论探讨和科技监测实践方面，北京理工大学朱东华和袁军鹏（2004）提出了“科技监测”的概念和目标，并开展了基于智能化知识采掘的高新技术监测分析技术研究；中国农业科学研究院农业信息研究所进行了农业热点及重大事件监测与快速反应机制研究与实践；复旦大学周傲英教授（2001～2003 年）开展了基于 Web 的信息主题的监测与跟踪研究，对互联网科技资源实现了科技监测技术的研究探索；中国科学院国家科学图书馆自 2004 年 12 月开始，每月出版《科学研究动态监测快报》，报道各科学领域的国际科技战略与规划、科技计划与预算、科技前沿与热点、重大研发与应用、科技政策与管理等方面的最新进展与发展动态；国家科技图书文献中心在 2006 年启动了“十一五”国家科技支撑计划重点项目“科技文献信息服务系统关键技术研究及应用示范”，开展了“科技热点动态监测技术研究与应用”的研究工作，由北京邮电大学与北京万方数据有限公司合作，对基于数据挖掘、文献计量学、复杂网络理论的科技热点监测和科技评价方法开展了探索性研究工作。科技热点动态监测技术研究与应用主要是针对互联网中文科技信息资源进行监测，尚未涉及对基于大型科技数据库的海量外文科技文献的动态监测与分析。从科技监测的领域应用上来看，中国医学科学院、中国农业科学院及中国科学技术信息研究所从知识组织、知识抽取、文本表示、聚类算法、知识演化等角度开展了相关的研究，并且在医药卫生领域、科技领域及农业领域开展了初步的科技监测应用。

国内在科技监测方面的理论、方法及系统建设方面尚处于起步、探索阶段，在高新技术监测、基于网络数据的科技热点监测，以及医药卫生领域的科技监测等方面取得了一定的成果，但是，对面向国际科技合作的科技资源监测体系的研究尚属空白。

本书调研分析国际科技资源信息的分布状况及变化趋势，有效利用国外在数据挖掘、科学计量分析、专利数据分析、技术机会分析、科技评价、科技政策、高技术评估等领域的优势，引进国外先进技术和人才，合作研究面向结构化和非结构化国际科技资源信息的数据挖掘、计量分析和可视化技术，开发具有自主知识产权的国际科技资源信息监测分析系统，为国家制定国际科技合作战略和实施国际科技合作计划管理提供决策支持，为产学研各界选择国际合作伙伴、有效利用全球科技资源、开展高水平的国际合作提供信息支持。

2

国际科技合作资源信息来源及特点分析

2.1 结构化国际科技资源信息数据库

2.1.1 科学引文索引数据库

科学引文索引（Science Citation Index，SCI），创办于1961年，是国际上收集科学论文相互引证最为完备的数据库，由引文索引、来源索引和轮排主题索引三个主要部分组成。

经过50多年的发展，SCI逐步形成了印刷版、磁带版、光盘版、联机版和网络版等多种版本相结合的国际科技论文检索体系。其中，网络版科学引文索引（Web of Science）是SCI发展中的最新代表。1997年，ISI在光盘版科学引文索引的基础上发布了Web of Science（其网址为http://www.isinet.com），提供网络ISI引文数据库检索。网络版科学引文索引涵盖了世界上最重要的自然科学、社会科学、艺术和人文期刊引文数据库，提供多学科、高质量的研究信息。Web of Science的出现，是现代网络技术发展和信息技术更新需求相结合的产物，其信息交流快捷、准确、全面的特点，不仅导致国外用户数量的激增，也引起了我国高等院校、科研单位及信息服务机构的重视。

Web of Science作为一种综合性文献检索工具，数据来源于世界上40多个国家和地区的学术期刊、专题文集和会议录，以及大量的专利文献和科技图书等。涉及的学科包括生物学、农学、医学、化学、物理学、地球科学、生命科学等。其中，引文索引数据库主要包括：

(1) SCI 3500 种期刊；

(2) 社会科学引文索引（Social Science Citation Index，SSCI）1700 种期刊；

(3) 艺术与人文引文索引（Art & Humanities Citation Index，A&HCI）1150 种期刊；

(4) 其他专业引文索引。

2.1.1.1 SCI 的选刊原则及要求

SCI 只收录其选定的来源期刊，而且对有的来源期刊也不是全部收录。据统计，全世界每年出版的科技期刊多达 10 万种以上。SCI 编者根据“加菲尔德文献集中定律”及“费用-效果”原则选择入选期刊。情报学家加菲尔德在研究文献引用情况后得出的结果表明，大量（75%左右）的被引用文献出自少数“核心期刊”，而其余少数被引用文献则分散在大量期刊上，入选 SCI 的期刊不及全世界科技期刊总量的 6%。

SCI 对入选期刊有一定的要求，主要包括以下几个方面。

(1) 基本的期刊出版标准：要求期刊做到及时出版，遵循国际编辑惯例提供足够的英文信息（包括文献标题、摘要、关键词、目录），包括作者的全部联系信息，以及期刊编辑、审稿人的同行审阅制度等。

(2) 期刊内容：收录期刊论文的内容能充实 ISI 的数据库，强调在内容上要能反映新进展，研究的是热点问题、领导或有特殊意义的领域。严格审稿，确保内容的科学性。

(3) 国际化程度：被选期刊能正确反映科学研究的全球性，表现为多国家的作者群，引用刊物的多国性等。

(4) 引文分析：引文数据包括被引频次、影响因子、即时指数、引用半衰期等各项指标，利用这些指标对期刊进行定量评价。其中，影响因子是一个很重要的衡量标准，影响因子高的期刊就是重点期刊。SCI 对入选的刊物进行动态管理，每年评出有前景的新刊，淘汰利用率不高的旧刊。

2.1.1.2 SCI 的主要应用

SCI 作为一种大型的、综合性的检索工具，也是一套比较科学的检索体系。通过揭示引证与被引证的关系，可以反映当年、几年前、几十年前甚至上个世纪与当前作者或学科之间的关系。这就是“引证分析法”作为一种科学计量方法的独特之处，该方法已被越来越多的人所认识和采纳。目前，用引证分析法评价学科的发展状况、预测学科可能的发展趋势和突破，评价科学家的影响或成就，评价科学期刊甚至某些重要论文的学术价值等问题早已不是尤金·加菲尔德和他的科学情报研究所所能预料到的，而是作为一门学科在世界范围内被采用，成为文献计量学的一个重要组成部分。我国也不例外，广大科技情报人员、科技管理者在理论研究和工作实践中使得 SCI 及引证分析法得到了广泛应用，具体表现为以下五个方面。

（1）测定核心期刊和评价期刊、图书、论文质量等方面的应用。核心期刊又被称为“重点期刊”“常用期刊”“基本期刊”，是指那些信息密度大、刊载的文章重要、具有权威性、代表着某一学科的水平、受读者重视的期刊。测定核心期刊是在期刊评价的基础上进行的。测定核心期刊是图书情报系统的一项业务工作，对于文献情报的选择、管理和利用等都有着重要的意义。尤其是在当今期刊数量激增和文献经费日趋紧张的情况下，这项工作显得更为重要。测定核心期刊的关键是要选择和采用较为科学的、具有定量分析的合适方法。目前，常用的方法有布拉德福定律和引文分析法。

（2）评价作者学术水平的重要参考。引文索引的出版，为文献计量学在人才评价方面的应用开拓了极为广阔的前景。利用引文分析法评价人才主要是根据科学文献与科技人才之间的内在联系来评价。具体来说，科技人员的成就和学术造诣不仅与其发表的文献数量有关，而且与其文献的被引数量有着一定的联系。文献的被引用次数越多，不仅在一定程度上反映了文献的质量和价值，同时也能说明该文献作者在学术界的影响和地位及其对社会的贡献。而且，对于某一作者来说，发表的文献越多，被引用的次数也可能越多。因此，作者文献被引频率既从质量上也从数量上反映了文献价值，因而可以作为衡量和评价作者学术水平高低的一种重要参考依据。

（3）评价科研机构学术水平的参考。统计某个科研机构的成员发表文章的发文数和被引用的总次数是评价该机构学术成就的一种参考依据，可以从某种程度上证明该科研机构的整体科研能力和科研产出情况。

（4）科学学研究的重要工具。引文索引具有独特的结构，它既揭示了文献的外部特征，又反映出有关文献在学科内容上的联系。这种由文献引证与被引证关系体现的学科相关性，使大量科学文献以学科形式构成“引文网络”或“引文链”。利用引文索引提供系统资料，对“引文网络”和“引文链”进行分析，便可找出文献间的学科联系，追溯学科知识的进化，从而探讨学科横向的内在结构和纵向的发展变化规律。通过学科间的相互引证率和学科内的“自引率”的研究，可以反映出某学科利用情报源的分布结构，从而为组织专科情报、制定文献比例、合理分配经费等情报管理工作的科学化提供依据。

（5）预测学中的应用。依据引文索引中“引文链”和“引文网络”，可以预测某一学科的未来发展方向及其应用，可以促进边缘学科或交叉学科的产生，还可以展望国家之间、科研机构之间、科学家之间的相互协作。依据“引证率”和“被引证率”也可以预测未来的学术带头人及其发展潜力，为人才培养提供依据，为预测科学奖励对象提供参考。

2.1.1.3 SCI 的检索举例

1）数据库选择

进入 http：//isiknowledge. com，选择 Web of Science 数据库（图 2.1）。

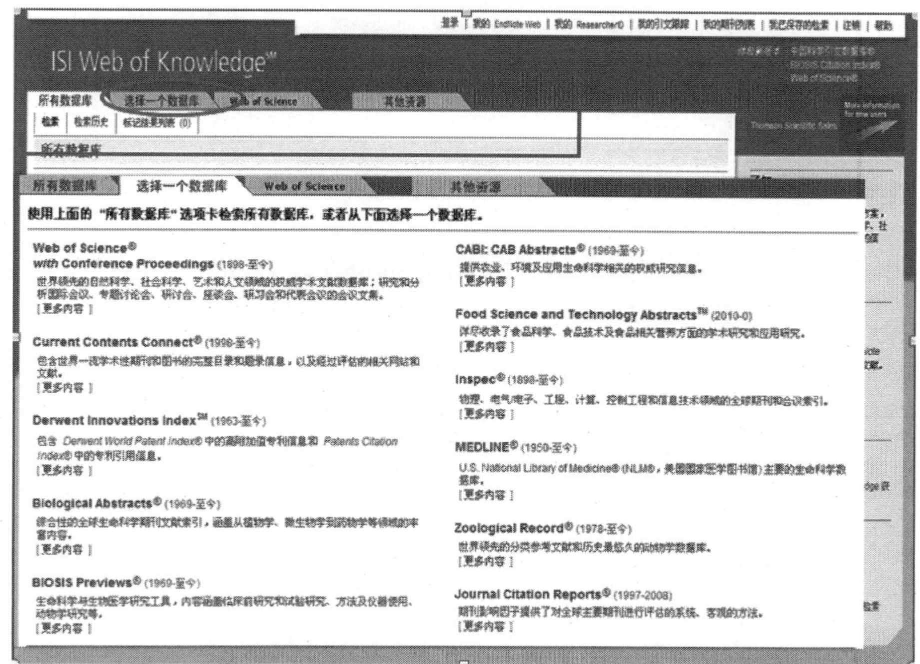

图 2.1 数据库的选择

2）检索字段选择

如图 2.2 所示，进入数据检索界面后，根据检索项，可以选择从论文的主题、标题、作者、出版物名称等多个角度进行检索。图 2.3 给出了一个具体的检索实例。

3）检索结果显示

根据检索式得到结果后，可以选择被引频次、相关性、来源出版物等方式进行重新排序，并可利用左侧的工具栏，对检索结果进行精炼和分析，如图 2.4 所示。

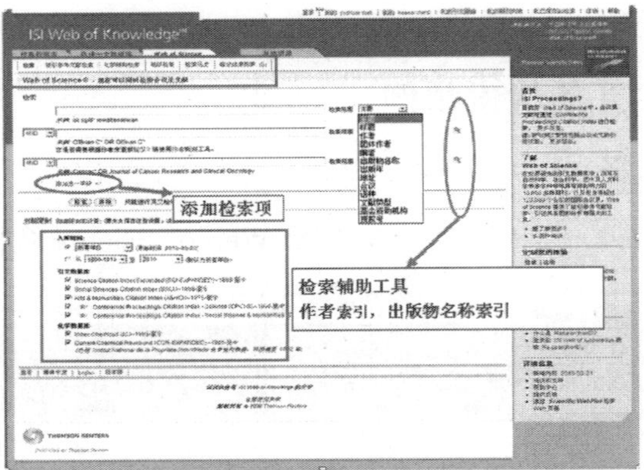

图 2.2　检索字段的选择

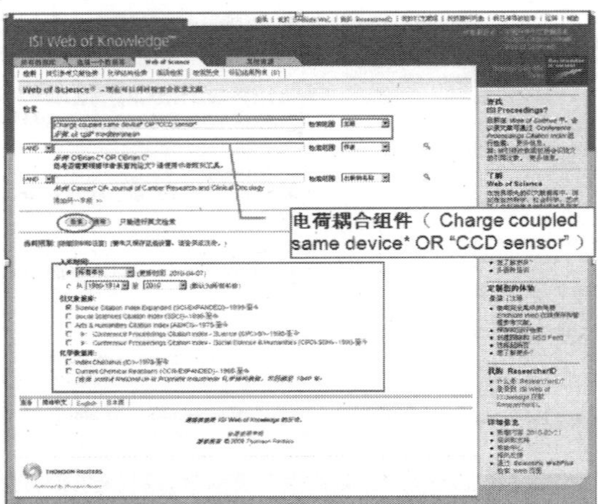

图 2.3　检索实例

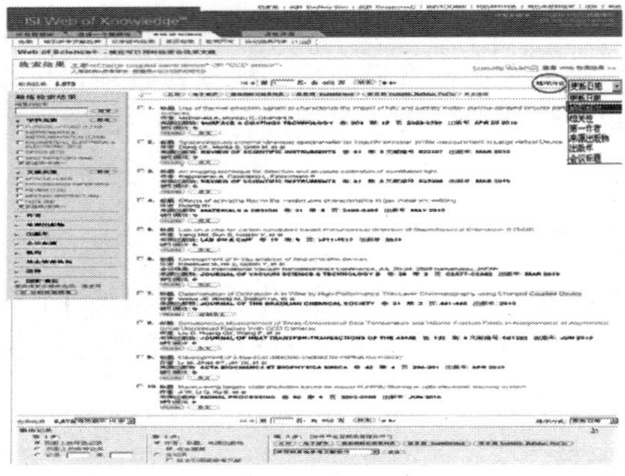

图 2.4　检索结果

2.1.2　美国专利数据库

美国专利商标局（United States Patent and Trademark Office，USPTO）成立于200多年前，是美国专利和商标事务的专责行政机构。它提供的服务包括处理专利、商标应用、发布专利和商标信息。USPTO负责美国专利申请案件，同时也提供免费查询所有的美国专利数据检索服务。该网站针对不同的信息用户设置了专利授权数据库、专利申请公布数据库、法律状态检索、专利权转移检索、专利基因序列表检索、撤回专利检索、延长专利保护期检索、专利公报检索及专利分类等。

2.1.2.1　USPTO专利数据库收录范围

美国专利授权数据库收录了1790年至最近一周USPTO公布的全部授权专利文献。该检索系统中包含的专利文献种类有：发明专利、设计专利、植物专利、再公告专利、防卫性公告和依法注册的发明。

按照专利资料的不同类型，USPTO收录的美国专利信息分为已授权专利文献和申请中的专利文献两部分：已授权专利文献（issued patents）包括自1976年起已公开的专利全文及1790年起的专利全文影像；申请中的专利文献（published applications）包括自2001年3月15日起已公开的专利全文及其专利全文影像。USPTO专利数据库在网上可免费使用，并且提供近两年美国专利申请件查询。数据库每周二更新一次。

2.1.2.2　USPTO专利数据库的功能与特色

USPTO专利数据库主要有以下三个特色：

（1）免费提供的专利全文与全文影像资料，提供References Cited连接功能，可以立即链接到引用此专利及此专利引用的美国专利。

（2）提供专利分类号辅助检索界面（http：//www. uspto. gov/go/classification/），以协助使用者检索复杂的专利分类号系统。

（3）双向超链接的方式，取得某篇专利所引用的专利与引用此专利的其他相关专利

2.1.2.3　检索数据库及检索方式

1）专利授权数据库

该检索系统中包含的专利文献种类有：发明专利、设计专利、植物专利、再公告专利、防卫性公告和依法注册的发明。其中，1790～1975年的数据只有

图像型全文，可检索的字段只有专利号、美国专利分类号和授权日期 3 个；1976 年 1 月 1 日以后的数据除了图像型全文外，还包括可检索的授权专利基本著录项目、文摘和文本型专利全文数据，可通过最多 31 个字段进行检索。

2）专利申请公布数据库

可供用户从 23 种检索入口检索 2001 年 3 月 15 日以来公布的美国专利申请公布文献，同时提供文本型和扫描图像型全文美国专利申请公布说明书，可供公众进行美国专利申请公布的全文检索及浏览。其专利申请公布说明书的起始号为 20010000001。

3）专利公报检索

可浏览 Patents OG（最近 52 期电子形式美国专利公报全部内容）和 OG（Official Gazette，最近 10 年美国专利公报中的“Notices”）内容。

4）专利分类检索

可检索最新版本的美国专利分类表中的相关主题的分类号，并直接浏览该类号下所属专利文献全文。

5）法律状态检索

通过查找专利缴费情况确定专利是否提前失效，通过查找撤回的专利确定专利是否在授权的同时被撤回，通过查找专利保护期延长的具体时间确定专利的最终失效日期，通过查找继续数据确定专利是否有继续申请、部分继续申请、分案申请等相关联的情报，还可以查看专利的审批情况及与该专利有关的其他信息等。

6）撤回专利检索

收录至最新公布日撤回的所有专利的目录。

2.1.2.4 专利检索举例

1）选择 USPTO 专利检索功能

进入 USPTO 官方网站（http：//www. uspto. gov），点击加框区域进入专利检索页面，如图 2.5 所示。

2）选择专利检索数据库与检索方式

在 USPTO 的专利全文与图片数据库（USPTO Patent Full-Text and Image Database，PatFT）中，提供了三种检索方式：快速检索，高级检索，专利号检索。点击加框区域，选择高级检索方式，如图 2.6 所示。

图 2.5 进入 USPTO 专利检索页面

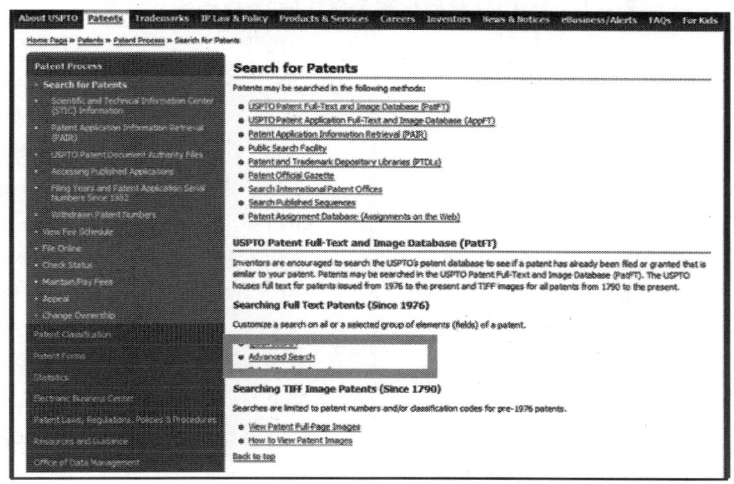

图 2.6 选择专利检索数据库及检索方式

3）输入检索式

高级检索界面中（图 2.7），有一个供输入检索表达式的文本框 Query，一个供选取检索的年代范围的选项（1976 年至今的美国授权专利的全文文本和 1790 年至今的整个数据库内的授权专利），下面的字段框内有 31 个可供检索的字段，包括“Field Code”（字段代码）和“Field Name”（字段名）的对照表。点击“Field Name”可以查看该字段的解释及具体信息的输入方式。检索的表示方法：检索字段代码/检索项字符串。可供检索的字段见表 2.1。

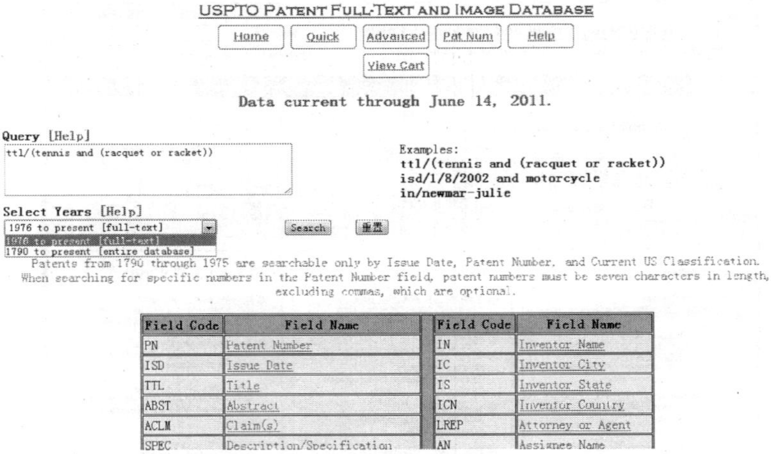

USPTO PATENT FULL-TEXT AND IMAGE DATABASE

Home | Quick | Advanced | Pat Num | Help

View Cart

Data current through June 14, 2011.

Query [Help]

ttl/(tennis and (racquet or racket))

Examples:
ttl/(tennis and (racquet or racket))
isd/1/8/2002 and motorcycle
in/newmar-julie

Select Years [Help]

1976 to present [full-text]
1976 to present [full-text]
1790 to present [entire database]

Search 重置

Patents from 1790 through 1975 are searchable only by Issue Date, Patent Number, and Current US Classification.
When searching for specific numbers in the Patent Number field, patent numbers must be seven characters in length, excluding commas, which are optional.

Field Code	Field Name	Field Code	Field Name
PN	Patent Number	IN	Inventor Name
ISD	Issue Date	IC	Inventor City
TTL	Title	IS	Inventor State
ABST	Abstract	ICN	Inventor Country
ACLM	Claim(s)	LREP	Attorney or Agent
SPEC	Description/Specification	AN	Assignee Name

图 2.7　USPTO 专利数据库高级检索界面

表 2.1　USPTO 高级检索字段代码-字段名称对照表

字段代码	字段名	字段代码	字段名
PN	Patent Number	IN	Inventor Name
ISD	Issue Date	IC	Inventor City
TTL	Title	IS	Inventor State
ABST	Abstract	ICN	Inventor Country
ACLM	Claim (s)	LREP	Attorney or Agent
SPEC	Description/Specification	AN	Assignee Name
CCL	Current US Classification	AC	Assignee City
ICL	International Classification	AS	Assignee State
APN	Application Serial Number	ACN	Assignee Country
APD	Application Date	EXP	Primary Examiner
PARN	Parent Case Information	EXA	Assistant Examiner
RLAP	Related US App. Data	REF	Referenced By
REIS	Reissue Data	FREF	Foreign References
PRIR	Foreign Priority	OREF	Other References
PCT	PCT Information	GOVT	Government Interest
APT	Application Type		

4）检索结果输出

在检索结果列表显示界面，检索结果中的记录排序是按照专利文献公布日期由后到前的顺序排列的，分页列示全部命中专利，每页 50 条（图 2.8）。点击专利号或专利名称可以打开并查看专利全文页面（图 2.9）。

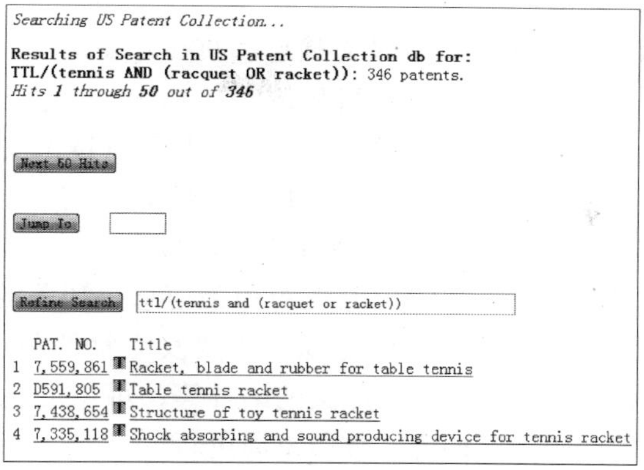

Searching US Patent Collection...

Results of Search in US Patent Collection db for:
TTL/(tennis AND (racquet OR racket)): 346 patents.
Hits 1 through 50 out of 346

Next 50 Hits

Jump To

Refine Search　ttl/(tennis and (racquet or racket))

	PAT. NO.	Title
1	7,559,861	Racket, blade and rubber for table tennis
2	D591,805	Table tennis racket
3	7,438,654	Structure of toy tennis racket
4	7,335,118	Shock absorbing and sound producing device for tennis racket

图 2.8　专利检索结果显示

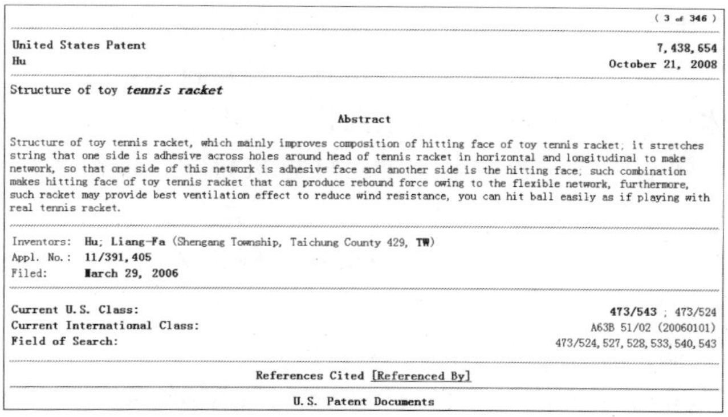

(3 of 346)

United States Patent　7,438,654
Hu　October 21, 2008

Structure of toy ***tennis racket***

Abstract

Structure of toy tennis racket, which mainly improves composition of hitting face of toy tennis racket; it stretches string that one side is adhesive across holes around head of tennis racket in horizontal and longitudinal to make network, so that one side of this network is adhesive face and another side is the hitting face; such combination makes hitting face of toy tennis racket that can produce rebound force owing to the flexible network, furthermore, such racket may provide best ventilation effect to reduce wind resistance, you can hit ball easily as if playing with real tennis racket.

Inventors: **Hu; Liang-Fa** (Shengang Township, Taichung County 429, **TW**)
Appl. No.: **11/391,405**
Filed: **March 29, 2006**

Current U.S. Class: **473/543**; 473/524
Current International Class: A63B 51/02 (20060101)
Field of Search: 473/524, 527, 528, 533, 540, 543

References Cited [Referenced By]

U.S. Patent Documents

图 2.9　专利全文页面

2.1.3　INSPEC 数据库

INSPEC（Information Service in Physics，Electro-technology，Computer and Control）数据库创建于 1969 年，是由国际电气工程师学会（The Institute of Electrical Engineers，IEE）创办的全球著名的科技文摘数据库之一。目前它收录了全球尖端科技信息资料，包括物理、电子工程、电子学、通信、控制工程、计算机科学及信息技术等领域 750 多万条国际性期刊文章、会议论文、技术报告、学位论文及图书资料的书目记录。INSPEC 共收录 3500 多种期刊（其中有 1400 种是完全收录）、1500 多种会议记录，以及大量图书、报告及学位论文的摘要和索引。除了基本的检索功能，INSPEC 还提供了近期通报、最新产品信息、技术预报、专利相关检索等功能。INSPEC CD-ROM 数据库中还包括 INSPEC 辞典、INSPEC 分类号、期刊清单。INSPEC CD-ROM 的检索功能在原有的基础上增加了新的功能。

截至 2007 年 1 月，INSPEC 收录文献超过 900 万条，每年新增约 50 万条文献，数据每周更新。它涉及的主要学科领域包括物理、电子与电气工程、计算机与控制，以及信息技术。数据库涵盖了 700 多万篇科技论文，它为物理学家、工程师、信息专家、研究人员与科学家提供了不可或缺的信息服务。

INSPEC 收录的信息包括 4000 多种科技期刊的摘要与索引、2000 多个会议录，同时还有图书、研究报告和学位论文的相关信息；涵盖的文献年限自 1898 年至今；每一条记录均包含英文文献标题与摘要及完整的题录信息，包括期刊名或会议名、作者姓名与作者机构、原文的语种等；每一条记录也包含 INSPEC 提供的控制词表、叙词和主题词等；数据每周更新。

INSPEC 收录的信息覆盖的学科范围包括：原子物理及分子物理，数学和数学物理，凝聚态物理，气体、流体、等离子体，光学和激光，声学、电力系统，热力学，磁学，生物物理和生物工程，原子物理，基本粒子，核物理、仪器制造与测量，半导体物理，天文学与大气物理，材料科学，水科学与海洋学，环境科学，超导体，电路、电路元件和电路设计，电信，超导体，电子光学和激光，电力系统，微电子学，医学电子学，计算机科学，控制系统及理论，人工智能，软件工程，办公室自动化，机器人，情报学。

与 INSPEC 相对应的印刷本检索刊物是《科学文摘》（Science Abstracts，SA），包括以下 3 个分辑：

(1)《物理文摘》(Physical Abstracts，PA)；

(2)《电气与电子学文摘》(Electrical and Electronics Abstracts，EEA)；

(3)《计算机与控制文摘》(Computer and Control Abstracts，CCA)。

收录的内容目前包含以下 5 个学科：

(1) 物理；

(2) 电子与电气工程；

(3) 计算机与控制；

(4) 信息技术；

(5) 生产和制造。

2.1.4 工程索引

工程索引（The Engineering Index，EI）创刊于 1884 年，是美国工程信息公司（Engineering information Inc.）出版的著名工程技术类综合性检索工具。EI 每月出版 1 期，文摘 1.3 万～1.4 万条；每期附有主题索引与作者索引；每年还另外出版年卷本和年度索引，年度索引还增加了作者单位索引。收录文献几乎涉及工程技术各个领域，如动力、电工、电子、自动控制、矿冶、金属工艺、机械制造、土建、水利等。它具有综合性强、资料来源广、地理覆盖面广、报道量大、报道质量高、权威性强等特点。

出版形式有印刷版（期刊形式）、电子版（磁带）及缩微胶片。EI 选用世界上工程技术类几十个国家和地区的 15 个语种的 3500 余种期刊和 1000 余种会议录、科技报告、标准、图书等出版物。年报道文献量 16 万余条。

EI Compendex 是全世界最早的工程文摘来源。EI Compendex 数据库每年新增的 50 万条文摘索引信息分别来自 5100 种工程期刊、会议文集和技术报告。EI Compendex 收录的文献涵盖了所有的工程领域，其中大约 22％为会议文献，90％的文献语种是英文。

EI 在 1992 年开始收录中国期刊。1998 年 EI 在清华大学图书馆建立了 EI 中国镜像站。为了让中国用户与全球用户同步使用 EV2 数据库，EI 公司已实施 EV2 中国用户的平台转换工作。转换时间是 2011 年 4 月 27 日，平台转换后，现有成员全部通过国际站点访问 EV2 数据库，清华镜像站点将停止使用。届时如果用户仍登录原镜像站点，将会有弹出信息提醒用户使用国际站点。

2009 年以前，EI 把它收录的论文分为两个档次：一是 EI Compendex 标引文摘（也称核心数据），它收录论文的题录、摘要，并以主题词、分类号进行标引深加工，有没有主题词和分类号是判断论文是否被 EI 正式收录的唯一标志；二是 EI Page One 题录（也称非核心数据），主要以题录形式报道，有的也带有摘要，但未进行深加工，没有主题词和分类号。

EI Compendex 数据库从 2009 年 1 月起，所收录的中国期刊数据不再区分核心数据和非核心数据。

EI 对稿件内容和学术水平的要求有如下四个方面。

（1）具有较高学术水平的工程论文，包括的学科有：机械工程、机电工程、船舶工程、制造技术等；矿业、冶金、材料工程、金属材料、有色金属、陶瓷、塑料及聚合物工程等；土木工程、建筑工程、结构工程、海洋工程、水利工程等；电气工程、电厂、电子工程、通信、自动控制、计算机、计算技术、软件、航空航天技术等；化学工程、石油化工、燃烧技术、生物技术、轻工纺织、食品工业；工程管理。

（2）国家自然科学基金资助项目、科技攻关项目、863 计划等。

（3）论文达到国际先进水平，成果有创新。

（4）EI 不收录纯基础理论方面的论文。

2.1.5 德温特世界专利索引数据库

德温特世界专利索引（Derwent World Patene Index，DWPI）数据库是由

英国德温特出版公司提供的。该数据库收录了自 1963 年至今的约 700 余万条基本专利文献和它们相应的同族专利。每周增加约 15 000 条新的纪录。数据来源于 40 余个信息源，即 38 个国家和 2 个国际组织的专利公布机构，以及 2 个重要的国际技术报告刊物：《研究公开》和《国际技术公开》。

德温特世界专利索引数据库是一个综合性的数据库，它包括了可申请专利的所有技术领域。其专利文献划分为化学、一般、电气和机械四大类。

2.1.5.1 德温特世界专利索引数据库使用简介

1）记录结构

德温特世界专利索引的每一条记录都描述了一个专利“家族”。每一条记录可能有一个或多个专利号码，这代表了这个专利“家族”的成员。德温特世界专利索引的全记录主要包含以下一些内容。

（1）专利号。专利号是由专利出版机构分配给每一个专利文档的一个序列号码。

（2）标题。简洁的英文描述性标题醒目地指出专利说明书中所谈到的发明的本质及其新颖性。

（3）发明人。发明人的姓名以姓氏在前的格式表现，最多可以包含 30 个字符。

（4）专利权属机构。指在法律上拥有专利全部或部分权利的个人或公司。

（5）德温特存取号。这是德温特分配给每个专利家族中第一个专利的唯一的分类号。

（6）摘要。由德温特专业人员用英语书写，简洁、准确、相关，覆盖了发明最广泛的领域。

（7）图。有关专利的图画或图表被选出来作为发明的重要组成部分。

（8）德温特分类号。分类系统覆盖了 20 个学科领域，被细分成由学科代号和 2 位字符组成的类号。

（9）德温特人工号。由德温特索引专家给每个专利一个人工号码，用来指明发明的新技术何在，以及它的应用。

（10）专利出版日期、页数及语种。专利出版日期就是专利文档向公众公开的日期。页数即原始专利文档的页数。语种即原始专利的语种。

（11）申请细节及日期。申请号码是专利局给专利文档分配的当地档案号码。申请日期是专利在专利局申请时的登记日期。

（12）优先申请信息及日期。首次申请号为优先申请号，首次申请日期也成为优先申请日期。

（13）国际专利分类号。国际专利分类是国际上公认的分类体系，由世界知识产权组织控制，由专利局分配给每一个专利文档。

2）检索说明

（1）选择数据库及年限。选择全部或部分数据库，如果没有选择任何数据库，那么系统默认选中所有数据库。检索时间范围有本周更新、过去两周、过去四周、所有年份及某一年份等选择。用户有常规检索和专利引文检索两种检索方式可以选择，同时也能运行一个已保存的检索策略。

（2）常规检索。常规检索提供对主题、专利权属机构、发明人、专利号、国际专利分类号、德温特分类代码、德温特人工号码和德温特入藏号等字段检索，以及这些字段的组合检索。

在希望检索的字段中输入检索词。各检索字段之间默认以“AND”连接，因此，使用更多的字段可以缩小检索的范围。可以按时间（最新的记录排在前面）、第一发明者首字母、第一专利所有者字母、第一专利所有者代码排序检索结果。点击“search”运行检索，显示检索结果。可以通过“Save Query”保存刚才的检索命令，以便将来使用。

（3）专利引文检索。专利引文检索可以通过专利号、专利权属机构、发明人、德温特入藏号等字段及这些字段的组合检索，查询更新的引用了所指定的专利的专利。此类检索往往能检索到常规检索所查询不到的重要信息。其检索方式与常规方式一样。

（4）结果处理。输出和保存检索结果。在 Marked List 页，点击 Export 按钮可将检索结果直接输出到文献管理软件 ProCitea，Reference Managera 或 EndNotea 中。要实现此功能，必须安装以上三种软件之一及相应的浏览器插件。要以 ISI 标记的文件形式存储记录，点击 Save to File 按钮，在 File/Save 对话框中设定路径和文件名。存储的文件中包含记录表中的记录，其范围可用 2 个字符的标记符表示。这个文本文件可用文件书目形式或文字处理形式输出。

打印检索结果。在 Marked List 页，除了作者、标题和论文出处，选择还需打印的项目点击 Format for Print 按钮产生纯文本文件。用浏览器上的打印功能打印记录。

此外，还可以通过电子邮件传输检索结果。

3）检索规则

不区分大小写字符。

不需使用引号，系统自动检索词组。

当 AND、OR、NOT 不作为布尔运算符时，必须用引号。

布尔逻辑符 AND、OR、NOT，以及截词符 * 与？适用于任何字段。

使用括号构成符合布尔逻辑检索。

在检索含有连接符的词时，可以不输入连接符或者用一个空格来代替连接符。

检索中遇到'或其他标点符号时，可以用 OR 来连接含有标点和不含有标点的两种格式。

2.1.5.2 德温特世界专利索引数据库中的国际专利分类

在德温特的生产工序中，IPC 是最基本的工具，用于将包含在德温特服务和出版物中的专利文献进行编辑和缩编成文摘。在德温特收到的专利文献中，必须带有完整的著录数据信息，包括 IPC，之后才能进行检索，以确定该篇文献是基本专利（由德温特首先收到的这项发明），还是等同专利（相同发明、相同发明人、不同的出版局）。IPC 是这项检索中的一个重要部分，用于帮助确定一项专利应被收录在德温特 3 大部分 CPI（化学技术）、EPI（电学技术）、GMPI（一般与机械技术）的哪一个之中。这对于编辑处理和文献标引都是非常重要的。

被指定为 CPI 的文献，还需从化学的角度进行再次编辑和处理。也就是说，除了作出标准文摘和根据德温特分类体系分类之外，还要使用一个或更多的德温特手工代码分类号（聚合物代码和/或化学代码标引系统）对文献进行深层次的标引。该深层次的标引系统比单独使用 IPC 进行专利文献检索更精确。IPC 与德温特 CPI 分册对照表如表 2.2 所示。

表 2.2 IPC 与德温特 CPI 分册对照表

IPC	德温特 CPI 分册
A01N	C
A21—A23	D
A61K	B，D
B01	J
B29	A，M
C	所有化学分册
D	F
G21K	K
B23K	M
G03G	摄影术

自从 1968 年 IPC 问世以来，已出版了 6 版。德温特在它的产品和服务中，处理 IPC 的政策是随着不同版本的引入而变化的。德温特专利信息所覆盖的范围可以一直追溯到 IPC 被广泛使用之前，因此，早期的德温特数据并没有全部包含 IPC。特别是药物专利，1963 年起德温特就开始收录其数据，直至 1968 年才在其著录信息中包含了 IPC。

自 1970 年起德温特大多数基本专利中都已包含了 IPC。1975 年 4 月之前的日本公开专利申请及1974年以前的加拿大专利除外。

自1974年起，在等同专利的IPC中，增加了在大组级或在大组级以上与基本专利不一致的部分。到1980年，一条文献上最多记录了6个IPC分类号。自1980年以后，增加到最多12个。如果IPC仅在小组级不同，那么只给出1个分类号。

德温特存在的问题及解决方案有以下两个方面。

（1）不同的版本和频繁地变化。在每一次新的IPC版本问世时，IPC系统都会发生变化。不同的专利局每次引入的新分类号不同，不同的版本在使用时，在时间上有一个交叠。然而，使用IPC进行追溯检索时，必须使用所有版本的IPC。

（2）IPC的应用不一致。IPC在小组级上经常出现不一致的情况，导致不同的专利局在使用上的不一致。然而，更加完整但不太精确的检索可以通过在小类或主组级上检索。特别是众所周知USPTO给出的IPC一般与其他专利局所给出的不一致。

2.2 非结构化国际科技资源信息

国际科技资源监测系统的数据类型分为两类：结构化的数据信息（基于SCI数据库、USPTO专利数据库、INSPEC数据库、EI数据库等）；非结构化的数据信息（基于Internet的检索）。其中，非结构化的数据主要包括国际科学组织、国际著名科技奖励、国际权威科学院、世界研发投资1000强企业、国际大科学研究计划等。

2.2.1 国际科学组织

2.2.1.1 国际科学组织信息分布状况

国际科学组织选取了世界科学前沿的科学组织，包括国际纯粹与应用物理学联盟（IUPAP）、亚洲流体力学委员会（AFMC）、国际计算力学协会（IACM）、国际断裂学会（ICF）、国际光学委员会（ICO）、国际光学工程学会（SPIE）等134个国际性科学组织，按照地球科学、工程科学、海洋科学、化学、空间科学、力学、农学、能源科学、生物科学、数学、天文学、物理学、心理学、信息科学、医学、资源与环境科学及综合类等进行分类，共分为十七大类，见图2.10。

国际科学组织的遴选标准参考中国基础研究网（www.br.gov.cn）。

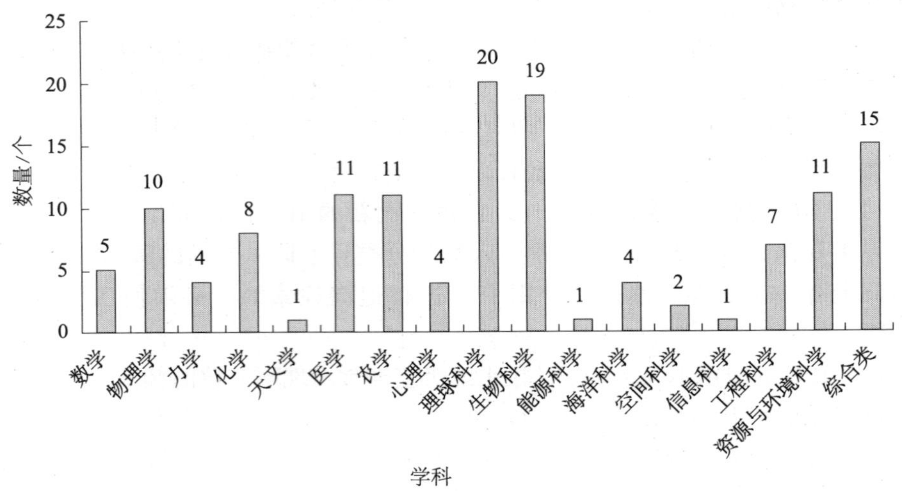

图 2.10　监测国际科学组织学科分布

2.2.1.2　国际科学组织信息数据特征

在 134 个国际性科学组织遴选确定以后，本书基于互联网定向检索，对这些组织中的主席及主要成员共 466 人的基本信息（姓名、国别、工作单位、个人简历、擅长领域）进行了梳理，本书把这 466 人界定为隶属于国际一流科学组织的相关科学领域权威学者。

2.2.2　国际著名科技奖励

2.2.2.1　国际著名科技奖励信息分布状况

国际著名科技奖励的获奖者信息均来自各奖项的官方网站及维基百科，具体网址如下：

诺贝尔科学奖：http：//nobelprize. org/nobel_prizes

拉斯克医学奖：http：//www. laskerfoundation. org

沃尔夫奖：http：//www. wolffund. org. il

菲尔兹数学奖：http：//www. mathunion. org/medals

图灵奖：http：//awards. acm. org

国际著名科技奖励选取了几大学科领域的著名奖项，如覆盖多学科的诺贝尔科学奖，医学领域的加纳德奖和拉斯克医学奖，农业、化学、数学、医学和物理领域的伍尔夫奖，数学领域的菲尔兹奖（40 岁以下），计算机领域的图灵奖等，具体时间界定如表 2.3 所示。

表 2.3 国际著名科技奖励获奖者数据信息

权威奖项	时间范围	科学家人数/人
诺贝尔科学奖	1981～2009 年	252
拉斯克医学奖	1946～2009 年	201
加纳德奖	1959～2009 年	302
伍尔夫奖	1978～2009 年	130
菲尔兹数学奖	1936～2009 年	48
图灵奖	1966～2009 年	52
总计		985

因诺贝尔科学奖历史悠久且覆盖领域较广，故选取近 30 年的物理、化学、生理或医学、经济学 4 个领域（和平奖和文学奖暂未选取）的 252 名获奖科学家，加纳德奖、拉斯克医学奖、伍尔夫奖、菲尔兹奖、图灵奖等奖项均选择了自奖项设立起所有获奖者的基本信息，共 985 名科学家，建立国际著名科技奖励数据库。数据库中包含了 985 名科学家的获奖年份、奖项、国别、获奖原因和个人简介等基本信息。

2.2.2.2 国际著名科技奖励信息数据特征

对获奖者的国别分布进行了基本的统计分析，结果如下。

1981～2009 年的诺贝尔化学奖获得者中，国籍为美国的科学家人数为 35 人，大于其他国家之和。位列第二和第三的分别是日本（5 人）和德国（4 人）（图 2.11）。

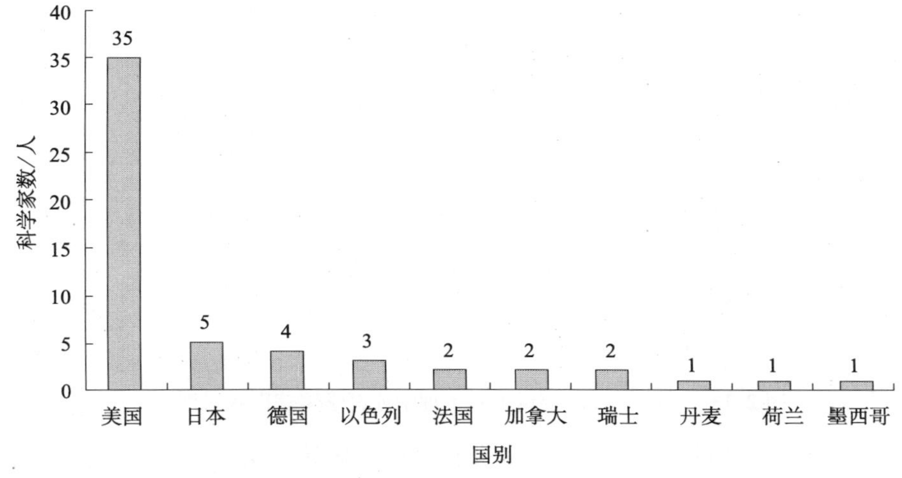

图 2.11 1981～2009 年诺贝尔化学奖获得者国别分布

1981～2009 年的诺贝尔经济学奖获得者中，国籍为美国的科学家人数为 34 人，大于其他国家之和。位列第二和第三的分别是英国（4 人）和挪威（2 人）（图 2.12）。

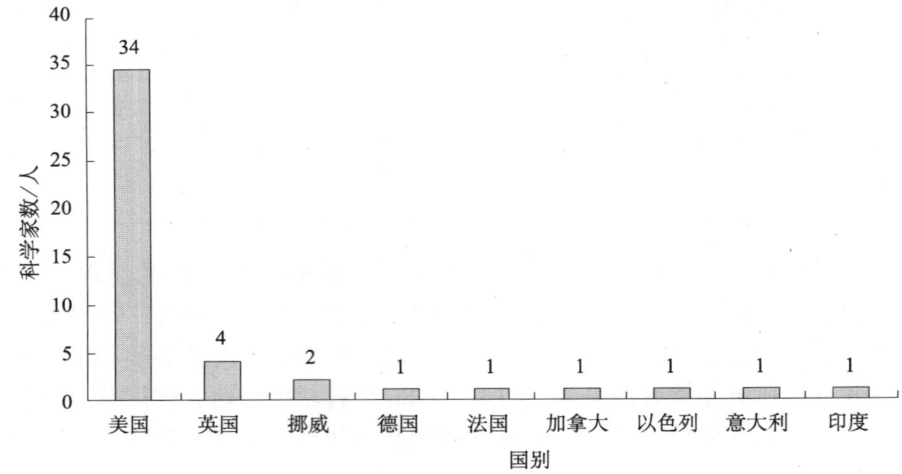

图 2.12　1981～2009 年诺贝尔经济学奖获得者国别分布

1981～2009 年的诺贝尔生理学或医学奖的获得者中，国籍为美国的科学家人数为 37 人，大于其他国家之和。位列第二和第三的分别是英国（9 人）和德国（5 人）（图 2.13）。

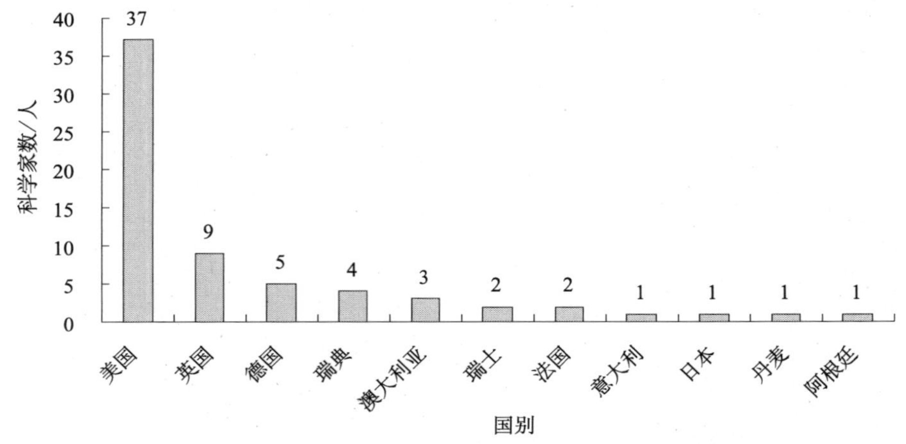

图 2.13　1981～2009 年诺贝尔生理学或医学奖获得者国别分布

1981～2009 年的诺贝尔物理学奖获得者中，国籍为美国的科学家人数为 42 人，大于其他国家之和。位列第二和第三的分别是德国（10 人）和法国（4 人）

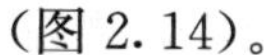
(图 2.14)。

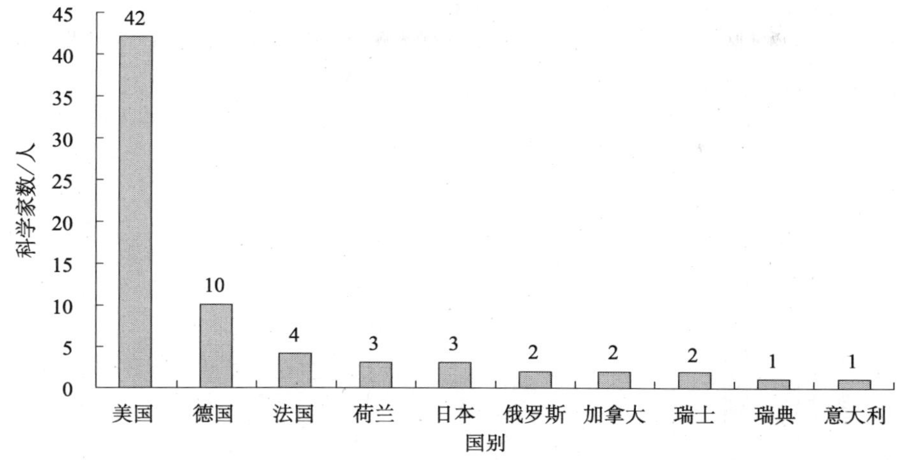

图 2.14　1981～2009 年诺贝尔物理学奖获得者国别分布

1978～2009 年，在覆盖农业、化学、数学、医学和物理领域的伍尔夫奖的获得者中，美国同样表现出了明显的优势，国籍为美国的科学家人数为 78 人，大于其他国家之和。位列第二和第三的分别是法国（11 人）和英国（10 人）（图 2.15）。在伍尔夫奖的获得者中，袁隆平院士是第一位中国入选者。

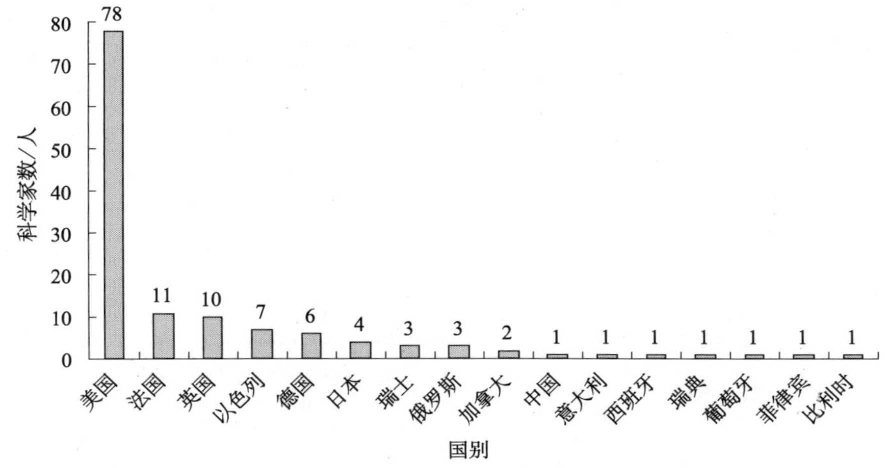

图 2.15　1978～2009 年伍尔夫奖获得者国别分布①

① 部分科学家为双国籍，以第一国籍为准进行统计。

1936～2009 年，在有数学领域诺贝尔奖之称的菲尔兹奖的获得者中，欧洲表现出了其在基础研究领域的优势，国籍为美国的科学家人数为 13 人，位列第二和第三的分别是法国（8 人）和英国（6 人），另外，挪威、芬兰、瑞典、意大利、西德等欧洲国家的学者均获得过该奖项（图 2.16）。

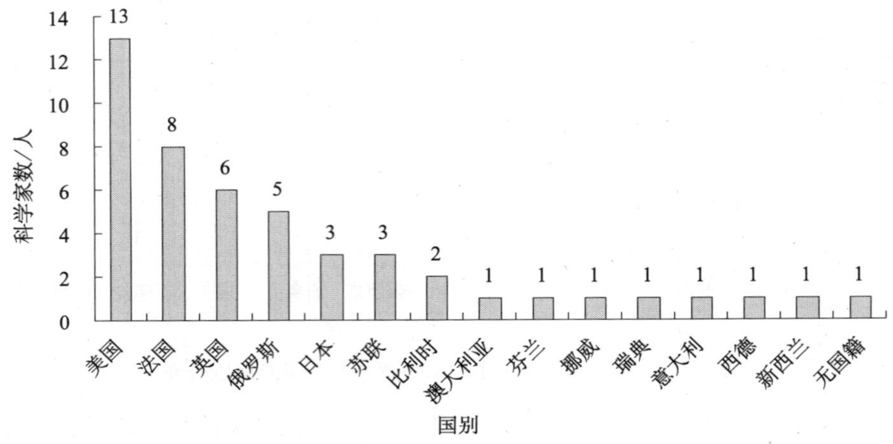

图 2.16 1936～2009 年菲尔兹奖获奖者国别分布

1946～2009 年，在医学研究领域拉斯克医学奖获得者中，国籍为美国的科学家人数为 124 人，处于遥遥领先的地位，远大于其他国家获奖人数之和（图 2.17）。

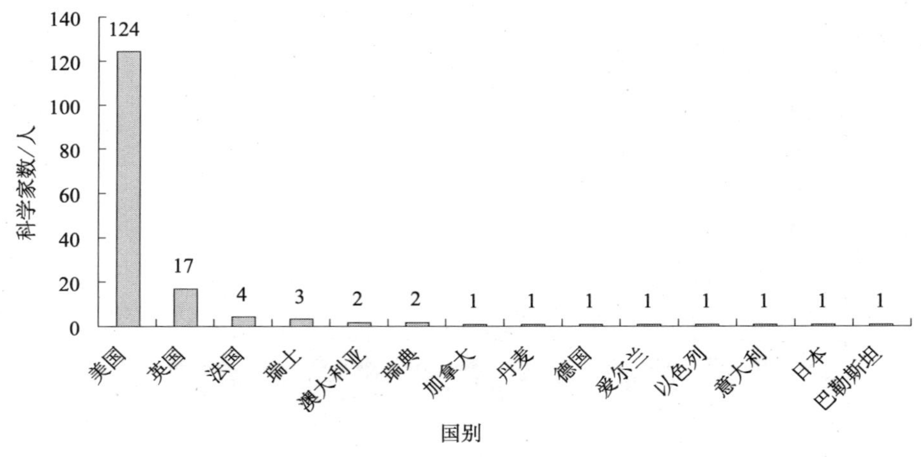

图 2.17 1946～2009 年拉斯克医学奖获奖者国别分布[①]

① 部分科学家为双国籍，以第一国籍为准进行统计。

2.2.3 国际权威科学院

2.2.3.1 国际权威科学院的院士信息分布状况

国际权威科学院主要选取了美国国家科学院、美国国立卫生研究院、美国国家工程院、英国皇家学会、法国科学院及加拿大皇家学会，具体的成员数据包括了六大科学院的本国会员和外籍会员的信息（表 2.4）。

国际权威科学院的院士信息均来自各大科学院的官方网站，具体网址如下：美国国家科学院（http：//www.nasonline.org），美国国立卫生研究院（http：//www. nih.gov），美国国家工程院（http：//www.nae.edu/），英国皇家学会（http：// www.royalsoc.ac.uk/），法国科学院（http：//www.academie-sciences.fr/），加拿大皇家学会（http：//www.rsc.ca/）。

表 2.4 国际权威科学院的院士数据信息

权威科学院	时间	科学家人数
美国国家科学院	2009 年	1922
美国国立卫生研究院	2009 年	1756
美国国家工程院	2009 年	2302
英国皇家学会	2009 年	1483
法国科学院	2009 年	106
加拿大皇家学会	2009 年	1956

2.2.3.2 国际权威科学院的院士信息数据特征

本书共选取了六大权威科学院的本籍和外籍会员 9525 人，建立国际权威科学院院士数据库，数据库中包含了 9525 名科学家的国别、擅长领域、主要贡献、个人简介、所属科学院等基本信息。从图 2.18 可以看出，中国科学院和中国工程院从人数上来看，较国际一流科学院还有一定的差距（法国除外）。

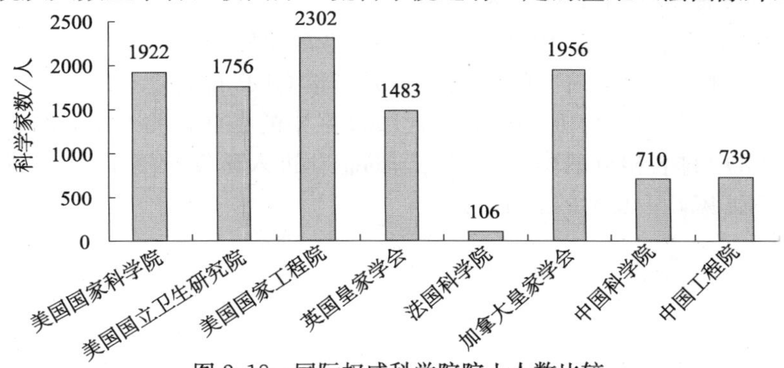

图 2.18 国际权威科学院院士人数比较

2.2.4 企业研发投资1000强

2.2.4.1 企业研发投资1000强信息分布状况[①]

英国贸易与工业部（以下简称英国贸工部）（Department for Trade and Industry，DTI）自1991年起，每年发布一份企业开展R&D活动的调查报告，该报告是迄今为止涵盖范围最广的全球企业研发排行和分析报告，报告列出了全球开展R&D活动最为积极的企业，并在投入规模、产业领域及收益等方面进行了比较，为其他企业确定R&D投入强度提供了借鉴。

企业研发投资1000强的数据来源于英国贸工部2001～2008年公布的企业研发排行榜（The R&D Scoreboard 2001—2008），本书根据企业研发排行榜建立本地数据库，主要包括以下内容。

（1）研发投资基本信息。各年度企业研发排行榜中企业的研发投入总值、销售额、资本性投入、利润、雇员数、市场价值及这些数据与上年相比的变化值和主要的比率等主要指标；各企业所属国家（地区）、领域、地址、网址和简介等基本信息。

（2）基本信息统计。各领域的企业数、研发企业投资额和投资额占总投资的百分比；各国家（地区）企业数所占百分比、企业R&D投资所占百分比。

2.2.4.2 企业研发投资1000强信息数据特征

如图2.19所示，企业研发投资1000强中，信息设备，生物医药，软件和电子计算机服务，以及电子及电子设备领域企业较集中。其中，信息设备领域的企业占研发投资1000强企业总数的16％。

如图2.20所示，发达国家均较为重视企业的研发投入。在2008年的企业研发投资1000强中，排名前五的国家分别为当年GDP排名1、2、4、5、6的国家，而排名第三的中国的研发投资企业1000强中的企业数为9个，相比而言远远落后于GDP排名相近的国家。而美国的企业进入研发投资1000强排行榜的数量高达536家，占总数的近40％。

---

① 注：《The R&D Scoreboard 2001—2008》每年公布企业研发投资排名前1400名的企业信息。

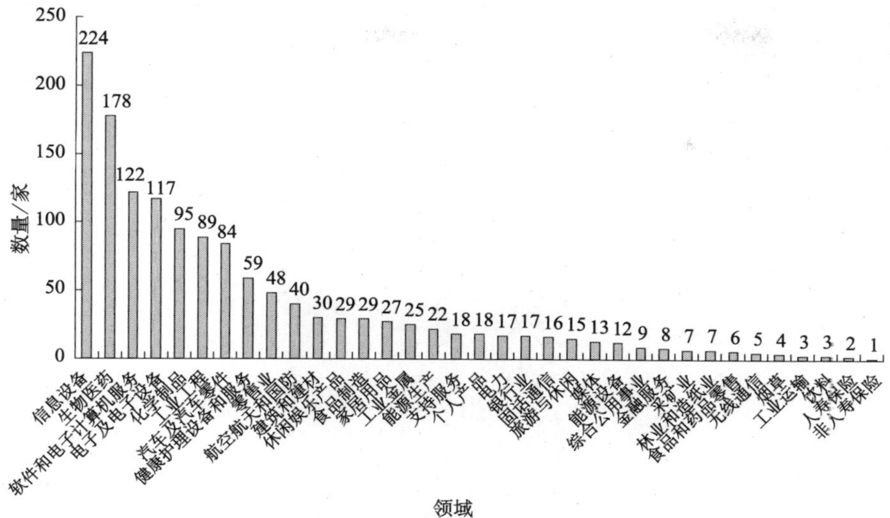

图 2.19　企业研发投资 1000 强领域分布

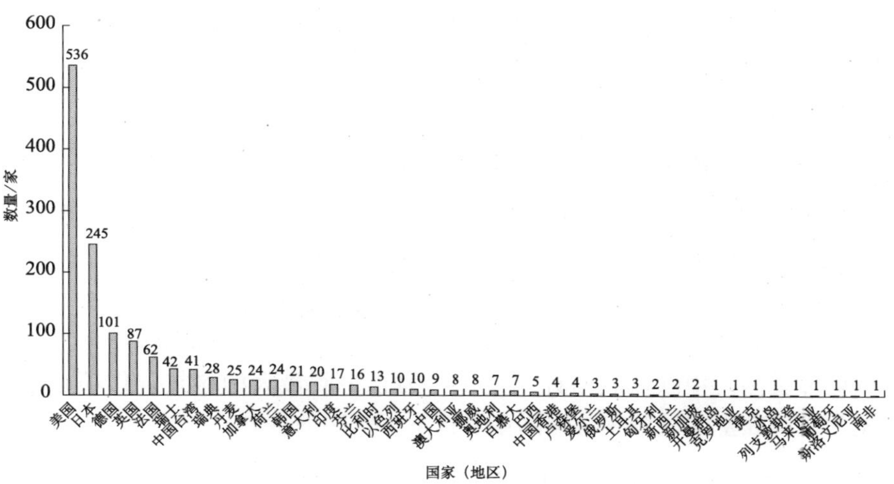

图 2.20　企业研发投资 1000 强国家（地区）分布

2.2.5　国际大科学研究计划——中国政府资助的国际合作案例

2.2.5.1　ITER 计划

ITER 计划是继国际空间站之后最大的国际科技合作项目，该计划旨在通过建造一个聚变实验堆（图 2.21）验证聚变能发电的技术可行性，从而一劳永逸地解决人类面临的能源危机。中国于 2003 年正式加入 ITER 谈判并承诺将承担建造总费用的 10%，平等参与该项目的实施。目前，中国已先后派遣多名技术人员到 ITER 联合研究中心从事相关设计研发工作。同时，国内相关单位已经承担了近 20 项技术课题的研究任务。

图 2.21　聚变实验堆

2.2.5.2　中欧伽利略合作计划

中欧伽利略合作计划旨在建成一套独立于美国 GPS 和俄罗斯 GLONASS 系统的能够覆盖全球的多用途、多功能的民用全球卫星导航定位系统（图 2.22）。2003 年 10 月，《中华人民共和国和欧洲共同体及其成员国关于民用全球卫星导航（伽利略计划）合作协定》正式签署，中国成为参加“伽利略计划”的第一个非欧盟成员国。中欧伽利略计划是迄今为止中欧最大的科技合作项目，项目的实施为我国在空间领域参与国际竞争打下了坚实的基础。

2.2.5.3　大型强子对撞机研究

欧洲核子研究组织（European Organisation for Nuclear Research，CERN）正在研制的大型强子对撞机 LHC 将是世界上最高能量的质子对撞机，计划实现以质心系能量高达 140 000 亿电子伏特的质子对撞探索粒子物理国际前沿的重大问题。1999 年，中国科学院高能物理研究所、山东大学、南京大学和中国科学技术大学承担了大型强子对撞击的两个大型高能物理实验探测设备 CMS 和 ATLAS 的部分研制工作，已经取得阶段性重要成果。

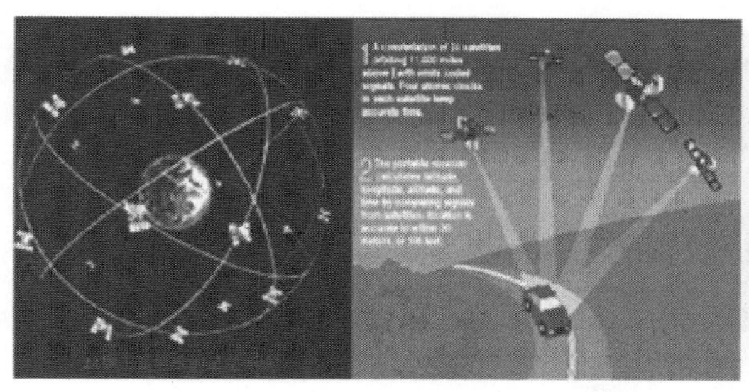
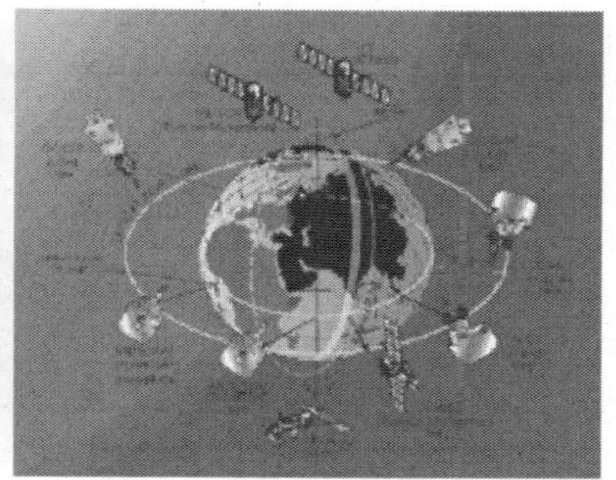

图 2.22　全球卫星导航定位系统效果图

2.2.5.4　全球地球观测系统

全球地球观测系统包括天基、空基和地基等多个观测地球的平台，通过各种平台的综合利用，能够实现对全球陆地、大气、海洋等多个领域的立体观测和动态监测。

中国加入全球地球观测系统，并将构建我国自己的地球观测系统。该系统涉及国土资源、测绘、水利、森林、农业和城市建设等社会发展的各个领域。

2.2.5.5　L 3 宇宙线测量

L3 是欧洲核子研究组织大型正负电子对撞机 LEP 上的大型实验装置，是当时世界上最大的磁谱仪，在世界上第一次利用大型高能加速器实验装置开展宇宙线的精确测量。

在国家自然科学基金委员会（以下简称基金委）、中国科学院、科技部的大力支持下，中国科学院高能物理研究所于 1982 年参加了 L3 国际合作组。研制了 200 平方米的闪烁探测器，并在触发判选电路设计研制、径迹重建软件、蒙特卡罗模拟等方面作出了重要贡献。

2.2.5.6　人类和重要模式生物的功能基因组学研究和比较基因组学研究

该项目通过以白血病、肿瘤等重大疾病为代表的模型为研究对象，寻找新的肿瘤基因诊断的理论依据，为建立和发展白血病及肿瘤的诊断、分类及预后的新的指标和方法打下了坚实的基础。在房颤项目的研究中，与国内外同行通力合作，完成了一个家族房颤致病基因的遗传及功能分析（图 2.23）。

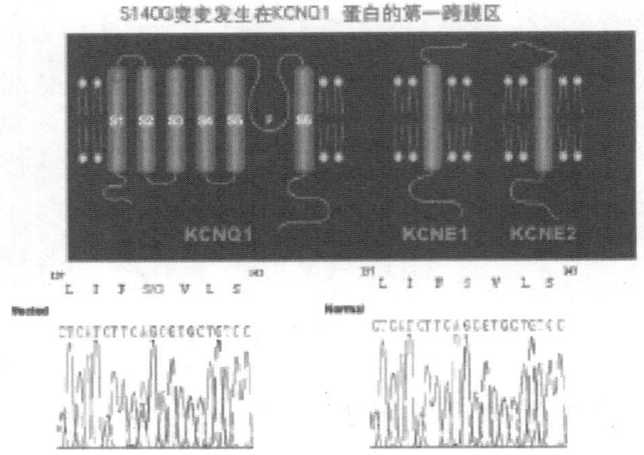

图 2.23　家族房颤致病基因分析

2.2.5.7　人类脑计划

1997 年正式启动的人类脑计划是继人类基因组计划后又一国际性科研大计划，其核心内容是神经信息学，其目的是更好地认识脑、保护脑和创造脑。2001 年 10 月，中国成为参加人类脑计划的第 20 个国家，并且开始启动“中华人类脑计划”。中国已经研制成功第一个脑解剖图谱（图 2.24）。

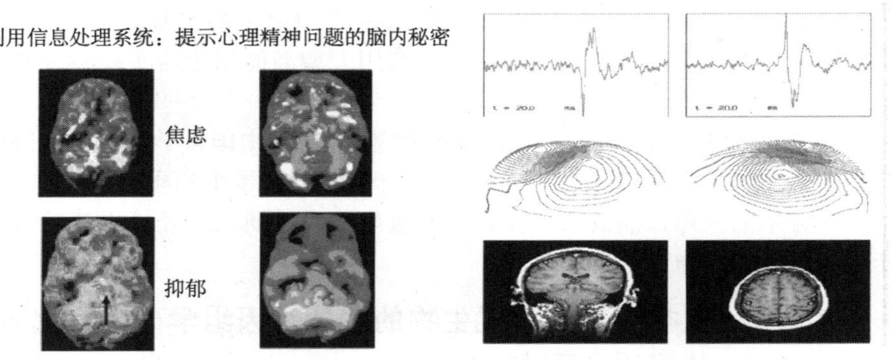

图 2.24　脑解剖图谱

2.2.5.8　全球变化研究计划

全球变化研究计划始于 1989 年，中国是该计划的发起国之一。中国在古环境演化、季风亚洲区域集成、水资源和水循环、碳循环，以及全球气候变化对中国社会经济的影响五个方面取得了一系列国际水平的成果，并发表了一批高水平的论文。

(1)“亚洲季风研究”是一项多边参与的国际合作研究。自 1982 年以来，受基金委与日本文部省（现日本文部科学省）、韩国科学与工程基金会共同资助，中国科学院大气物理研究所、日本东京大学、韩国国立气象研究所、韩国釜山大学等开展了广泛的合作研究，大大推动了国际季风研究的发展。

(2) 中国对全球变化的响应与适应研究以国内外全球变化的研究为背景，在认识全球变化基本规律的基础上，评估了全球变化对中国的影响，并在综合考虑了中国未来 30～50 年的气候环境生态系统状况下，从整体上描述了我国对全球变化适应的基本条件。探讨我国在区域、部门、行业及对策方面对全球变化的响应与适应问题，提出人类活动、自然环境对全球变化的适应性研究热点，结合关键地区特点的区域性适应观点，适应部门与行业特点的社会-经济型适应观点，以及建立适合我国不同地区特点的自然-人文-环境协调适应策略。

2.2.5.9 中国大陆科学钻探工程

被称为伸入地球内部的“望远镜”的国家重大科学工程之一“中国大陆科学钻探工程”，经过艰苦施工，钻探及科研工作进展顺利，取得了重要进展和成果（图 2.25）。

图 2.25 大陆钻探井场

2.2.5.10 综合大洋钻探计划

(1) 利用美国“JOIDES Resolution”钻探船实施综合大洋钻探计划（Intergrated Ocean Driling Program，IODP）第 303 航次，派出 8 人次参与和出席 IODP 科学咨询机构有关科学工作会议，在 IODP 相关决策中起到重要作用。该项目实施过程中，中国 IODP 办公室建设成效显著，推动和组织了中国 IODP 航次建议书的编写。

（2）该项目的实施促使我国大洋钻探及相关科学研究计划的水平与国际同步，在 IODP 科学计划制订过程中发挥了积极作用；造就了我国具有全球视野和国际竞争力的地球科学家，促使我国早日成为西太平洋最重要的深海研究力量之一。

（3）“东亚古季风的海洋记录”是我国第一个以大洋钻探国际合作计划为主体的基金大项目，也是中国海区第一次深海历史的系统研究，国际合作与交流对于该项目的完成显得尤为重要（图 2.26）。

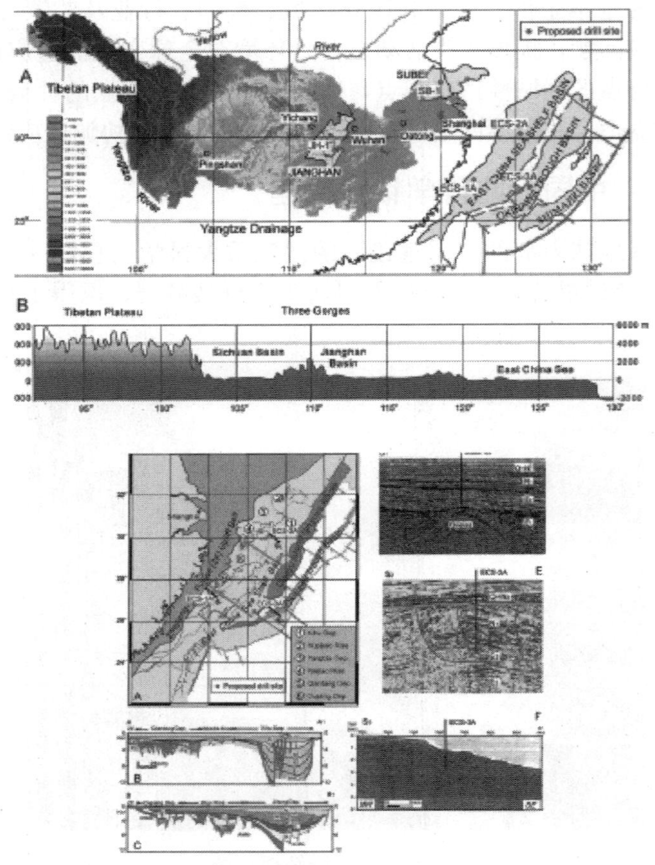

图 2.26　东亚古季风的海洋记录

（4）由我国科学家提议、设计并主持的国际大洋钻探（ODP）第 184 航次，在南海 6 个深水站位钻取岩芯 5000 多米，获得了 3000 年南海盆地发育与环境变迁的完整记录，完成实验分析 4 万多次，建立起西太平洋晚新生代最佳深海地层剖面，发现了碳同位素 40 多万年长周期对冰期旋回的调控作用。

2.2.5.11 太平洋-印度洋暖池的 Argo 浮标观测

该项目在“太平洋-印度洋暖池”的观测方面取得了如下两方面的进展。

（1）共投放了 8 个 Argo 浮标，其中，5 个在东印度洋，3 个在西太平洋，建成了 Argo 资料实时接收和分发的业务化应用系统，作为中国大洋 Argo 监测网络的重要组成部分获得了国内外高度评价（图 2.27）。

（2）完成了 4 个南北贯穿暖池海域的高密度 XBT 断面观测，共计 480 个。

图 2.27　中国大洋 Argo 监测网络组成部分

2.2.5.12 极区空间环境的南北极对比研究

该项目提出了构建中山站-斯伐尔巴特共轭观测体系的思想，充分利用我国南极中山站和挪威斯伐尔巴特岛的地域优势和设备条件，中挪共同构建了极隙区纬度上国际先进的共轭观测体系，受到国际学术界的重视（图 2.28）。该项目在我国北极科考站建成了极光全天空摄像系统，率先实现了高时空分辨率的极光全天空 CCD 成像的三波段同时观测。

  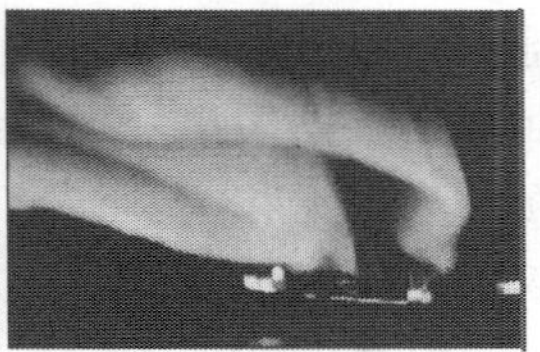

图 2.28　极区空间环境对比研究

2.2.5.13 SKA 国际合作

平方公里射电阵（square kilometre array，SKA）本身是一项国际合作项目。1993 年由包括中国在内的 10 国天文学家联合建议，建造接收面积为 1 平方公里的新一代射电望远镜。2012 年，SKA 已发展成拥有 20 多个国家的大型科学工程计划（www.skatelescope.org）。中国与其他成员国共同将 SKA 推动成为一个国际科技合作项目，以形成 SKA 一致的目标和时间进度（图 2.29）。

图 2.29　SKA 国际合作项目

2.2.5.14 中美磁约束核聚变研究

液态金属自由表面射流回路是在核工业西南物理研究院液态金属实验回路的基础上，在国际科技合作重点项目中美磁约束核聚变研究项目的支持下，经闭合回路和数据采集处理系统升级改造后于 2003 年建成，主要开展液态金属自由表面射流理论和实验研究，是解决未来堆高热负荷部件最有希望的途径。目前已取得的阶段性成果：发展了分析液态金属自由表面射流的理论分析方法，优于目前可查到的（美国）方法；在实验中观测记录了自由表面射流在非均匀磁场中的运行情况。

2.2.5.15 基于 E-Science 的生命科学技术研究

由上海生物信息技术研究中心等国内 5 家科研机构与英国帝国理工学院及所辖 InforSense 公司合作，建立了基于网络的分布式数据库和高通量的整合信息分析平台，实现了国际国内生物信息技术交流的可视化。通过合作，联合开发了 KDE Biosciences 技术平台。

2.2.5.16 阿尔法磁谱仪

(1) 阿尔法磁谱仪（AMS）是人类历史上第一台送入太空的磁谱仪，在宇宙空间对带电粒子进行直接观测，开创了一个全新的科学领域。

(2) 1995 年，在国家科学技术委员会、基金委和中国科学院的共同支持下，中国科学院高能物理研究所、中国科学院电工研究所和中国运载火箭技术研究院承担了阿尔法磁谱仪永磁体系统项目的设计、研制、测试和空间环境模拟实验，成功研制出了人类送入宇宙空间的第一个大型磁体系统。

2.2.5.17 国际 GPS 服务镜像建设

通过中国地壳运动观测网络数据中心的软硬件环境，互联网及专线链路，建立国际 GPS 服务（IGS）数据中国镜像，向中国乃至亚太地区提供高精度 GPS 应用服务。通过这个合作项目，我国可以得到 IGS 数据及相关软件，同时双方可以在地壳变形监测及相关学科领域进行合作研究，进一步提高国家重大科学工程中国地壳运动观测网络的数据应用水平。

2.2.5.18 与欧洲非相干散射科学联合会（EISCAT）合作

2004 年 10 月挪威教育大臣和科技副大臣联合组团访问中国科技部，与 EISCAT 的合作被明确为中挪两国联合推进的合作项目。2005 年经科技部批准，由中国电波传播研究所（中国电子科技集团公司第二十二研究所）代表国家签字加入 EISCAT。

合作内容包括：分享 EISCAT 的先进实验装置，开展电波环境和空间环境研究；在北欧开展我国单独的电波环境观测研究。此项合作研究，有利于我国对高纬地区电波环境和空间环境的大尺度变化规律的研究，提高和完善我国的预测预报能力；加强对复杂电波环境和空间环境特性的认识，提高我国信息化技术系统的环境适应性。

2.2.5.19 中德兰州重离子加速器冷却储存环工程

围绕兰州重离子加速器冷却储存环（HIRFL-CSR）工程的建设和建成后的科

学研究，中国科学院近现代物理研究所与德国重离子研究中心（GSI）进行了全方位、多层次、多形式的国际合作，实现了诸多方面的创新和突破，使工程建设取得了重大进展。兰州重离子加速器冷却储存环工程建成后，将是我国规模最大的重离子物理研究设施，也是世界上最重要的重离子物理研究设施之一（图 2.30）。

图 2.30　重离子物理研究设施

2.2.5.20　中美托卡马克先进运行模式联合研究

该项目的合作研究将使我国节省大量的科研经费，引进先进的科研成果和技术，也将使我国的一些有优势的研究成果得到国际承认（图 2.31）。

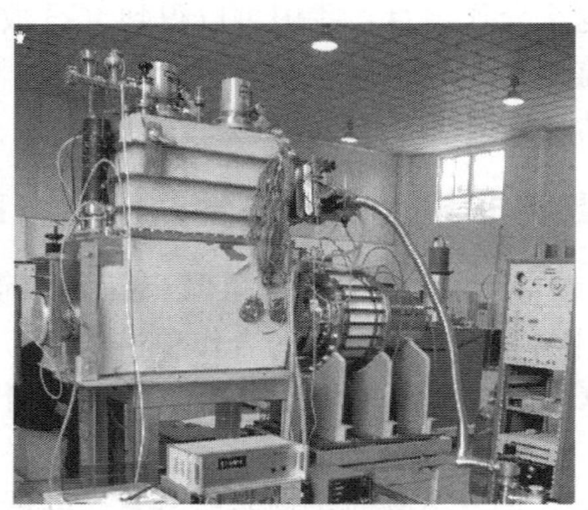

图 2.31　中美托卡马克先进运行模式

2.2.5.21　中俄快中子实验堆合作

中国原子能科学研究院与俄罗斯的快堆技术合作开始于 1992 年，双方在技术咨询、技术培训、实验快堆设计、设计验证实验和实验快堆关键设备部件研制方面，进行了广泛的合作（图 2.32）。

图 2.32 中俄快中子实验堆

2.2.5.22 系统芯片的设计方法及其 EDA 关键技术

由清华大学、北京大学和浙江大学承担的国家自然科学基金重大国际合作研究项目“系统芯片的设计方法及其 EDA 关键技术研究”，其目标是结合一种典型的系统芯片（网络处理器）的设计，研究超深亚微米工艺下 SoC 设计方法及其 EDA 关键技术，开发面向 SoC 的综合、验证、测试和诊断工具，初步建立面向 SOC 及基于微处理器核的软硬件系统设计和验证环境。美方合作者是加州大学洛杉矶分校和加州大学圣塔芭芭拉分校的研究小组（图 2.33）。

该项目培养和锻炼了一批具有国际竞争和创新开拓能力的人才，提高了国内的研究水平。

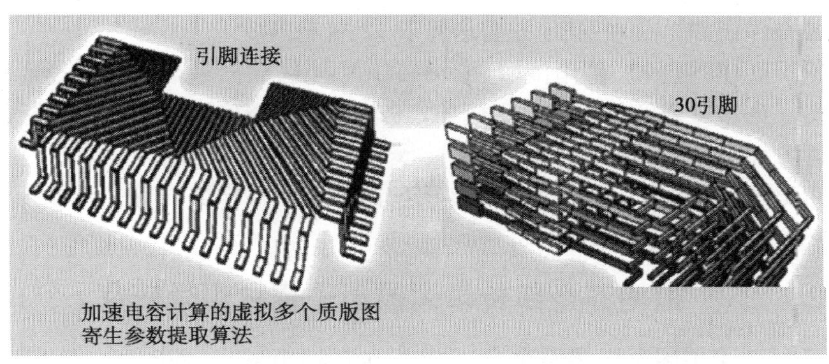

图 2.33 系统芯片的设计方法及其 EDA 关键技术

2.2.5.23 中国科技部、欧洲空间局合作的“龙计划”

科技部与欧洲空间局合作的“龙计划”项目实施的主要目标是建立欧洲新一代资源雷达卫星（ENVISAT）数据应用研究的中欧联合研究队伍，促进双方卫星应用技术水平的提高。“龙计划”下设16个合作研究专题，涵盖了农业、林业、水利、海洋、大气、灾害、测绘、奥运管理等遥感应用领域。国内32家单位的119名科学家（包括青年科研骨干）参加合作研究，欧方来自德国、法国、意大利、荷兰和希腊等10个欧洲空间局成员国的50多名世界知名科学家参与研究工作。图2.34为2005年希腊高层会议商议研究工作。

图2.34　2005年希腊高层会议

2.2.5.24 北京正负电子对撞机和北京谱仪

北京正负电子对撞机（BEPC）和北京谱仪（BES）是目前世界上唯一工作在τ-粲能区的正负电子对撞机和实验装置。

自BEPC建成后，基金委即以重大项目的形式予以资助，同时，又结合国际合作项目支持他们开展国际合作，已吸引了美国10所大学和研究所的40多名科学家来合作研究，并在BES方面培养了12名美国博士。

BEPC和BES已经成为国际上在3～5GeV能区数据量最大的加速器和探测器，取得了许多重要的物理成果。例如，τ轻子质量精确测量被认为是近几年来高能物理方面最有影响的工作。

利用BESI的数据，研究工作获得两项国家自然科学奖二等奖，多项中国科学院自然科学奖一等奖和二等奖。

2.2.5.25 拟南芥全部转录调控因子蛋白组学研究

2001年，美国国家科学基金会（National Science Foundation，NSF）启动“拟南芥2010计划”，每年资助2400万美元。这是一个多国参加、既合作又竞争的项目，中国国家自然科学基金委员会生命科学部积极支持中国科学家参与此项具有国际意义的工作，组织重大国际合作项目的立项和评审工作，最终由北京大学和中国科学院遗传与发育生物学研究所共同承担了资助强度为1200万元的拟南芥全部转录调控因子蛋白组学研究项目。

这是到目前为止中国国家自然科学基金委员会重大国际资助额度最高的项目。

北京大学、中国科学院遗传与发育生物学研究所与美国耶鲁大学等七个单位密切配合，经过短短三年的时间取得了突出成果，克隆了44个拟南芥转录调控因子家族中1300个基因，获得了拟南芥所有已知和预测的1864个转录因子的序列，分别对植物特有的一些转录因子基因功能进行了研究，进行了蛋白质芯片制备实验，有关数据和资料在网上公布后，一年之内访问达180多万次，达到国际领先水平。

2.2.5.26 地球空间双星探测计划

地球空间双星探测计划（以下简称双星计划）是我国第一次以自己提出的探测计划开展国际合作的重大空间探测项目。双星与欧洲空间局星簇计划的四颗卫星相配合，首次形成了地球空间的“六点探测”。

国际学术界主动邀请我国参加21世纪前20年规模空前的“国际与日共存计划”（ILWS），并将中国的双星计划和新提出的空间风暴探测计划列为ILWS中的核心项目。

中国双星计划首席科学家，中国科学院空间中心刘振兴院士在太阳湍流结构、木星磁层磁盘模式、磁层亚暴过程等空间研究，特别是在涡旋诱发磁场重联理论研究中作出了突出贡献，荣获了国际空间研究奖，这是我国科学家获得的空间科学研究领域国际性最高奖。

3 国际科技资源信息的数据抽取与分类技术

3.1 主要软件技术

3.1.1 Vantage Point 数据挖掘工具

Vantage Point 是美国佐治亚理工大学 Alan Port 教授等开发的数据挖掘分析工具，通过该软件可以对专利、文献等科技型数据，进行深度挖掘并开展可视化分析。Vantage Point 具有自动化程度高、界面友好、直观的特点，大大提高了科研人员从海量原始数据中挖掘出有用信息的效率，可为洞察技术发展趋势、掌握竞争对手的专利发展情况、发现行业近年新出现的技术、确定研究战略和发展方向、分析具体学科的交叉和扩散情况等方面提供有价值的依据。

3.1.1.1 Vantage Point 功能介绍

Vantage Point 的功能强大，极大地方便了专业人员从德温特专利数据库、Web of Science 文献数据库等大型的科技数据库下载和处理原始数据，并进行深入的分析，其主要功能包括：

（1）数据清理：数据分析的结果取决于数据的准确性与完整性。

（2）比较矩阵：将两种不同类型的数据生成比较矩阵，借此发现两种不同类型数据间内在的相互关系。

（3）数据图谱：将大量的数据汇总进行各种分析（如聚类分析、趋势分析等)，并以二维和三维图的形式表示出来。

（4）自动汇总：初步自动汇总、分析所输入的数据，按照不同的侧面分类快速显示所汇总的数据，初步给用户一个发展趋势的概况。

除了以上一些简单的分析工具外，Vantage Point 还具有更加复杂的分析功能，这些复杂的分析功能是通过预置在软件中的多个分析模块完成的。

Vantage Point 是一个强大的科技信息分析工具，能够帮助专业人员有效处理复杂的科技文献数据，并将其快速、有效地转换成可支持决策的竞争情报。数据分析流程如图 3.1 所示。

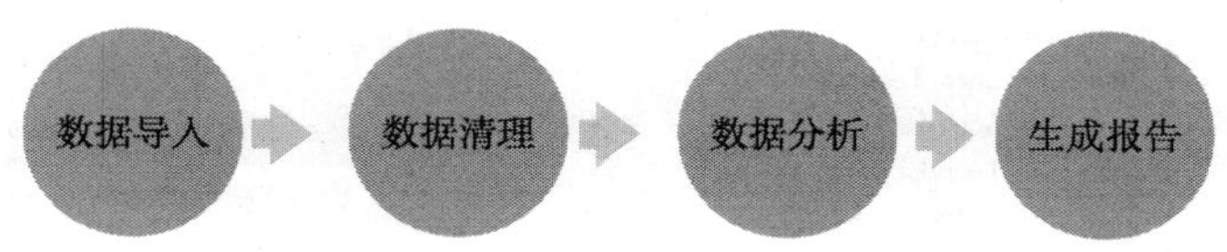

图 3.1　Vantage Point 数据挖掘分析流程

3.1.1.2　Vantage Point 的主要特点

1）数据导入——有助于全面分析

无论是来自商业性数据库还是来自公司内部数据库的数据，都可以利用 Vantage Point 来进行分析，从而摆脱过去需要选择不同软件分析相应数据库带来的不便。可以直接分析以下数据库的数据：Thomson Innovation，Aureka，Delphion，Web of Science，Derwent Innovation Index（DII），INSPEC，基于 Dialog 和 STN 平台的 Derwent World Patents Index（DWPI）数据库，基于 Dialog 和 STN 平台的 Patents Citation Index，Microsoft Excel 等

此外，用户可以根据所需的数据库格式，自定义相应的过滤器，即可将数据导入 Vantage Point 进行分析。

2）数据清理——提高分析效率和准确度

过去，在每次分析项目中，分析专家需要耗费大量的时间和精力进行数据清理，而且每次的结果均无法保存供下次使用，造成分析工作中存在大量的重复劳动。现在，所有的这些工作均可在 Vantage Point 中完成（图 3.2）。

Vantage Point 内部设有多个叙词表，为用户提供快速的自动数据清理的功能，只需按一个按钮，数据清理工作即可自动完成。用户每次数据清理的结果，均可保存成叙词表供未来使用，如著者/发明人，科研机构/公司，以及国际专利分类号等字段的序词表。

通过使用 Vantage Point，可大大降低用户在分析工作中数据清理的工作量，并提高工作效率和分析精度，缩短分析报告提交的时间。

Vantage Point 能够帮助用户完成的工作包括：① 对于科研机构，作者不同的拼写方式；② 公司并购带来的不同名称问题；③ 公司内部技术分类系统；④ 将简称转化成全称；⑤ 将代码转换成文本。

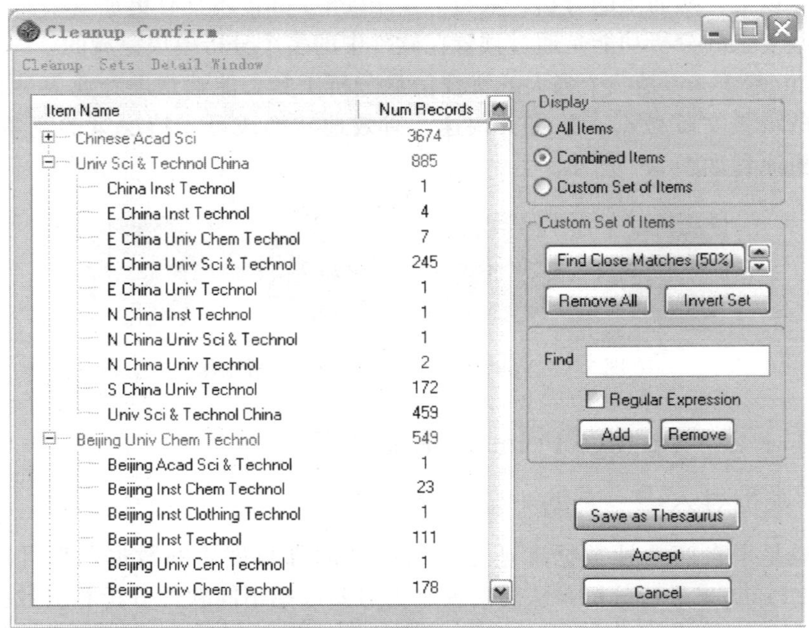

图 3.2 Vantage Point 数据清理工具

3）数据分析——快速挖掘情报

有效的分析可将无序的数据转化为高附加值的情报，Vantage Point 为用户提供一系列分析功能：

（1）快速生成排名列表。例如，用户根据公司、年份、国家、期刊名称或技术分类等字段生成排名列表（图 3.3）。

（2）解释两公司/机构之间的技术共性或独特性。例如，用户可以将公司的技术与竞争对手的技术进行对比，了解用户所独有的技术，以及双方都涉及的技术。

（3）任意两字段之间的相关性。通过矩阵分析，可帮助用户了解公司之间的合作、公司的技术重点及技术分布范围（图 3.4、图 3.5）。

（4）可视化显示作者/发明人，公司/机构，技术之间的相互关系，从而帮助用户快速了解公司/研发人员之间的合作、技术相关性等重要信息。

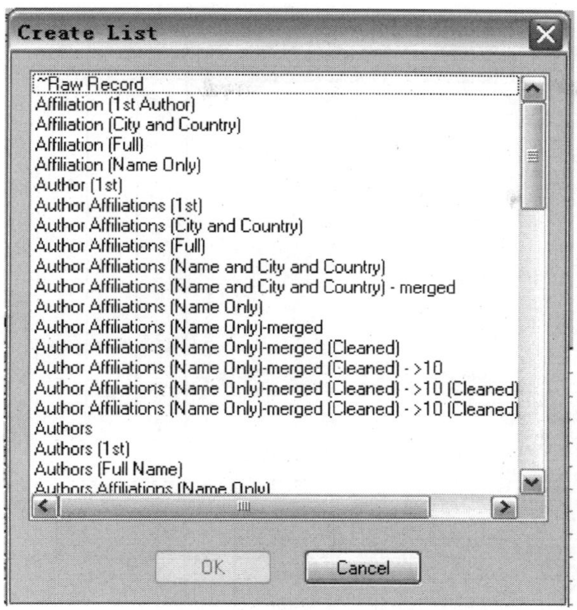

图 3.3 Vantage Point 生成列表

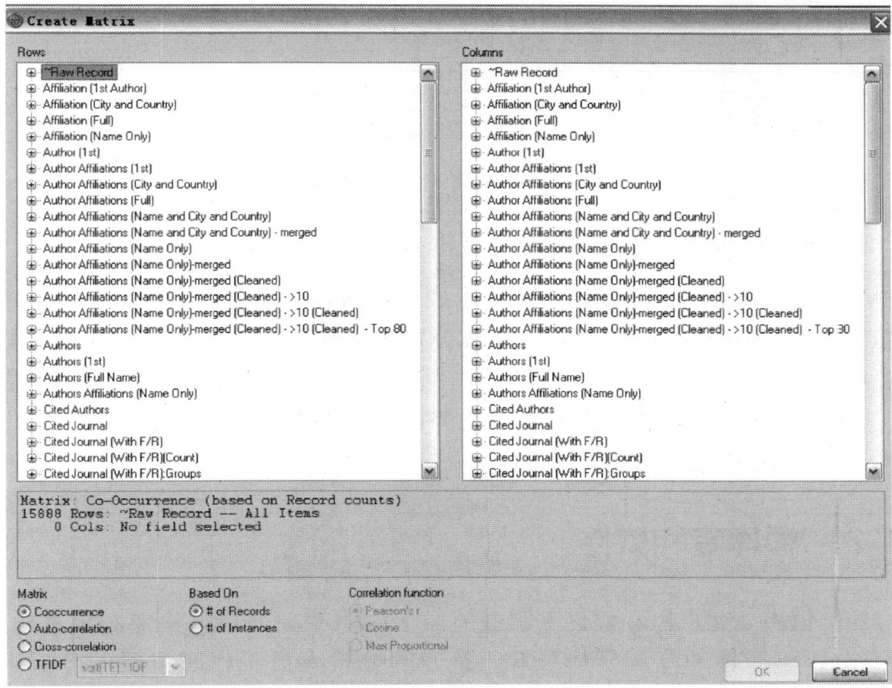

图 3.4 Vantage Point 生成矩阵（a）

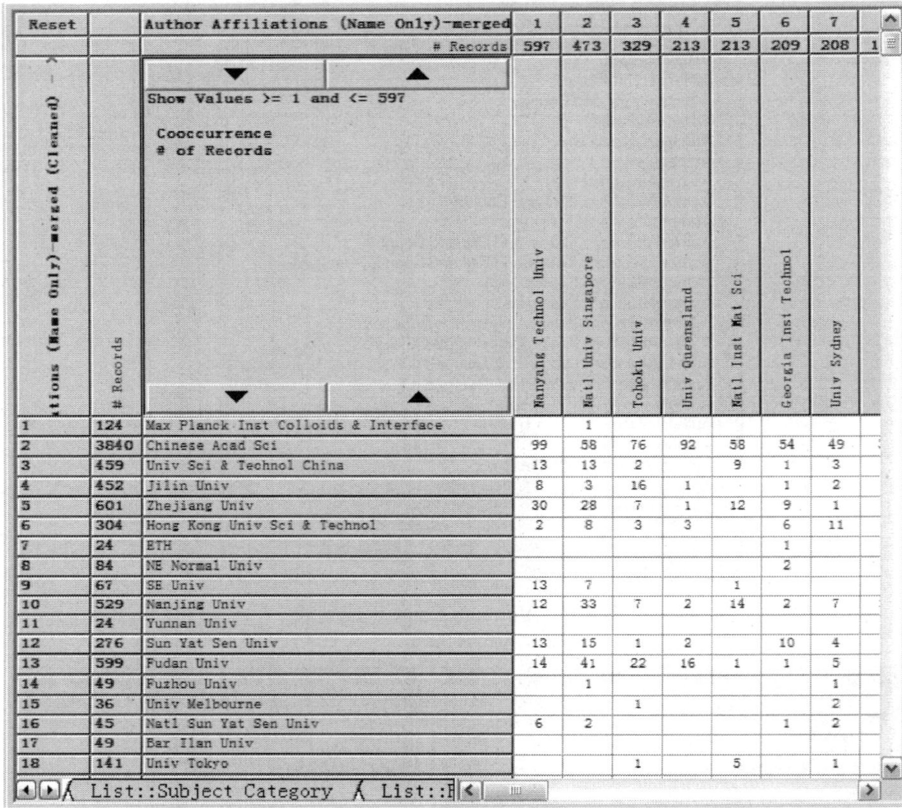

Reset		Author Affiliations (Name Only)-merged	1	2	3	4	5	6	7
		# Records	597	473	329	213	213	209	208
ations (Name Only)-merged (Cleaned)	# Records	Show Values >= 1 and <= 597 Cooccurrence # of Records	Nanyang Technol Univ	Natl Univ Singapore	Tohoku Univ	Univ Queensland	Natl Inst Mat Sci	Georgia Inst Technol	Univ Sydney
1	124	Max Planck Inst Colloids & Interface		1					
2	3840	Chinese Acad Sci	99	58	76	92	58	54	49
3	459	Univ Sci & Technol China	13	13	2		9	1	3
4	452	Jilin Univ	8	3	16	1		1	2
5	601	Zhejiang Univ	30	28	7	1	12	9	1
6	304	Hong Kong Univ Sci & Technol	2	8	3	3		6	11
7	24	ETH						1	
8	84	NE Normal Univ						2	
9	67	SE Univ	13	7			1		
10	529	Nanjing Univ	12	33	7	2	14	2	7
11	24	Yunnan Univ							
12	276	Sun Yat Sen Univ	13	15	1	2		10	4
13	599	Fudan Univ	14	41	22	16	1	1	5
14	49	Fuzhou Univ		1					1
15	36	Univ Melbourne			1				2
16	45	Natl Sun Yat Sen Univ	6	2				1	2
17	49	Bar Ilan Univ							
18	141	Univ Tokyo			1		5		1

List::Subject Category　List::

图 3.5　Vantage Point 生成矩阵（b）

4）生成报告——节省报告生成时间

Vantage Point 可以帮助用户快速生成分析报告。通过内置的宏命令，用户只需点击按钮即可生成公司报告，完成公司间的比较和对某一技术领域的分析报告（图 3.6～图 3.9）。通过分析报告，可做到：①掌握竞争对手的专利发展情况；②跟踪特定的技术领域内的发展趋势；③找出多产的专利发明人及其供职的公司；④确定研究战略和发展方向。

3.1.2　恒库专利软件

HIT_恒库是北京恒和顿创新科技有限公司自主研发的，集专利信息检索、管理与分析于一体的专利分析系统，是专利分析人员工作时重要的分析工具之一。

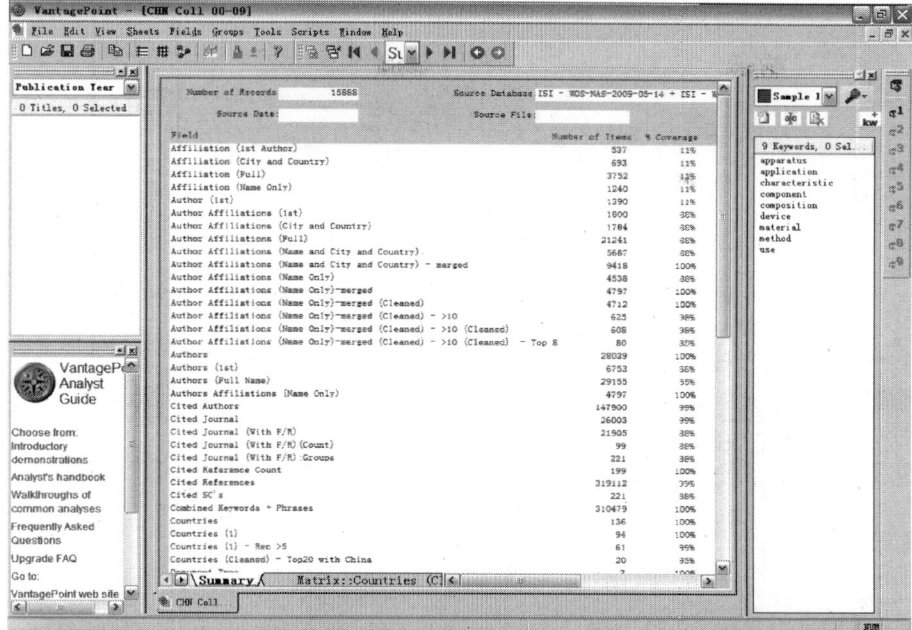

图 3.6　Vantage Point 操作（a）

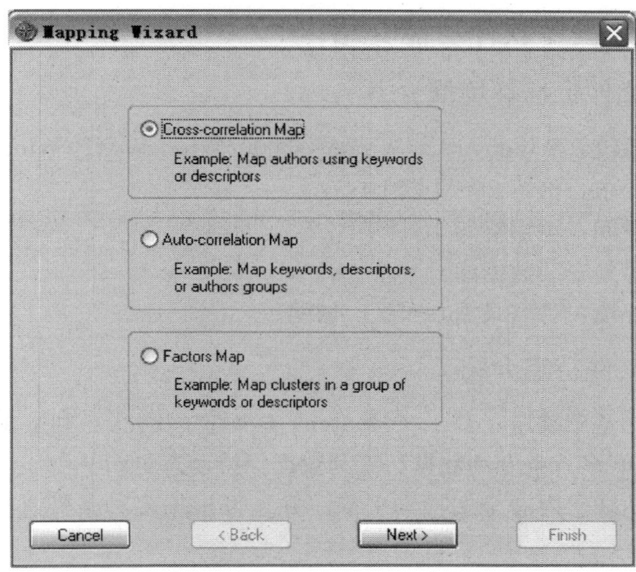

图 3.7　Vantage Point 操作（b）

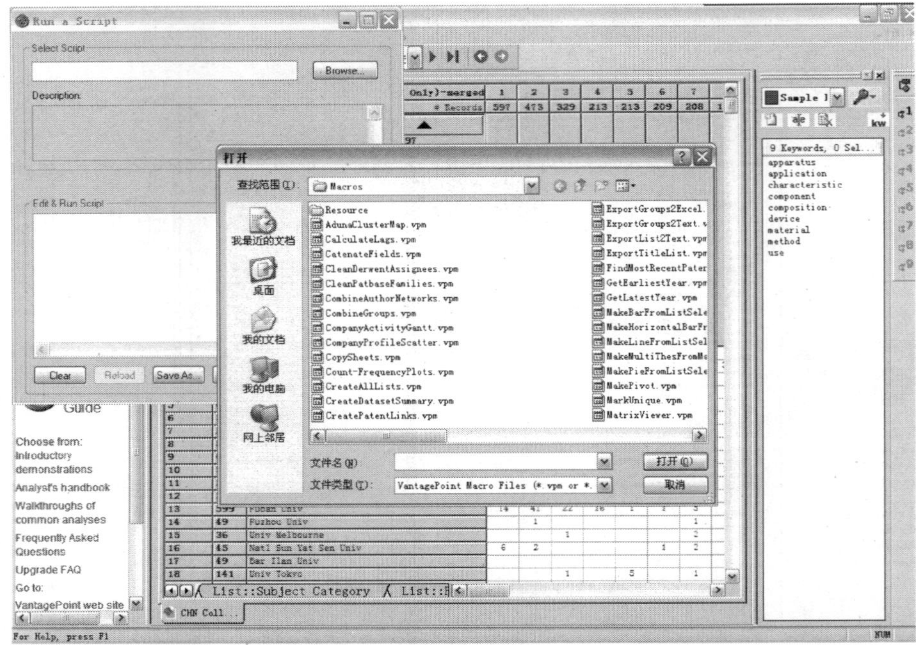

图 3.8　Vantage Point 操作（c）

3.1.2.1　恒库软件功能介绍

1）恒库软件运行环境简介

（1）操作系统：Windows9X/Windows2000/WindowsXP/Windows7。

（2）内存要求：推荐 256M 以上内存。

（3）硬盘空间：可用空间 1G。

（4）无须另外安装数据库。

（5）硬件环境：可登录 Internet 广域网。

2）恒库软件特点介绍

（1）数据库基础雄厚。基于《Hpatent_建库宝》动态专利数据库，覆盖 70 多个国家的 6000 多万条专利数据，专利数据保持动态更新。

（2）检索功能。内嵌全文检索引擎，并且可根据多种条件进行二次检索和查询。

（3）专利分析功能。采用智能化的数据挖掘技术和可视化技术，系统可自动进行几十种重要的专利分析，自动生成近百种统计图表。根据分析需要，建立专利引证模式。

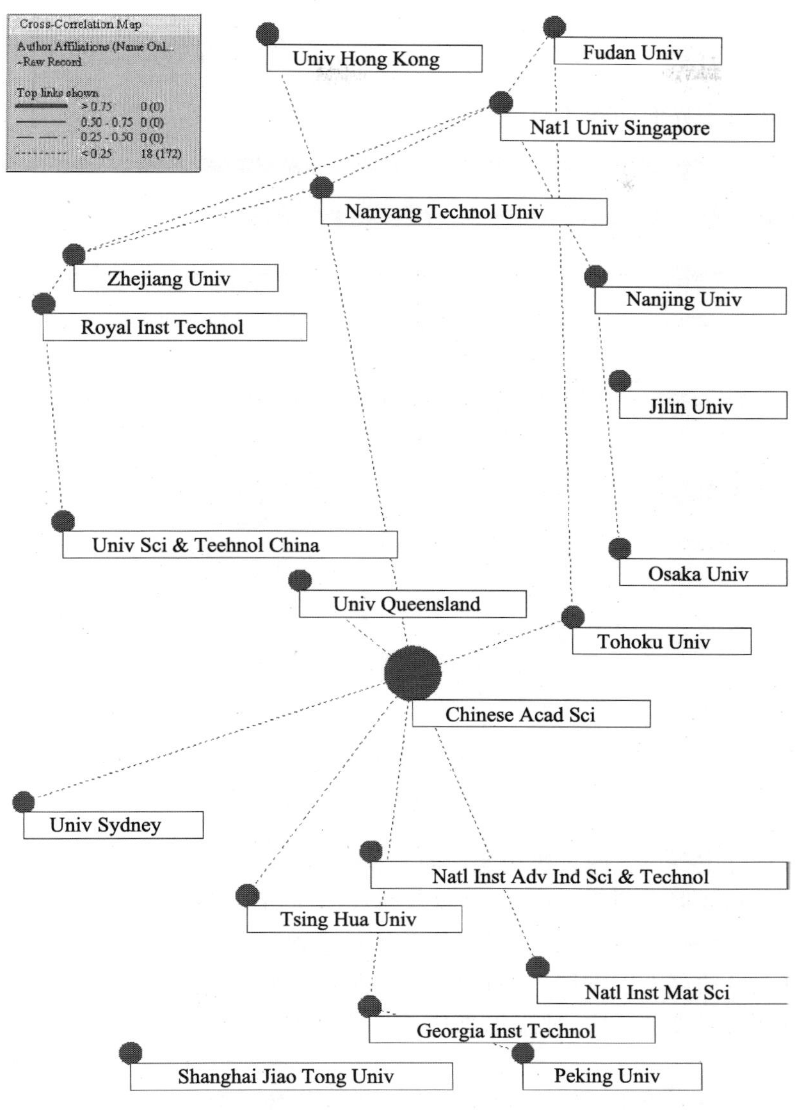

图 3.9 Vantage Point 生成报告

(4) 自动翻译功能。能够翻译多种语言，实现专利文献常用语言的相互转换。

根据需求，系统可以对专利信息进行技术、经济、法律等价值评估，量化其利用价值。

(5) 分析报告自动生成。根据需要，自动生成多种形式的统计报告，各种重要的统计信息和图表会清楚地呈现在报告中，原始文件可以转换为各种常用格式文件。

3）功能介绍

软件运行主界面如图 3.10 所示。

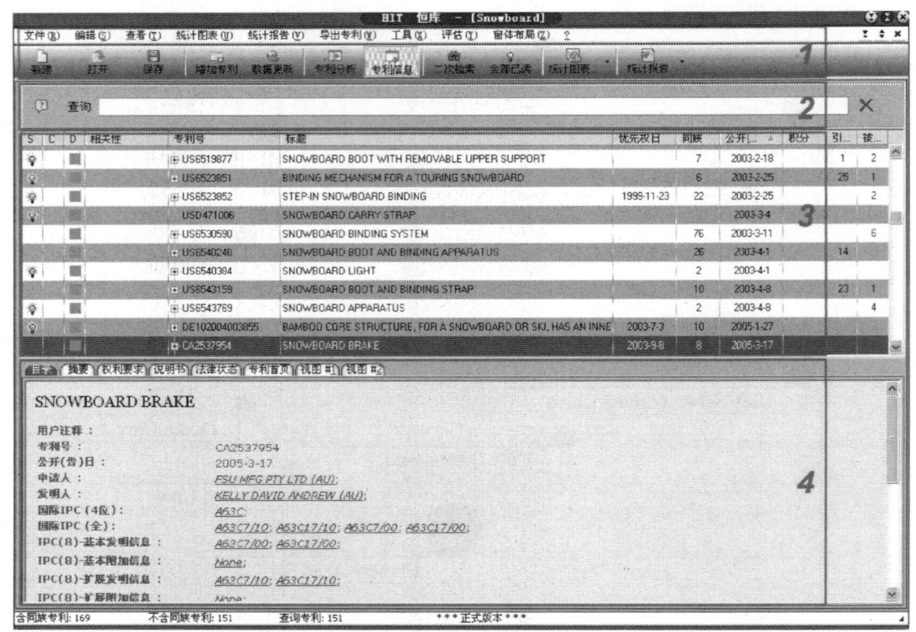

图 3.10 恒库软件运行主界面

恒库软件主要包含两大块功能，即专利数据库功能和专利分析功能。

（1）专利数据库功能。HIT_恒库专利数据库功能的主要特点：建立数据库方便快捷；9 个检索入口支持各种逻辑关系；检索下载稳定，速度快；专利数据全面完整，自动存入数据库；数据信息自动分类排序；强大的二次检索和查询功能；数据自动更新和随时添加新数据；多种语言翻译；数据导入导出功能（图 3.11）。

（2）专利分析功能。HIT_恒库专利分析功能的主要特点：对专利数据的授权信息进行统计；对专利数据的技术信息进行统计；对专利数据的时间信息进行统计；对同族专利与用户自定义的组的专利进行统计；快速建立专利引证模型；设置评估系数后进行专利评估；多种形式的统计图表；自动生成各种统计报告。

HIT_恒库专利分析功能具体内容如下。

（1）数据库统计功能，包括：专利数据的授权信息统计（发明人、申请人、专利审查员、助理审查员、代理机构）；专利数据的技术信息统计［欧洲分类

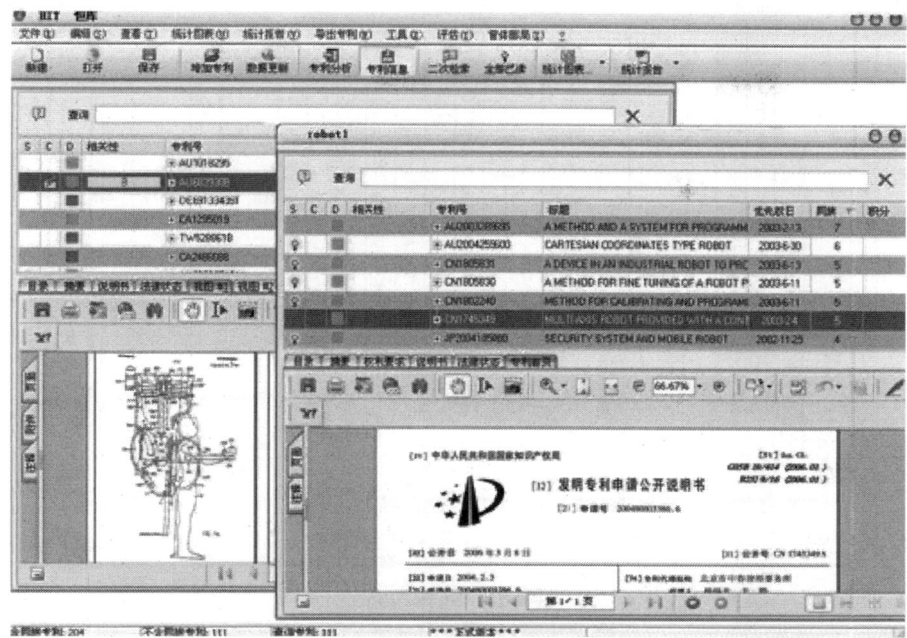

图 3.11 专利全文浏览

（显示该分类的技术内容）、美国分类、IPC4、IPC、IPC8 基本发明信息、扩展发明信息、基本附加信息]；专利数据的时间信息统计（公告年、优先权年）。

（2）统计图表功能。HIT_恒库统计图表功能包括三个选项：统计图表、矩阵分析、多维分析。同时，还可以进行引证分析（图 3.12～图 3.15）。

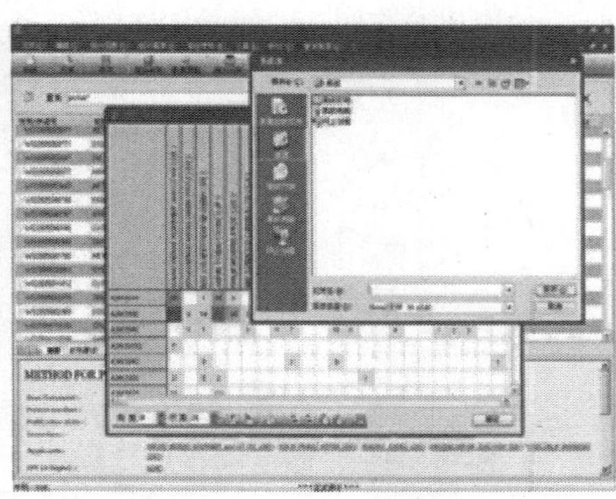

图 3.12 统计图表

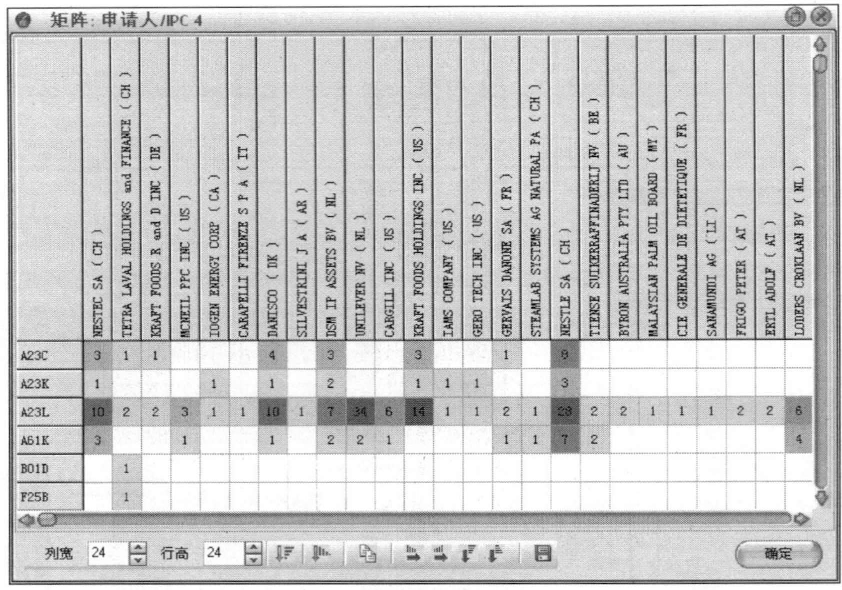

图 3.13 矩阵分析

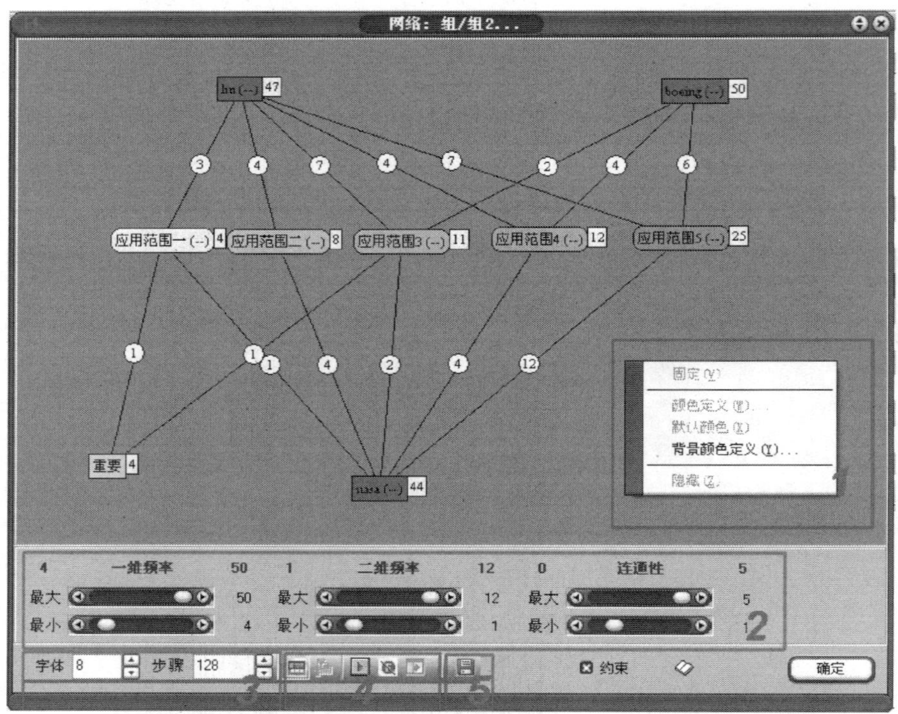

图 3.14 多维分析

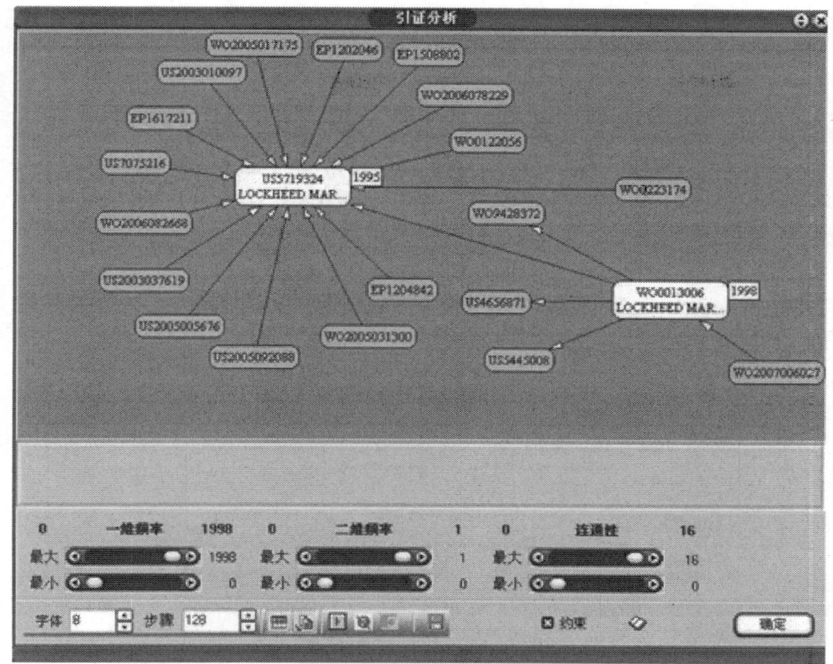

图 3.15　引证分析

3.1.2.2　恒库软件关键技术及算法

包括数据挖掘技术、专利统计技术、引证分析技术、专利数据的动态更新技术和可视化技术。

1）数据挖掘技术

数据挖掘是一种新的商业信息处理技术，其主要特点是对商业数据库中的大量业务数据进行抽取、转换、分析和其他模型化处理，从中提取辅助商业决策的关键性数据（图 3.16）。

2）专利统计技术

恒库对于专利统计技术的应用的特殊性在于可基于数据库进行自动统计分析（图 3.17）。

3）引证分析技术

引证分析是按照科学论文引证联系的方式探寻专利间的联系，即当一件专利被引用（如 5 次、10 次、20 次或更多次），那么，这项专利很可能包含一种重要的技术发展趋势，见图 3.15。

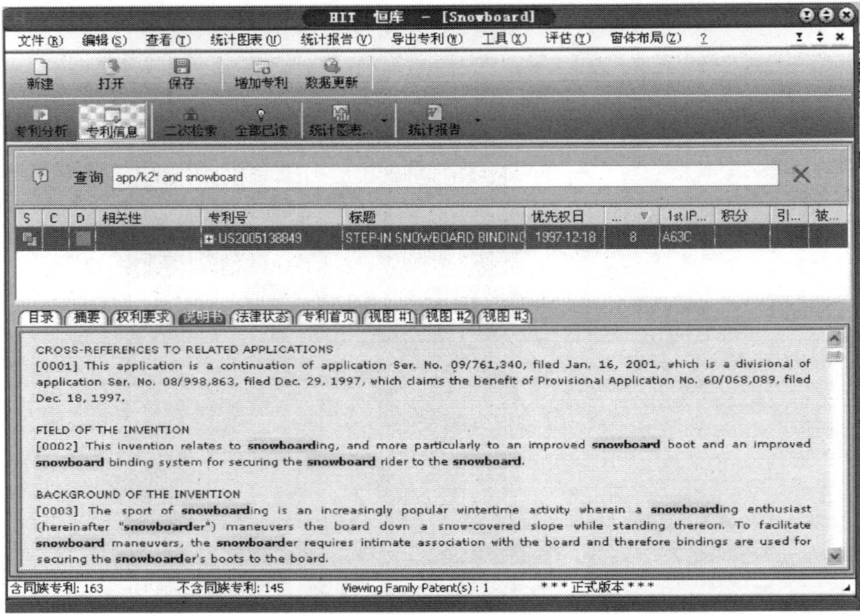

图 3.16 数据挖掘技术

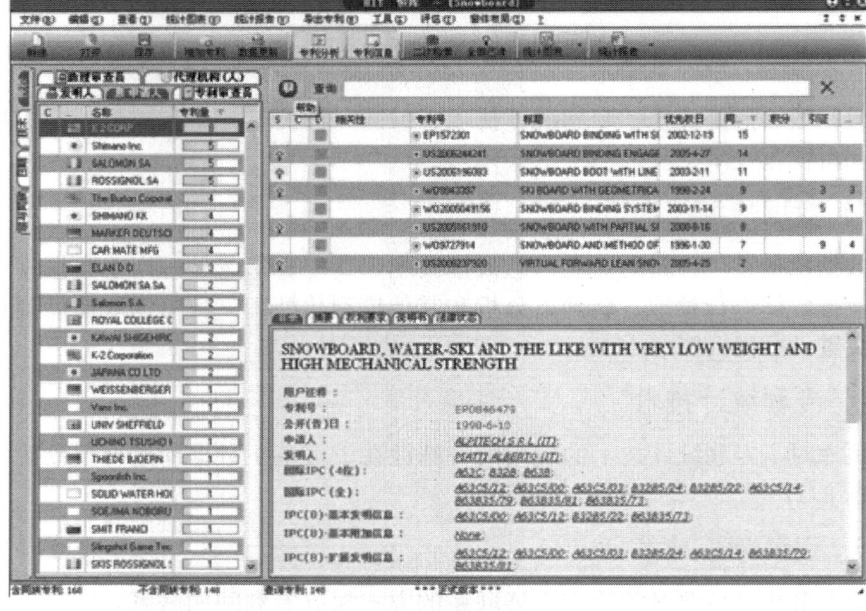

图 3.17 专利统计技术

4）专利数据的动态更新技术

恒库的优点在于可以自定义更新时间，可以实现专利实时更新；可以手动更新，节省更新时间；可以添加关键词搜索，为库中随时添加新专利。

5）可视化技术

运用计算机图形学和图像处理技术，将数据转换为图形或图像在屏幕上显示出来，并进行交互处理的理论、方法和技术。可视化技术的应用使得数据的分析更加具有交互性、可视性、多维性（图 3.18）。

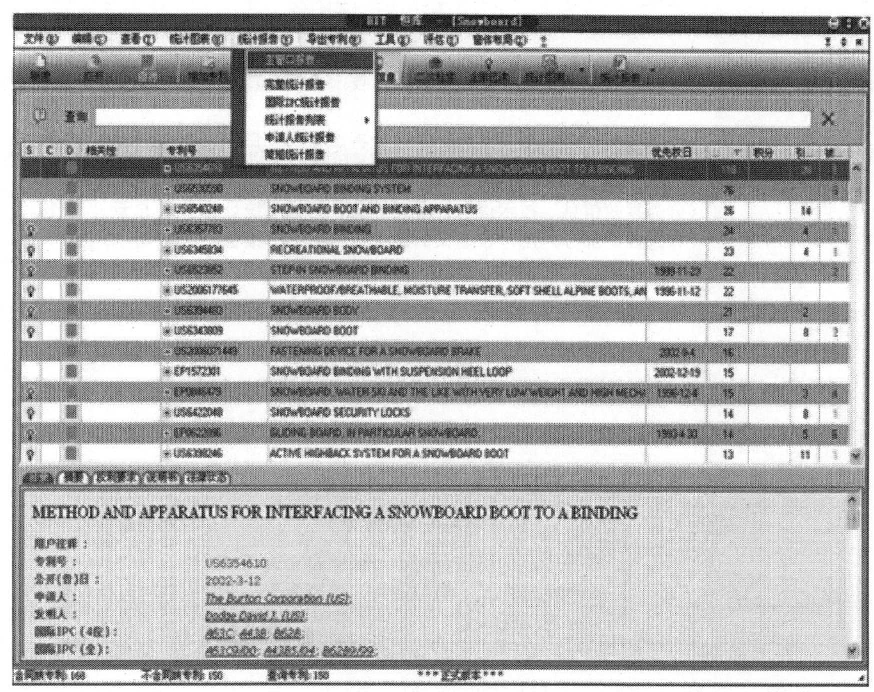

图 3.18　可视化技术

3.1.2.3　相关软件比较

目前，国内外专利分析的软件越来越多，对其中的 Delphion PatentLab-II、Matheo Patent、Thomson Data Analyzer、北京彼速、HIT_恒库这五种软件进行比较。

（1）数据处理方面，Delphion PatentLab-II 和北京彼速支持专利权人的手动合并；Thomson Data Analyzer 支持手动合并与自动合并两种方式；Matheo Patent 支持同组专利的合并与展开。

（2）据调查，统计分析结果呈现主要有四类工具：报表类、图表类、矩阵类、网络类。统计分析的维度可分为七大类，分别是一般统计、专利权人、发明人、IPC专利分类号、存活期分析、区域分析和引证统计。

基本统计工具功能比较如表3.1所示。

表3.1　基本统计工具功能比较表

分析工具	统计维度	结果呈现方式
Delphion PatentLab-II	专利权人、专利分类号和国家统计、一般统计	每一类分别提供报表；支持10种图表类型
Matheo Patent	发明人、申请人、口分类号（4位、全部）、欧洲分类号、公布年份、自定义组和同族专利	对称矩阵与非对称网络矩阵；对称网络和非对称网络
Thomson Data Analyzer	发明人、组织、国家、申请时间、技术内容	直方图等统计图表；对称矩阵
北京彼速	趋势分析、地域国别分析、公司分析、专利权人、发明人和IPC；专利权人综合比较	自定义统计图表；以蛛网图形式展示专利权人综合比较结果
HIT _ 恒库	分为授权信息、技术信息、时间信息、同族和组四个部分；用户自定义的组统计	统计图表；自动生成各种统计报告

HlT_恒库的四个部分的统计角度包括同族、优先权年、IPCA、IPC、欧洲分类、发明人、申请人、公告年、专利审查员、助理审查员、代理机构（人）、美国分类、基本发明信息、扩展发明信息、基本附加信息等统计。

引证分析功能比较：恒库的引证分析功能是其一大亮点（表3.2）。

表3.2　引证分析功能比较表

分析工具	引证数据来源	引证结果可视化显示	专利信息呈现与统计
HlT_恒库	US和EP	单条专利的引证分析，可快速建立该专利的前向及后向引证树，以箭头方向示意引证关系	引证树可保存为位图

对于其他一些软件来说，引证数据来源一般为US，而HIT -恒库的范围更加广泛，包括US和EP两部分。HIT_恒库最大的优点就在于其专利数据的动态更新及翻译功能。

3.1.2.4　恒库软件在国际科技资源监测地理信息系统中的应用

（1）数据检索。国际科技资源监测地理信息系统的世界科学前沿监测子系统数据来源于基本科学指标（Essential Science Indicators，ESI）数据库，ESI数据库是由ISI Thomson公司于2001年推出的基于SCI和社会科学索引（Social Sciences Citation Index，SSCI）文献记录建立的衡量科学研究绩效、跟踪科学发展趋势的计量分析数据库（图3.19）。

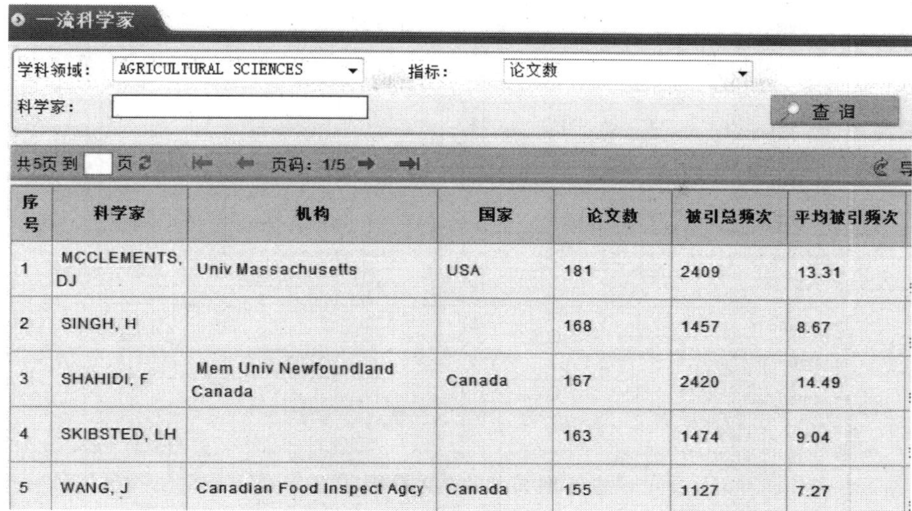

图 3.19　数据检索

（2）统计分析和矩阵分析。世界技术前沿监测等模块中应用了统计分析技术、矩阵分析技术（图 3.20、图 3.21）。

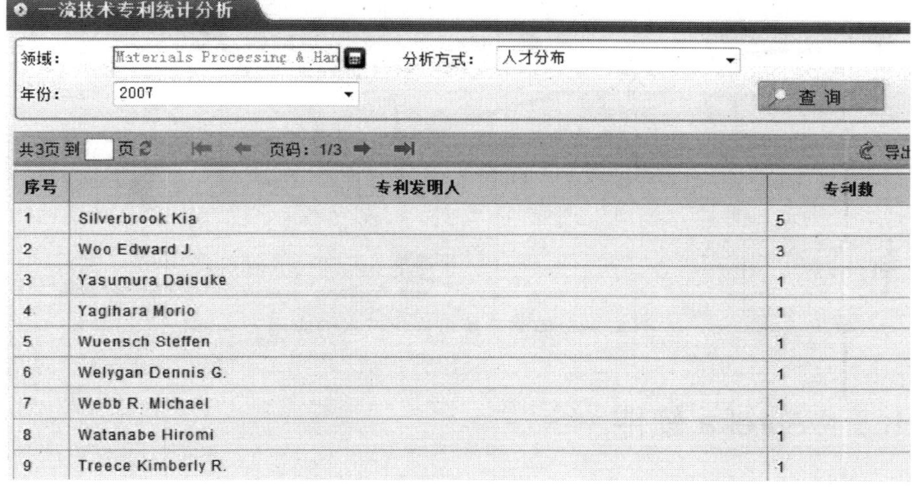

图 3.20　统计分析

（3）可视化的应用。本监测系统强调可视化技术的应用，在多个模块中都可见，如图 3.22 所示。

年份: 2008 学科: 材料科学 查询

	论文数	19	15	14	12	11	11	10	10
论文数	科学家合作矩阵	Wang, J	Wang, Z L	Liu, B	Huang, Y	Chen, B	Chen, G L	Liu, Y	An, L N
19	Wang, J	19						1	
15	Wang, Z L		15						
14	Liu, B			14	3	5			
12	Huang, Y			3	12				
11	Chen, B			5		11			
11	Chen, G L						11		
10	Liu, Y	1						10	

图 3.21 矩阵分析

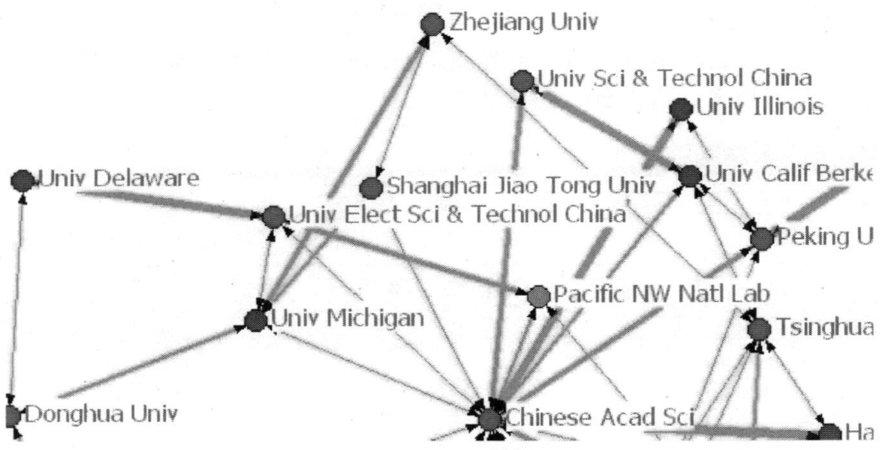

图 3.22 监测系统可视化技术的应用

3.1.3 Aureka 软件

3.1.3.1 Aureka 软件简介及其特点

Aureka IPAM 知识产权管理系统最早由美国 Aurigin Systems Inc 推出。2002 年，Aureka 的版权归美国 Micropatent，LLC 公司所有，系统增加了深层次专利信息分析与知识产权管理功能，借助于网络的快速发展，Aureka 成为集专利信息检索与分析及 IP 管理的信息平台。2004 年，Micropatent 公司被美国

Thomson 集团公司收购，Aureka 成为 Thomson 集团旗下的一个重要产品。Aureka 通过数据挖掘和专利引文分析等方法，揭示专利信息间的相互关联，为用户技术研发与自主创新、专利评价与评估、专利资产运营、专利权保护（包括专利侵权预警、专利诉讼及专利权边境保护等）、企业联营与合作或兼并等的生产经营决策活动提供帮助。

Aureka 信息平台如图 3.23 所示：

图 3.23　Aureka 界面

(1) Aureka 信息平台提供专利检索服务，其数据范围包括美国专利（全文）、欧洲专利（全文）、PCT 国际专利申请的著录项目、英国专利、德国专利、法国专利、日本专利（英文摘要）等（图 3.24）。专利数据定期进行自动更新。

Aureka Data Coverage

Authority	Coverage
US Granted Patents	1836 - Present
US Published Applications	2001 - Present
EP Granted Patents (EP-B)	1980 - Present
EP Published Applications (EP-A)	1978 - Present
PCT Published Applications (WO)	1978 - Present
French Published Applications (FR-A)	1981 - Present
Great Britain Published Applications (GB-A)	1916 - Present
German Granted Patents (DE-C)	1989 - Present
German Published Applications (DE-A)	1989 - Present
German Translations (DE-T)	1989 - Present
German Utility Models (DE-U)	1989 - Present
Japanese Published Applications (JP)	1976 - Present

图 3.24　Aureka 数据范围

(2) 整个系统的操作以 Web 浏览器为平台，结合 client/server 架构，使得信息的处理更加方便快捷。

(3) 除包含常见的文本检索、布尔运算等基本功能外，Aureka 系统还提供了一项独特的自然语言算法，该算法使用了一种专门的字典，其中包含有某一领域特定的技术术语表，以供系统使用。系统允许用户对检索的结果加以注释，同时可以自由地增加或减少检索结果。

(4) Aureka 专利地图。Aureka 信息平台中的专利地图（Aureka Theme Scape 地形图）提供了一种文本分析工具，该工具以分析的专利样本为基础，对其中的相关词汇的词频应用聚类分析生成主题（词汇）地形图，以此来描述专利技术主题分布情况。该分析工具可以辨别和提出词汇系列中经常出现的关联词组，以及它们在文献中的相互关系（图 3.25）。

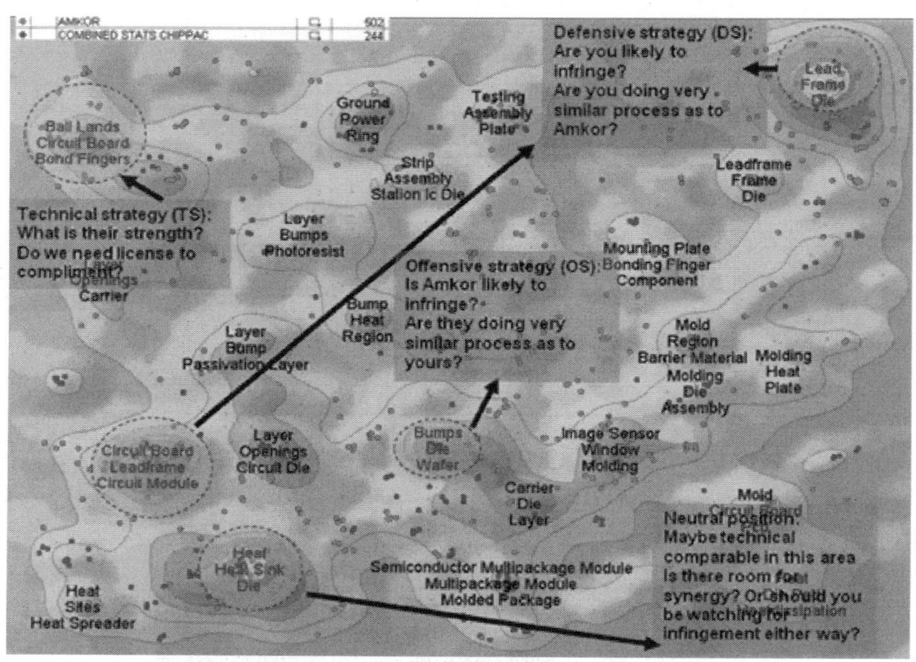

图 3.25 Aureka Theme Scape 地形图

在 Aureka Theme Scape 地形图中主要采用等高线图来作为全图绘制的基准。被分析的数据样本中的专利文献在地图中用点来表示。内容相近的文献在图中的距离也相近，最终形成山峰，图中不同山峰区域内表示某一特定技术主题中聚集的相应的专利群。同一区域的文献数量与地图中山峰的高度相对应。文献内容越相似，文献点在图中的位置就越近。等高线表明了相关文献的密度：最高峰的高点区域包含的文献最多，低点区域包含的文献相对较少。峰间距离越近，表明所包含的专利内容相似性越大；反之，则越小。专利地图上还可以同时显现某一特定技术主题涉及的专利权人等信息。

（5）Aureka 引证树。Aureka 信息平台中的专利引证树（Aureka Citation-Tree）工具是系统中的另一个亮点。利用专利引证信息构建双向多级引证树，形象化地显示出研究对象（所指定的专利）引用在先专利和被其后专利引证的信息。

（6）Aureka 报告工具。Aureka 信息平台中的报告工具（Aureka Reporting Tool）可为客户提供各种研究报告或某一领域（诸如发明人、专利权人等）的相关信息，以及某一专利或自定义专利组的专利期满和引文信息等。该工具可提供三种类型的报告：一是信息摘要，属于快报性质；二是详细文本式报告；三是图表式报告。

3.1.3.2　Aureka 软件功能

Aureka 软件功能可从四个方面来说明。

1）检索功能

Aureka 利用检索来自 US，DE，EP，GB，JP（仅文摘）和 PCT 专利进行检索，Aureka 除了提供专利检索常用字段外，还提供了专利或科技文献被引证检索。同时，还可进行二次检索，利用 PowerBrowse 检索结果中 500 条以内专利的全文 PDF、权力要求、法律状态、图像等。

2）分析功能

分析功能具体细分为以下三种。

（1）分析报告。分为专利最多的专利权人分析报告、IPC 分析报告、被引用分析报告。利用 Aureka 强大的分析功能，可生成七大报告，帮助用户快速了解技术领域的总体状况，如哪些机构、哪些发明人、在何时、有哪些技术应用等，所有这些信息均可以下载到本地供进一步分析。能够对专利的分布有一个整体的印象；把握技术在时间上的发展趋势及专利的生命周期；了解发明人的分布情况；找到重要的专利及技术（图 3.26）。

（2）引文分析。通过专利分析，可以找出专利被引用情况的分布，高被引的专利往往是比较核心的专利，可以分析这些专利的引文情况来获取情报。Aureka 的引证信息包括了 US，DE，EP，GB 和 WO 的专利信息，还包括审查员引用相关专利。能够了解竞争对手的专利布局，识别竞争对手的专利战略；了解重要专利的外围专利，寻找技术空间，确定研发策略；评估竞争对手的研发周期；识别并发现潜在的竞争对手；寻找潜在的专利授权机会；通过专利引证树，了解一个公司的技术发展趋势（图 3.27）。

aureka Gold

- Assignees
- Inventors
- Primary IPC Data
- Complete IPC Data
- Forward Citations
- Backward Citations
- General
- Proprietary Fields

Summary Report Help

Show HTML Report filtering options

Basic Report: Forward Citation Frequency For Most Cited Documents

source document list: RFID 885 (DeDuped)

Print Friendly

Document ID	Assignee	Cited by	Percentage
[illegible]	KEY-TRAK, INC.	52	2.7%
[illegible]	3M INNOVATIVE PROPERTIES COMPANY	45	2.3%
[illegible]	CHECKPOINT SYSTEMS INC.	44	2.2%
[illegible]	KIPP, LUDWIG	41	2.1%
[illegible]	MICRON TECHNOLOGY, INC.	37	1.9%
[illegible]	INTERMEC IP CORP.	31	1.6%
[illegible]	SENSORMATIC ELECTRONICS CORPORATION	31	1.6%
[illegible]	CHECKPOINT SYSTEMS, INC.	30	1.5%
[illegible]	SIHL GMBH	28	1.4%
[illegible]	INTERMEC IP CORPORATION	27	1.4%
[illegible]	SENSORMATIC ELECTRONICS CORPORATION	26	1.3%
[illegible]	MOORE NORTH AMERICA, INC.	24	1.2%
[illegible]	3M INNOVATIVE PROPERTIES COMPANY	23	1.2%
[illegible]	SINGLE CHIP SYSTEMS	23	1.2%
[illegible]	3M INNOVATIVE PROPERTIES COMPANY	22	1.1%
Number of citations in Top 15 documents		484	

图 3.26 分析报告

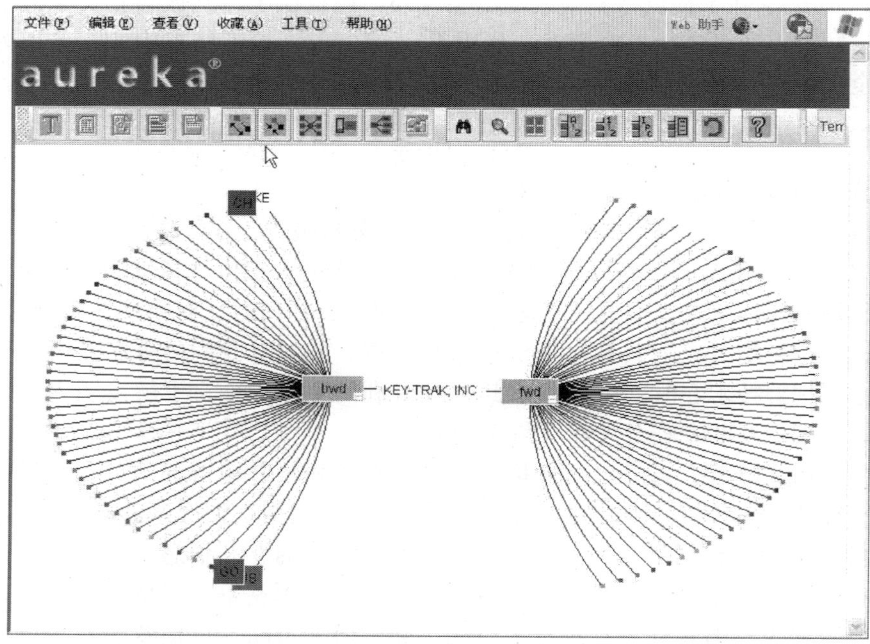

图 3.27 引文树

（3）专利地图。Theme Scape 可视化工具利用算法产生专利地图，分析一组专利文献中文献、主题间的关系。采用先进的文本挖掘技术，对专利或文献进行分析，根据专利技术进行自动聚类。迅速了解技术的总体分布、技术热点；了解竞争对手的技术发展历程和技术分布；快速筛选专利，选取自己需要的专利技术；帮助用户制定公司的知识产权战略（图 3.28）。

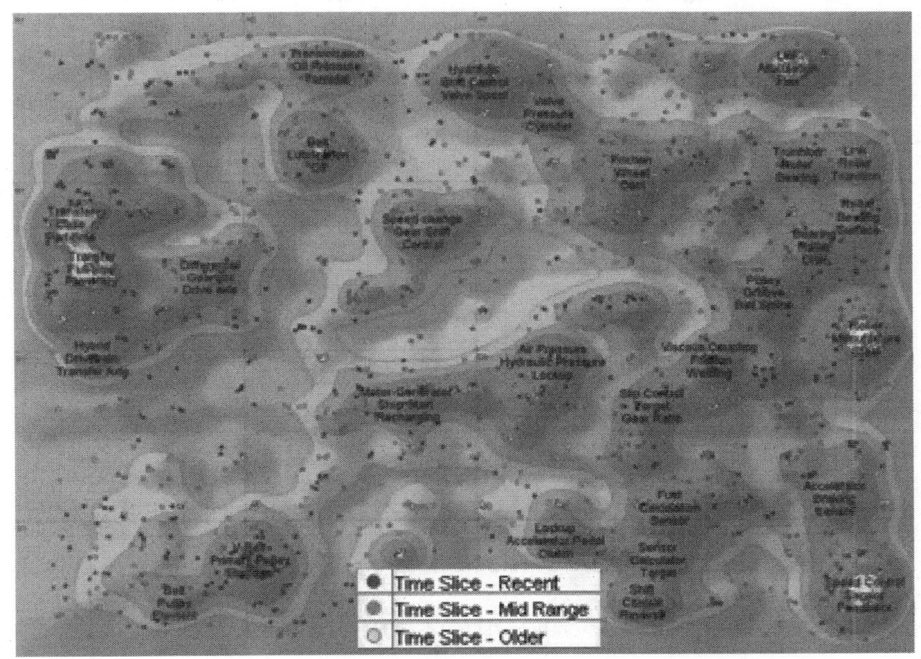

图 3.28 专利地图

（4）聚类分析。利用文本聚类分析，可以将技术相近的专利自动归类，生成规整的目录树，从而帮助用户：快速浏览专利；进行专利分析；授权许可评估；分析技术间的关系，这也是许多相关软件中所缺少的分析功能（图 3.29）。

3）管理功能

管理功能包括知识管理与自定义标引。

（1）知识管理 Aureka 提供了专利目录树以帮助用户进行专利管理：用户可利用这个目录树，对检索结果、分析结果进行有效管理。例如，用户可以为不同的事业部创建相应的目录，并设置好访问权限，这样相关的部门或同事就可以浏览到相应权限的信息。目录中的数据还可以每周或每月自动更新，可以帮助用户快速跟踪最新的技术情况（图 3.30）。

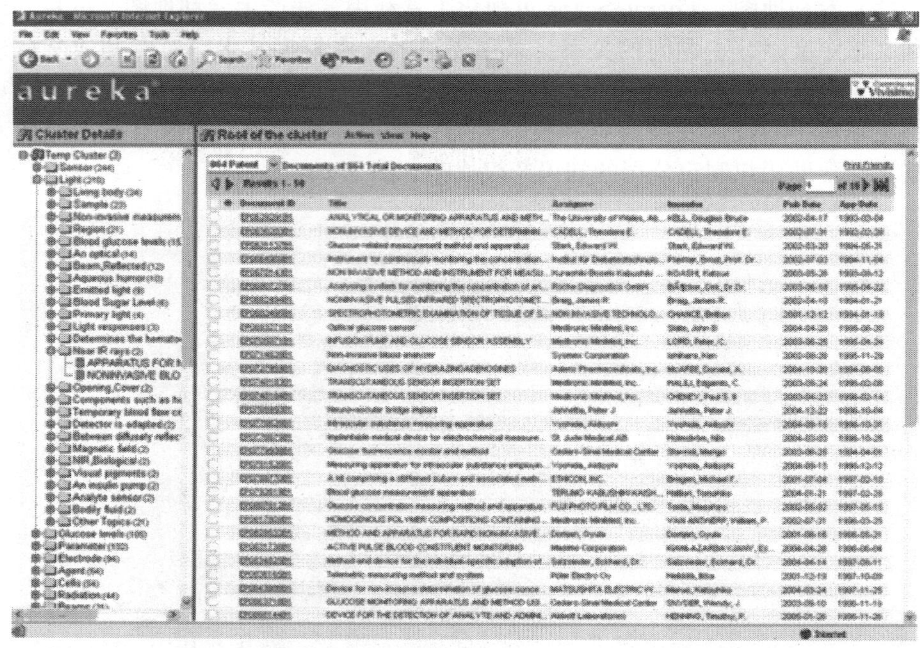

图 3.29　聚类分析

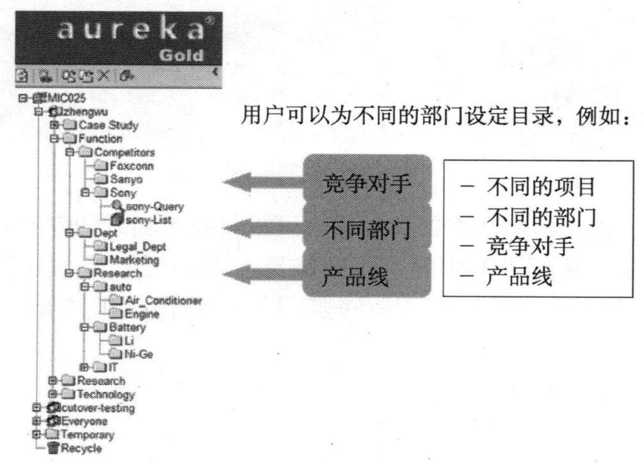

图 3.30　知识管理

（2）自定义标引。用户可对每篇专利进行自定义标引，如不同的产品线、部门、付费情况、相关性排序等。这样的标引可以有效增强信息共享，帮助用户减少重复阅读。所有的标引信息都可以用于专利分析，如报告、地图分析等（图 3.31）。

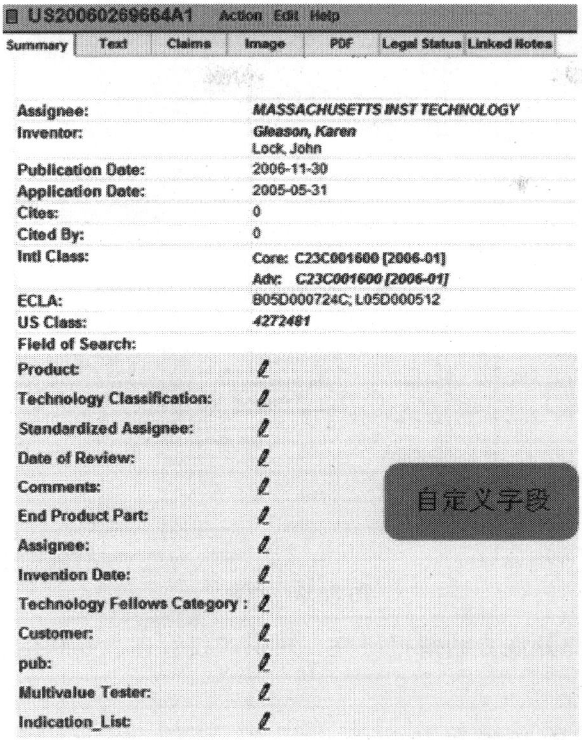

US20060269664A1　Action　Edit　Help

Summary　Text　Claims　Image　PDF　Legal Status　Linked Notes

Assignee:	MASSACHUSETTS INST TECHNOLOGY
Inventor:	Gleason, Karen Lock, John
Publication Date:	2006-11-30
Application Date:	2005-05-31
Cites:	0
Cited By:	0
Intl Class:	Core: C23C001600 [2006-01] Adv: C23C001600 [2006-01]
ECLA:	B05D000724C; L05D000512
US Class:	4272481
Field of Search:	
Product:	
Technology Classification:	
Standardized Assignee:	
Date of Review:	
Comments:	
End Product Part:	
Assignee:	
Invention Date:	
Technology Fellows Category :	
Customer:	
pub:	
Multivalue Tester:	
Indication_List:	

自定义字段

图 3.31　自定义标引

4）预警功能

Aureka 提供了预警功能：用户可以对所关心技术领域的专利、竞争对手的专利、自有专利是否被其他公司引用，以及关注的核心专利是否有最新的动态进行跟踪和分析（图 3.32）。

3.1.3.3　Aureka 软件关键技术及算法

Aureka 信息平台通过 Theme Scape 绘制的技术地形图、Aureka Citation Tree 提供的引文分析及相应的报告工具，通过 MS Excel 的 Pivot Tables 生成比较矩阵。利用数据挖掘和关联分析等分析方法，根据专利文献提供的技术主题、专利国别、专利发明人、专利受让人、专利分类号、专利申请日、专利授权日、专利引证文献等技术内容，广泛进行专利文献搜集，同时，对搜集的专利文献内容进行分类、比较和分析等加工整理，形成有机的信息集合，揭示出专利信息之间内在的甚至是潜在的相互关系，从而形成一个比较完整的专利情报链，并利用较强的可视化手段，为用户提供形象直观的图形界面。系统操作简单，

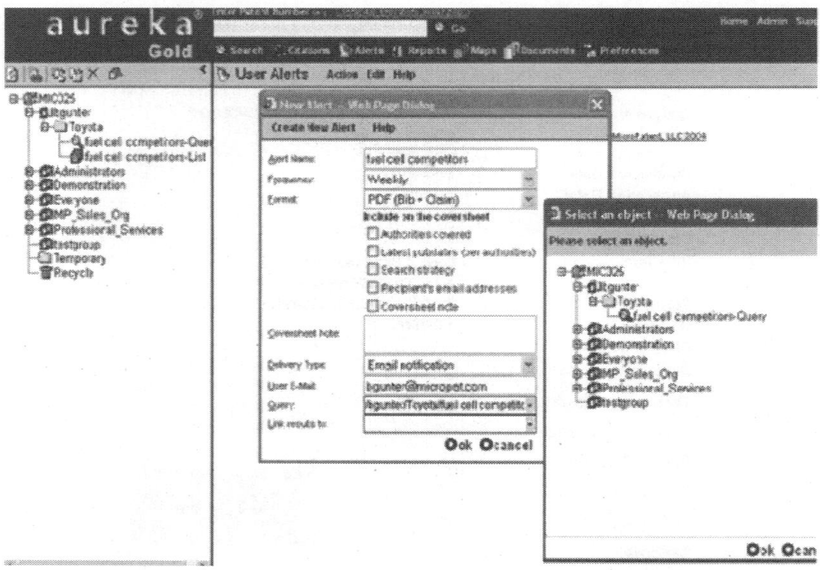

图 3.32　预警

使用方便，是用户开展专利情报研究、知识产权管理、专利信息利用等工作的有益工具。

3.1.3.4　相关软件比较

对 Aureka、Delphion、DII、东方灵盾中外专利检索及分析平台（East Lindon Doors）、保定大为 PatentEX 专利信息创新平台这 5 个商用专利检索软件进行比较。

1）数据来源

从数据来源进行分析，如表 3.3 所示。

表 3.3　数据来源分析

专利检索软件	收录范围	检索数据来源
Aureka	US，DE，EP，GB，JP，FR，PCT	自建专利数据库
Delphion	US，DE，EP，JP，PCT，CH，INPADOC，Derwent	自建专利数据库
DII	41 个国家和地区专利机构授权的 1100 万项基本发明和 1800 万个专利	自建专利数据库
East Lindon Doors	73 个国家和 3 个组织的 5000 万件专利	自建专利数据库
PatentEX	CN，US，EP（JP，PCT）	直接在各大数据库网站下载

注：CH，瑞士专利数据库；CN，中国专利数据库；DE，德国专利数据库；Derwent，德温特专利数据库；EP，欧洲专利局专利数据库；FR，法国专利数据库；GB，英国专利数据库；INPADOC，国际专利文献中心；JP，日本专利数据库；PCT，专利数据库；US，美国专利数据库

从数据来源看，虽然各软件的数据有交叉，但是在全面性方面，汤姆森的Aureka、Delphion两个产品数据来源最全。

2）检索功能

从检索功能来看，各专利检索软件功能比较如表3.4所示。

表3.4 检索功能比较

专利检索软件	检索方式	检索入口	运算符	截词符	二次检索
Aureka	专利检索、公司文件检索	专利权人、专利发明人、专利号/公开号、公开日期、申请号、申请日期、优先权、PCT专利信息、专利引用、非专利引用、相关申请、专利代理人、美国专利代理人、美国专利审核员、欧洲专利局与PCT专利授权国家、德国翻译专利	ADJn, NEARn、WITH、SAME、()、AND、OR、XOR、NOT	* *n ?	能
Delphion	基本检索、布尔检索、高级检索和浏览分类号检索	摘要、申请号、专利权人、专利代理人/机构、连续性检索、欧专局分类系统、政府权益、发明人、IPC分类号、Kind Code、other References (US)、优先国家、优先号、公开号、原初/当前美国专利分类检索、当前美国专利分娄检索、美国专利审核员检索、专利题名、专利权利要求、题名/摘要或权利要求，描述	AND, OR, NOT NEAR, NORDER, THE SAURUS	* ?	不能
DII	一般检索、被引专利检索、化合物检索、高级检索	标题、关键词、摘要、专利权人、发明人、专利号、国际专利分类号、德温特分类代码、德温特手工代码、德温特入藏登记号、环系索引号、德温特化学资源号、德温特化合钫号、德温待注册号、被引专利号、被引专利权人、被引发明人、化合物名称、物质描述词、标准分子式、分子式、分子量	SAME, AND, OR, NOT	* ? $	能
East Lindon Doors	简单检索、表格检索、高级检索、IPC分类检索	标题、文摘、权利要求、说明书、专利权人（含名字，所在城市、省/州、国家）、发明人（名字，所在城市、省/州、国家）、专利律师/专利代理人、一级审查员、二级审查员、国内分类、国际专利分类、申请日、公告日、专利申请号、PCT文档号、PCT公告号	AND, OR, NOT, () (N), Nn, (W), (nW)	* ?	能

续表

专利检索软件	检索方式	检索入口	运算符	截词符	二次检索
PatentEX	简单检索、高级检索	摘要、公开（公告）日、分类号、申请专利权人、地址、颁证日、代理人、名称、申请日、公开（公告）号、主分类号、发明（设计）人、国际公布、专利代理机构、优先权	且、或、日期操作运算符（介于、等于、大于等于、小于等于、不等于、空）等		能

在 Aureka 的检索界面，选择相应的检索方式、入口后，还可利用运算符、截词符对检索的数据范围、时间、字段内容等进行限制。另外，利用 Aureka 获得检索结果后可进行如下工作。

（1）可检索目标专利的后续引证专利。引证数据来自 US、DE、EP、GB、WO，但没有 JP 和 FR。

（2）可检索单篇专利的同族专利。

（3）支持对所管理的检索结果进行二次检索，得到更相关的检索结果，且二次检索可对自定义的字段进行检索。

（4）可检索存储在 Aureka 中的其他非专利数据或公司数据。

3）检索结果的输出

Aureka 可保存检索式定制 Alerts。同一检索式的检索结果可被不同用户共享。以 E-mail 的方式通知更新检索结果。同时，Aureka 中的 Patent Profiles 由 Tomson 的专家确定检索策略，检测客户所关注领域内的专利申请活动。

每次检索都会以一个新的文件夹来保存结果，并可对检索结果集进行注释，以目录树的方式组织专利和非专利文档；用户可设置不同文档的访问权限以便团队中其他人分享；软件中内嵌了邮件系统，便于团队成员沟通。为方便组织内部的其他人清楚地了解每个专利检索结果，可对专利进行一定的标注。Aureka 可对每个检索结果集中的每个专利进行注释，系统已经预设了注释的多个字段，同时用户可自行添加注释字段，可在专利原文的 PDF 上添加注释；在系统预设的单个专利注释字段中有一个评分字段，用户可对每个专利进行评分。

3.1.3.5 Aureka 软件在国际科技资源监测地理信息系统中的应用

（1）专利地图分析。国际科技资源监测地理信息系统在技术前沿监测模块中应用 Aureka 的专利地图分析，如图 3.33 所示。

（2）引文分析。国际科技资源监测地理信息系统在世界一流研发企业监测子系统中应用 Aureka 的引文分析，如图 3.34 所示。

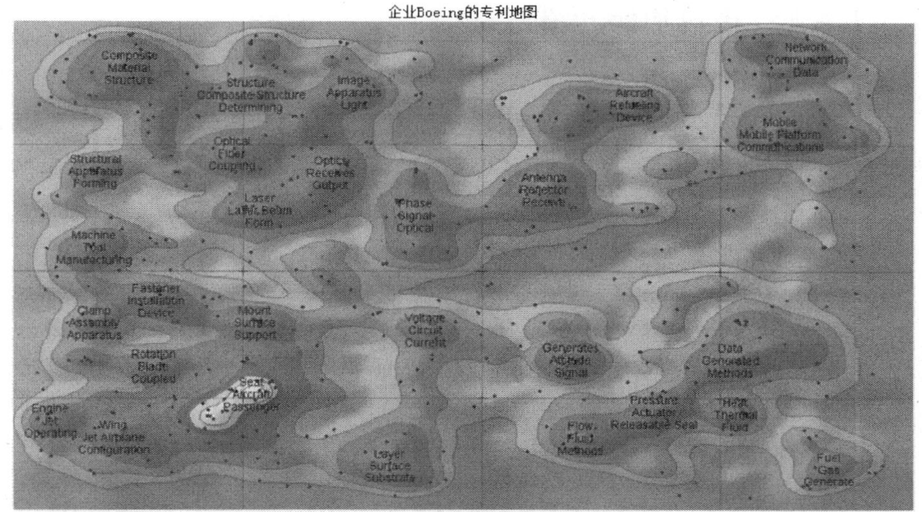

图 3.33 监测模块中的专利地图分析

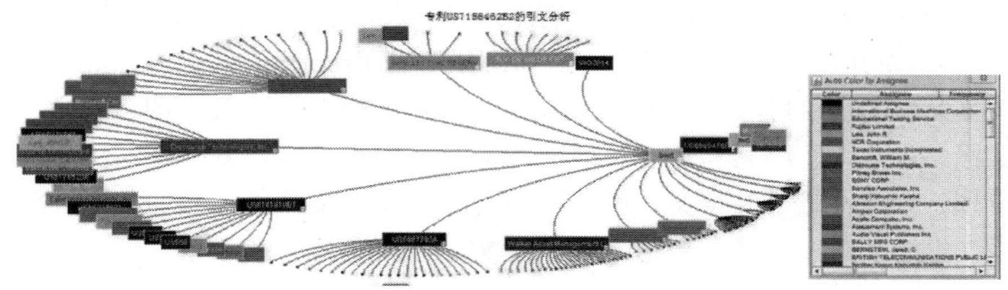

图 3.34 监测系统中的引文分析

3.1.4 彼速软件

北京彼速信息技术有限公司是一家专门为企、事业单位提供管理信息系统软件开发和技术支持服务的专业软件公司。其产品主要包括专利搜索方面的专利搜索引擎和“经纬线”专利分析系统，以及知识产权管理方面的专利之星等软件。彼速“专利搜索引擎”软件，可以通过互联网自动搜索，并且批量下载中、外专利信息和专利文献全文，亦可实现对同族专利的检索及对公知公用技术的风险分析，从而帮助企业快速构建适合自己的个性化的专利数据库；彼速“经纬线”专利分析系统可以分析专利信息，自动生成各种图表及分析报告。同时，“专利搜索引擎”可以与“经纬线”配合使用。

3.1.4.1 彼速功能介绍

彼速界面如图 3.35 所示。

图 3.35 彼速界面

1）专利搜索引擎功能

（1）专利检索与下载功能。具体包括同时搜索中国、日本、欧洲、美国、加拿大、世界知识产权组织（Word Intellectual Property Organization，WIPO）、澳大利亚的专利，不必访问不同的网站；自动批量下载中国、日本、欧洲、美国、加拿大、澳大利亚专利的法律信息；检索条件丰富、定时检索、数据库管理；高速批量下载全文；网络中断，系统会保留已经下载的信息，网络连通后，继续下载；已经下载的专利和全文，可以通过更新下载，保持其为最新的信息（图 3.36）。

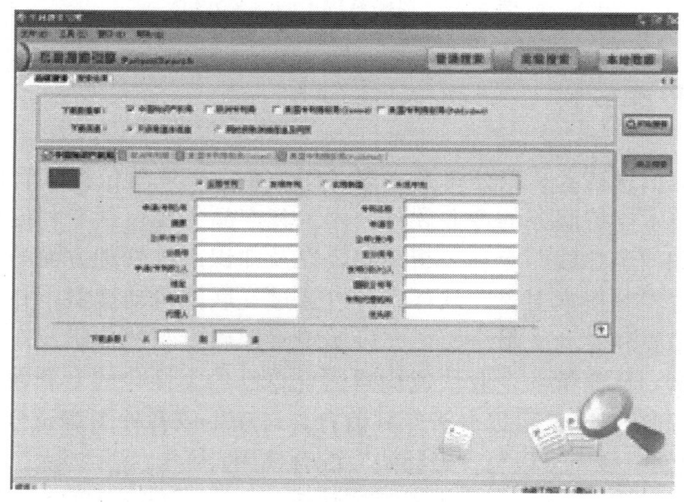

图 3.36 专利检索与下载

（2）专利管理功能。具体包括：专利筛选；补充信息；数据导出；专利分析；分类管理；二次检索；发送邮件。

2）“经纬线”专利分析系统功能

（1）数据管理功能。能够实现数据的分类管理、数据导入、分析图表和报告、管理历史分析结果等。

（2）分析课题功能。能够载入 Excel 格式的数据，可以规划出自己最习惯、满意的人机界面，同时对 IPC 分类代码、国家代码、标引分类进行管理。

（3）专利分析功能。能够进行专利的查看、添加，数据的移除、合并，以及专利标引等。

3.1.4.2 彼速关键技术

（1）专利信息检索技术，包括同族专利的检索。专利信息检索是指从某一维度对专利信息进行检索，从而找出目标文献的过程，它作为快速获取专利信息的主要手段，在专利信息应用过程中发挥着重要作用。

（2）专利地图技术，包括管理图、引证图、技术图。专利地图将各种与专利相关的资料讯息，以统计分析方法，加以缜密及精细剖析，整理制成各种可分析，解读的图表讯息，使其具有类似地图指向功能（图 3.37）。

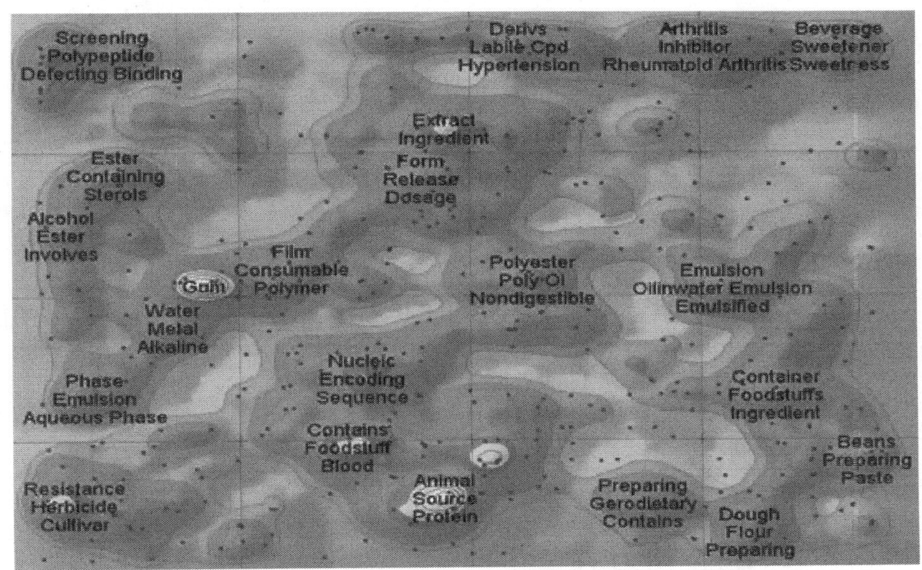

图 3.37 地图指向功能

3.1.4.3 相关软件的比较

通过调研，将保定大为、Patentguider2.0、知识产权出版社与彼速进行比较（表3.5、表3.6）。

表3.5 基本统计分析工具比较表

分析工具	统计维度	结果呈现方式
保定大为	概况、申请国家、申请人、发明人、存活期、IPC；支持自定义分类分析自定义分类申请量	各种统计图表和报表；矩阵图
知识产权出版社	趋势分析、区域分析、申请人和国内分析；申请人综合比较	统计图表和报表
Patentguider2.0	发明人、国别、IPC、UPC、公司分析；专利件数分析	折线图等分析图表
北京彼速	趋势分析、地域/国别分析、公司分析、专利权人、发明人和IPC；专利权人综合比较	自定义统计图表；以蛛网图形式展示专利权人综合比较结果

表3.6 引证分析功能比较表

分析工具	引证数据来源	引证结果可视化显示	专利信息呈现与统计
保定大为	US	按专利的引证数量和相互引证关系生成引证图；只有一级引证关系	可统计申请人专利被引证次数；可统计申请人自我引证专利数；可统计申请人引证的非专利文献数
知识产权出版社	US	引证树可分引证方向显示、被引证方向显示和整体显示3种情形；可自动按不同颜色进行标引	引证分析图可导出
Patentguider2.0	US，EP，WIPO，Delphion，TWPAT，WedPat	雷达分析可形成专利引证族谱图；引证相关数据表；专利引证次数图	可通过PatentGrabber工具下载USPTO和EPO专利全文

与几种软件相比，彼速的最大优势在于其支持自由数据的导入，统计功能全面，支持毗连下载和定时检索，可以同时下载中国、欧洲和美国的专利。

3.2 学科分类和技术分类

3.2.1 SCI的学科分类

世界科学前沿监测子系统的主要数据来源于ISI web of science数据库，学科划分为22个领域，分别对“一流科学家、一流机构、国家/地区排名、高引频论文和热点论文”进行文献统计分析和排序，可作为科学评价的标杆数据，为进一步的科技评价工作提供依据（表 3.7）。

表 3.7　SCI 的学科分类表

序号	学科领域	学科领域（中文）
1	agricultural sciences	农业科学
2	biology & biochemistry	生物学与生物化学
3	cgemistry	化学
4	clinical medicine	临床医学
5	computer science	计算机科学
6	economics & business	经济学与商业
7	engineering	工程学
8	environment/ecology	环境/生态学
9	geosciences	地质学
10	immunology	免疫学
11	materials science	材料科学
12	mathematics	数学
13	microbilogy	微生物学
14	molecular biology & genetics	分子生物学与遗传学
15	multidisciplinary	综合学科
16	nturoscience & behavior	神经科学与行为科学
17	pharmacology & toxicology	药理学与毒理学
18	physics	物理学
19	plant & animal science	植物学与动物学
20	psychiatry/psychology	精神病学/心理学
21	soclal sciences，general	社会科学
22	space science	空间科学

3.2.2　美国 NBER 的专利与技术分类

“世界技术前沿监测子系统”以美国国家经济研究局（National Bureau of Economic Research，NBER）确定的美国专利技术分类作为领域划分的依据，将 2004～2008 年 USPTO 公布的专利信息划分为化学制品（除药品外）、计算机与通信、药品与医疗、电气与电子学、机械、其他六大领域 29 个子类，并对这些领域内的“一流技术”“一流人才”“一流机构”开展动态监测（表 3.8）。

表 3.8　美国 NBER 的专利与技术分类对照表

编号	领域	子类	美国专利分类号
1	化学制品（除药品外）	涂料	106、118、401、427
2		燃气	48、55、95、96
3		有机化合物	532、534、536、540、544、546、548、549、552、554、556、558、560、562、564、568、570
4		树脂	520、521、522、523、524、525、526、527、528、530
5	计算机与通信	计算机硬件与软件	341、364、380、382、396、700、701、702、706、708、709、712、713、714、715、717
6		计算机外围设备	345、347、349、710
7		信息存储	360、365、369、707、711
8		电子商务方法与软件	395、703、705、718、719、720、725、726、902
9		通信	178、333、340、342、343、358、367、370、371、375、379、385、455、704
10	药品与医疗	药品	424、435、514
11		手术与医疗器械	128、600、601、602、604、606、607
12		遗传学	800、930
13	电气与电子学	电气设备	174、200、327、329、330、331、332、335、336、337、338、392、439
14		电气照明	313、314、315、362、372、445
15		测量与测试	73、324、356、374
16		核与 X 射线	250、376、378、976
17		电力系统	60、136、290、310、318、320、322、323、361、363、388、429
18		半导体器件	257、326、437、438、505、716
19	机械	材料加工与处理	65、82、83、125、141、142、144、173、209、221、225、226、234、241、242、264、271、407、408、409、414、425、451、493
20		金属加工	29、72、75、76、140、147、148、163、164、228、266、270、413、419、420
21		电动机、发动机及配件	91、92、123、185、188、192、251、303、415、417、418、464、474、475、476、477、901
22		光学	352、353、354、355、359、398
23		交通运输	104、105、114、152、180、187、213、238、244、246、258、280、293、295、296、298、301、305、410、440
24	其他	管道及连接设备	138、277、285、403
25		地质工作与钻井	37、166、171、172、175、299、405、507
26		农业、畜牧、食品	43、47、56、99、111、119、131、426、449、452、460
27		娱乐设备	273、446、463、472、473
28		供热	110、122、126、165、237、373、431、432
29		容器	53、206、215、217、220、224、232、383

3.2.3 世界研发 1000 强企业的行业分类

世界一流研发企业子系统将欧洲创新网公布的世界研发 1000 强企业划分到 41 个行业（表 3.9）。

表 3.9 世界研发 1000 强企业的行业分类表

行业分类	行业分类（中文）	行业分类	行业分类（中文）
aerospace & defence	航空航天与国防	industrial metals	工业金属
alternative energy	可替代能源	industrial transportation	工业运输
automobiles & parts	汽车与零部件	leisure goods	休闲产品
banks	银行	life insurance	人寿保险
beverages	饮料	media	传媒
chemicals	化学制品	mining	采矿业
construction & materials	建筑与材料	mobile telecommunications	无线通信
electricity	电力	nonequity investment instruments	非产权投资
electronic & electrical equipment	电子电气设备	nonlife insurance	非人寿保险
equity investment instruments	产权投资	oil & gas producers	石油和天然气生产
financial services	金融服务	oil equipment，services & distribution	石油设备、服务与销售
fixed line telecommunications	固话通信	personal goods	个人用品
food & drug retailers	食品药品零售	pharmaceuticals & biotechnology	药品及生物技术
food producers	食品加工	real estate investment & services	不动产投资与服务
forestry & paper	林业与造纸业	real estate investment trusts	不动产投资信托
gas，water & multiutilities	天然气、水和综合公用事业	software & computer services	软件及计算机服务
general industrials	一般工业	support services	支持服务
general retailers	一般零售商	technology hardware & equipment	技术硬件与设备
health care equipment & services	医疗设备及服务	tobacco	烟草业
household goods	日用品	travel & leisure	旅游与休闲
industrial engineering	工业工程		

3.2.4 国际科学组织的学科分类

国际科学组织选取了世界科学前沿的134个国际性科学组织，按照地球科学、工程科学、海洋科学、化学、空间科学、力学、农学、能源科学、生物科学、数学、天文学、物理学、心理学、信息科学、医学、资源与环境科学及综合类进行分类，共分为十七大类，如表3.10所示。

表3.10 国际科学组织类别划分

类别	组织名称
地球科学	国际宇航联合会、数字地球国际会议国际指导委员会、亚洲遥感协会、国际科联岩石圈科学委员会、气候模拟和预测数字物理问题论坛、国际大地测量与地球物理学联合会、国际岩石力学会、国际第四纪研究联盟、国际科联日地物理科学委员会、国际地球化学与宇宙化学协会、国际地貌学家协会、国际冻土学会、国际地理联合会、国际沉积学协会、国际黏土研究协会、国际数学地质协会、国际矿床成因协会、国际水文地质学家协会、国际矿物学协会、国际地质科学联合会
工程科学	国际技术协会与组织联盟、国际工程与技术理事会、世界工程组织联合会、国际宇航协会、国际噪声控制工程学会、国际光学工程学会、国际过程系统工程组织
海洋科学	国际地球海洋潮汐中心、太平洋海洋科学技术大会、国际海洋物理科学协会、国际科联海洋研究科学委员会
化学	发展中国家国际化学组织、亚洲化学学会联合会、太平洋地区高分子联合会、国际催化学会联合会、国际热分析及量热学联合会、国际电化学学会、国际颜色协会、国际纯粹与应用化学联合会
空间科学	国际空间研究委员会、国际科联空间研究委员会
力学	亚洲流体力学委员会、国际断裂学会、国际计算力学协会、国际理论与应用力学联盟
农学	国际杨树委员会、国际植物病理学会、国际土壤科学联合会、国际植物保护科学协会、国际草地大会、国际野蚕学会、联合国粮农组织、国际园艺科学学会、亚洲水产学会、世界畜产协会、欧洲兽医药理学与毒理学协会
能源科学	国际原子能机构
生物科学	中国濒危物种科学委员会、亚洲及太平洋地区细胞生物学组织、亚洲大洋洲生物化学家与分子生物学家联合会、亚太昆虫学会常设理事会、国际古生物协会、国际古植物学协会、国际生物多样性科学项目中国委员会、国际昆虫学会理事会、国际遗传学联合会、国际原生动物学委员会、国际细胞生物学联合会、国际植物生理学协会、国际微生物学会联盟、国际生态学协会、国际生物科学联合会、国际热带生态系统与生物多样性协会、国际纯粹与应用生物物理联盟、国际生物化学与分子生物学联盟、国际科联发展中国家科学与技术委员会国际生物科学院
数学	亚太运筹学会联合会、国际系统研究联合会、国际运筹学会联合会、国际模糊系统协会、国际数学联盟
天文学	国际天文学联合会
物理学	西太平洋地区声学委员会、亚非等离子体培训协会、亚洲晶体学协会、亚太物理学会联合会、国际声学委员会、国际电子显微学会联合会、国际光学委员会、国际理论物理中心、国际纯粹与应用物理学联盟、国际理论物理中心中国联络中心
心理学	亚非心理学会、国际应用心理学会、国际测验委员会、国际心理科学联盟
信息科学	国际信息处理联合会

续表

类别	组织名称
医学	世界医学会、国际临床化学与检验医学联合会、国际心血管协会、国际牙医联盟、国际药学联盟、国际医学信息协会、世界胃肠病学组织、国际医学科学组织、国际环境诱变剂学会协会、国际实验动物科学理事会、国际脑研究组织
资源与环境科学	国际森林研究组织联盟、东亚地区自然保护研究监测培训中心、人与生物圈计划、世界自然保护联盟、联合国环境规划署、国际水质协会、国际山地综合开发中心、国际自然与自然资源保护联盟、国际地圈生物圈计划、国际科联国际地圈生物圈计划科学委员会、国际科联环境问题科学委员会
综合类	国际科学理事会、国际欧亚科学院、国际标准化组织、国际科技数据委员会、国际科学基金会、国际科学院委员会、世界数据中心、国际科学院组织、联合国教科文组织、联合国开发计划署、联合国大学、第三世界科学院、联合国亚洲和太平洋经济社会委员会、全球变化东亚区域研究中心、福特基金会

3.3 数据抽取、加工与建立本地数据库

3.3.1 数据来源

本书数据源是四大结构化国际科技数据库（SCI、INSPEC、EI、PATENTS）及其科技资源信息的数据，以及国际科学组织、重要科研机构、大学、国外技术管控、国际大科学研究计划等非结构化科技信息资源等。

1）世界科学前沿

世界科学前沿监测子系统的数据来源于 ESI 数据库。

从前文所述的结构与非结构化数据库中，提取高引频论文的论文名、引用情况、机构国别信息、作者信息等。

2）世界技术前沿

以 NBER 确定的美国专利技术分类作为领域划分的依据，针对化学制品（除药品外）、计算机与通信、药品与医疗、电气与电子学、机械、其他六大领域内的专利情况进行数据提取。从德温特专利数据库中提取结构化的专利基本信息，加工生成专利信息表、专利授权人关联表、专利发明人关联表和专利 IPC4 分类关联表等数据结构。重点涵盖专利国别机构信息、分类信息、发明人信息，以及专利时间属性等。

3）世界一流研发企业

企业研发投资 1000 强的数据来源于英国贸工部 2001～2008 年公布的企业研

发排行榜（The R&D Scorebeboard 2001～2008），根据企业研发排行榜建立本地数据库。采用 ARUECK，TDA，以及 Vantage Point 等软件，根据“三个一流”的内涵和评价需要，针对性地抽取数据和进一步加工，并建立本地数据库。

根据英国贸工部公布的全球一流研发企业，对研发投资强度和趋势，以及各领域及各国家（地区）研发投资强度分布情况进行数据提取。

4）世界著名科学家

本书选取了十七大类 134 个世界科学前沿的科学组织，基于互联网定向检索，对这些组织中的主席及主要成员共 466 人的基本信息（姓名、国别、工作单位、个人简历、擅长领域）进行了梳理，并将这 466 人界定为隶属于国际一流科学组织的相关科学领域权威学者。

国际著名科学奖励的获奖者信息均来自各奖项的官方网站及维基百科。国际著名科学奖励选取了几大学科领域的著名奖项，如覆盖多学科的诺贝尔科学奖，医学领域的加纳德奖和拉斯克医学奖，农业、化学、数学、医学和物理学领域的伍尔夫奖，数学领域的菲尔兹奖（40 岁以下），以及计算机领域的图灵奖等。因诺贝尔科学奖历史悠久且覆盖领域较广，故选取近 30 年的物理、化学、生理或医学、经济学四个领域（和平奖和文学奖暂未选取）的 252 名获奖科学家。加纳德奖、拉斯克医学奖、伍尔夫奖、菲尔兹奖、图灵奖等奖项均选择了自奖项设立起所有获奖者的基本信息，共 985 名科学家，建立国际著名科学奖励数据库。数据库中包含了 985 名科学家的获奖年份、奖项、国别、获奖原因和个人简介等基本信息。

国际权威科学院主要选取了美国国家科学院、美国医学研究院、美国工程院、英国皇家学会、法国科学院、加拿大皇家学会，具体的成员数据既包括了六大科学院的本国会员的信息，也包含了外籍会员的信息。本书共选取了六大权威科学院的本籍和外籍会员 9525 人，建立国际权威科学院院士数据库，数据库中包含了 9525 名科学家的国别、擅长领域、主要贡献、个人简介、所属科学院等基本信息。

对世界著名科学家、权威院士等专家的姓名、国别、所属机构、研究领域、获奖情况等结构化数据进行提取与加工，对其个人简介、主要贡献、机构简介等非结构化数据进行提取与加工。

5）中美科技合作

对 SCI 中美科技合作论文检索结果进行数据挖掘，提取和分析论文名、关键词、作者名称、引用情况、参与国家、机构、期刊及学科领域的数据。

3.3.2 数据抽取、加工和建立数据库的关键技术

3.3.2.1 数据抽取技术与加工技术

数据抽取是数据库的基础，其基本定义为：给定数据源 S，确定一个 S 到数据库 R 的映射 M，该映射从 S 中抽取数据对象并将这些数据对象按一定的格式组装到 R 中。实现这一映射的计算机程序就是数据抽取程序，俗称包装器。数据抽取过程要涉及数据抽取模型、抽取规则、数据库模式和映射规则等元数据。数据抽取是从数据源中抽取数据的过程。实际应用中，数据源较多采用的是关系数据库。从数据库中抽取数据一般有以下几种方式。

1）全量抽取

全量抽取类似于数据迁移或数据复制，它将数据源中的表或视图的数据原封不动地从数据库中抽取出来，并转换成自己的数据抽取工具可以识别的格式。全量抽取比较简单。

2）增量抽取

增量抽取只抽取自上次抽取以来数据库中要抽取的表中新增或修改的数据。在数据抽取使用过程中，增量抽取较全量抽取应用更广。如何捕获变化的数据是增量抽取的关键。对捕获方法一般有两点要求：①准确性，能够将业务系统中的变化数据按一定的频率准确地捕获到；②性能，不能对业务系统造成太大的压力，以免影响现有业务。目前，增量抽取中常用的捕获变化数据的方法有以下四种。

（1）触发器。在要抽取的表上建立需要的触发器，一般要建立插入、修改、删除三个触发器，每当源表中的数据发生变化，相应的触发器就将变化的数据写入一个临时表，抽取线程从临时表中抽取数据，临时表中抽取过的数据被标记或删除。触发器方式的优点是数据抽取的性能较高，缺点是要求业务表建立触发器，对业务系统有一定的影响。

（2）时间戳。它是一种基于快照比较的变化数据捕获方式，在源表上增加一个时间戳字段，系统中更新修改表数据的时候，同时修改时间戳字段的值。当进行数据抽取时，通过比较系统时间与时间戳字段的值来决定抽取哪些数据。有的数据库的时间戳支持自动更新，即表的其他字段的数据发生改变时，自动更新时间戳字段的值。有的数据库不支持时间戳的自动更新，这就要求业务系统在更新业务数据时，手工更新时间戳字段。同触发器方式一样，时间戳方式的性能也比较好，数据抽取相对清楚简单，但对业务系统也有很大的倾入性

(加入额外的时间戳字段)，特别是对不支持时间戳的自动更新的数据库，还要求业务系统进行额外的更新时间戳操作。另外，无法捕获对时间戳以前数据的 delete 和 update 操作，在数据准确性上受到了一定的限制。

(3) 全表比对。典型的全表比对的方式是采用 MD5 校验码。数据抽取工具事先为要抽取的表建立一个结构类似的 MD5 临时表，该临时表记录源表主键以及根据所有字段的数据计算出来的 MD5 校验码。每次进行数据抽取时，对源表和 MD5 临时表进行 MD5 校验码的比对，从而决定源表中的数据是新增、修改还是删除，同时更新 MD5 校验码。MD5 方式的优点是对源系统的倾入性较小(仅需要建立一个 MD5 临时表)，但缺点也是显而易见的，与触发器和时间戳方式中的主动通知不同，MD5 方式是被动地进行全表数据的比对，性能较差。当表中没有主键或唯一列且含有重复记录时，MD5 方式的准确性较差。

(4) 日志对比。通过分析数据库自身的日志来判断变化的数据。Oracle 的改变数据捕获(changed data capture，CDC)技术是这方面的代表。CDC 特性是在 Oracle9i 数据库中引入的。CDC 能够帮助你识别从上次抽取之后发生变化的数据。利用 CDC，在对源表进行 insert、update 或 delete 等操作的同时就可以提取数据，并且变化的数据被保存在数据库的变化表中。这样就可以捕获发生变化的数据，然后利用数据库视图以一种可控的方式提供给目标系统。

数据抽取处理的数据源除了关系数据库外，还可能是文件，如 txt 文件、excel 文件、xml 文件等。对文件数据的抽取一般是进行全量抽取，一次抽取前可保存文件的时间戳或计算文件的 MD5 校验码，下次抽取时进行比对，如果相同则可忽略本次抽取。

3.3.2.2 数据抽取及加工技术在国际科技资源监测地理信息系统中的应用

1) 基本数据预处理

国际科技资源监测地理信息系统的信息源包括科技文献、专利文献和 Web 网页。当来自各种信息源(科技数据库、专利数据库、Web 网页)的文本到达过滤器时，首先对文本进行过滤，寻找和检索那些被认为可能与当前科技监测相关的文本，然后对文本的类型进行鉴别。根据文本类型的特征可分为结构化文本和非结构化文本。对于结构化文本，将不同形式的文档(如 word、PDF、图片、图像等)用 xml 转化成新的相同或相似的形式，如“标题”“作者”“摘要”和“全文”等，进而提取科技监测所需要的特征信息；对于非结构化文本，必须通过语言预处理后，再对文本进行自动特征信息提取。

2) 特征信息的提取/文本表示

特征信息的提取使非结构化数据转化成可以直接记录在数据库中的结构化

数据，为文本挖掘做好充分的准备。在科技监测中，特征提取主要是识别文本中代表其特征的词项。提取的特征大部分是文本集中表示的概念。这些概念包含着重要的科技信息。

文本特征分为描述性特征（如文本的名称、日期、大小、类型等）和语义性特征（如文本的作者、机构、标题、内容等）。对于内容这个难以表述的特征，首先要找到一种能被计算机处理的文本表示模型，经典的文本表示模型是 Salton 等于 20 世纪 60 年代末提出的向量空间模型（vector space model，VSM）。该模型对文本进行了简化表示，认为特征之间是相互独立的，并忽略其依赖性，文本空间被看作是由一组正交词条向量组成的向量空间，每一个文本表示为一个规范化特征向量。两个文档之间内容的相似程度可以通过计算向量之间的相似性来度量，最常用的相似度量方式是余弦距离。

除了向量空间模型之外，还有 Stephen Robertson 和 Spark Jones 等提出的概率模型（probabilistic model，PM）。该模型在信息检索领域取得了成功，得到了人们的广泛认可。概率模型综合考虑了词频、文档频率和文档长度等因素，并且把文档和用户兴趣按照一定的概率关系融合，形成了著名的 OKAPI 公式。

3）特征集的选择

由于特征维数很大，高维的特征占用存储空间大，机器学习效率低，且特征冗余的存在，使得挖掘的结果并非正比于特征维数，所以有必要对特征集进行维数缩减，选择那些有代表意义的特征。

特征集合的缩减包括横向选择和纵向投影两种方式。横向选择是指提出噪声文本以改进挖掘精度，或者文本数量过多时仅选取一部分样本以提高挖掘效率：纵向投影是指按照科技监测的目标选取有用的特征，通过特征集的缩减，得到精简了的能有效代表文档集合的特征子集。一般采用评价函数进行特征的选取。常用的评价函数有词频、信息增益、互信息、词长、期望交叉熵、文本证据法、统计检验法等，其中，信息增益是目前运用较多、效果最好的方法。

信息增益（information gain，IG）。令 $c_1 \cdots c_k$ 表示可能的分类，词条 w 的 IG 函数为

$$\begin{aligned}\mathrm{IG}(w) = &-\sum_{j=1}^{k} p(c_j)\log(c_j) + p(w)\sum_{j=1}^{k} p(c_j/w)\log p(c_j/w)\\ &+ p(\overline{w})\sum_{j=1}^{k} p(c_j/\overline{w})\log p(c_j/\overline{w})\end{aligned}$$

其中，$p(c_j)$ 为第 j 类特征值的出现频率，$p(w)$ 为 w 出现的频率，$p(c_j/w)$ 为 w 出现时属于 $p(c_j)$ 类的条件概率。信息增益反映了该词为整个分类所提供的信息量，通过计算信息增益可以得到那些在正例样本中出现频率高而在反例样本中出现频率低的特征，以及那些在反例样本中出现频率高而在正例样本中

出现频率低的特征。得到每个词的信息增益后，就可以排除其中小于预先给定值的词。

通过对来自不同信息源的技术文献进行特征信息的提取，得到结构化较强的信息：该领域科学技术的国内外研究现状、研发主体的变迁情况、与科学技术相关的专利、论文情况、该技术领域的研发主体、与该技术相关的主要企业等信息。

3.3.3 数据仓库的建立

数据仓库是一个面向主题的、集成的、非易失的、随时间积累的、用来支持管理人员决策的数据集合。数据仓库系统是一个包含四个层次的体系结构：数据源、数据的存储与管理、OLAP 服务器与前端工具。

（1）数据源。它是数据仓库系统的基础，是整个系统的数据源泉。通常包括企业内部信息和外部信息。内部信息包括存放于 RDBMS 中的各种业务处理数据和各类文档数据。外部信息包括各类市场信息、竞争对手信息和各种手工收集的信息等。

（2）数据的存储与管理。它是整个数据仓库系统的核心。数据仓库的真正关键是数据的存储和管理。数据仓库的组织管理方式决定了它有别于传统数据库，同时也决定了其对外部数据的表现形式。要决定采用什么产品和技术来建立数据仓库的核心，则需要从数据仓库的技术特点、具体需求着手分析。针对现有各业务系统的数据，进行抽取、清理，并有效集成，按照主题进行组织。数据仓库按照数据的覆盖范围可以分为企业级数据仓库和部门级数据仓库（通常称为数据集市）。

（3）OLAP 服务器。对分析需要的数据进行有效集成，按多维模型予以组织，以便进行多角度、多层次的分析，并发现趋势。其具体实现可以分为：ROLAP、MOLAP 和 HOLAP。ROLAP 基本数据和聚合数据均存放在 RDBMS 之中；MOLAP 基本数据和聚合数据均存放于多维数据库中；HOLAP 基本数据存放于 RDBMS 之中，聚合数据存放于多维数据库中。

（4）前端工具。主要包括各种报表工具、查询工具、数据分析工具、数据挖掘工具，以及各种基于数据仓库或数据集市的应用开发工具。其中，数据分析工具主要针对 OLAP 服务器，报表工具、数据挖掘工具主要针对数据仓库。

本书从数据提取到科技监测数据库的抽象化模型如图 3.38 所示。

面向国际合作的科技资源监测的整个流程主要分为数据准备、数据分析，以及结论与报告三部分，最终自动生成科技资源监测分析报告，为政府科技管理职能部门、科研机构和企业界在科技管理和科技合作方面提供决策支持（图 3.39）。

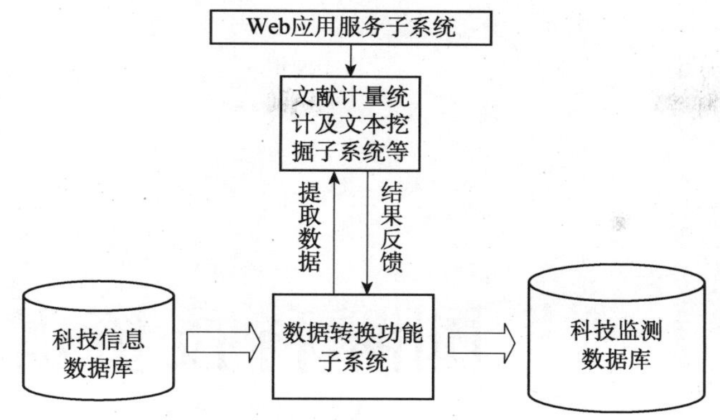

图 3.38　数据提取到科技监测数据库的抽象化模型

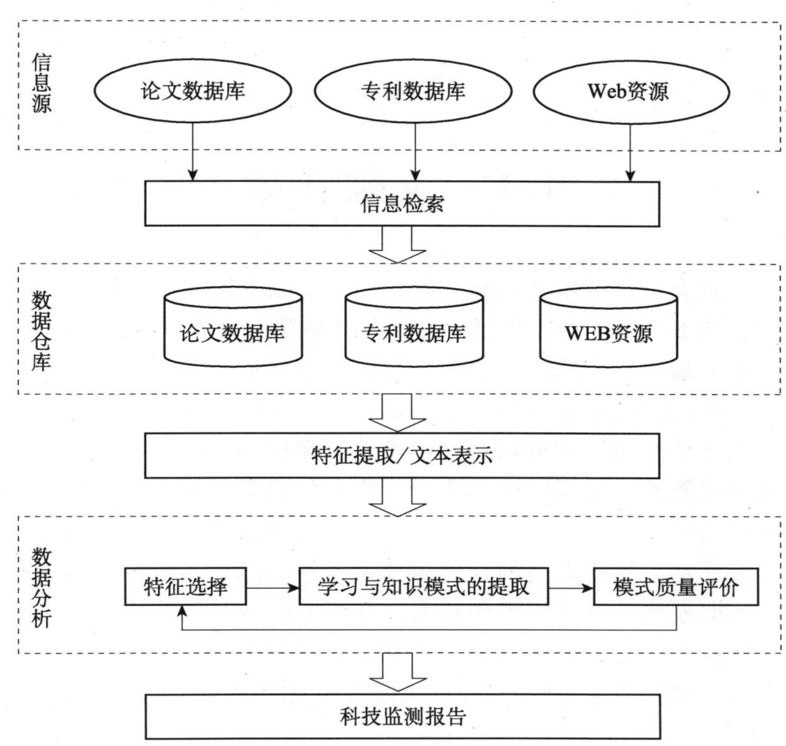

图 3.39　面向国际合作的科技资源监测流程

结合“三个一流”监测分析需要，采用关键字段等检索方法，从四大结构化国际科技数据库（SCI、INSPEC、EI、PATENTS）及其科技资源信息数据库中提取相应数据，采用文献计量、文本挖掘等方法和专业软件，对提取的数据进行加工转化，最终建立本书所需的科技监测数据库。

4 国际科技资源监测分析方法和模型

4.1 文献计量

由于现代社会科学技术的高速发展，信息文献数量猛烈增长，造成所谓的“信息爆炸”。从 20 世纪 70 年代开始，文献计量研究在英国悄然兴起，80 年代后得到进一步发展，在全球兴起一股计量研究热，形成一门新的计量学科——文献计量学。美国情报学家怀特（White）在 80 年代就指出，文献计量学已被居于情报学的中心位置，构成情报科学中的一半内容。目前，文献计量学已被公认为图书情报领域内最活跃的一个分支学科，成为情报科学的研究主流、科学计量研究的重要组成部分，体现了当代学科管理定量化的趋势。文献计量已经与整个科技活动、科研发展的评价研究融合在一起，伴随着文本挖掘和数据挖掘技术的不断发展，结合可视化技术，基于文献计量的科技资源监测已然成为科学学中定量化分析研究的有力工具和重要组成部分，也成为科技监测中具有鲜明特色的一部分内容和处理数据、信息的基本手段和方法。

4.1.1 文献计量基础理论

4.1.1.1 文献计量的概念

关于文献计量学的名称、术语、概念和内容的讨论由来已久，各国专家学者提出了很多不同的看法和见解。1969 年，英国目录学家普理查德（A. Pritchard）

第一次使用“文献计量学”这一术语，提出了它的定义：“文献计量学是把数学和统计学应用于图书和其他交流媒介的一门学科。”这一定义具有一定的普遍性和代表性，被情报理论界接受和认可。近几年，不少学者仍在不懈地对文献计量学的定义进行深入讨论和研究。例如，许多学者从探讨物理单元和评价交流媒介的测度原理的角度，把文献计量学作为整个情报学方法论工具和理论体系的基础。

4.1.1.2　基于文献计量的科技监测基础理论

文献计量法是采用数学、统计学等方法，以各类文献为基础，对文献及其各种特征进行定量统计分析的一门学科，它经历了统计书目学、图书馆计量学、图书馆统计学、文献统计学等发展时期，正在向信息计量学发展。

文献计量学有三大经典定律，即布拉德福定律、洛特卡定律和齐普夫定律。从表面看，它们的统计对象各异，结论也不尽相同，但是它们的研究方法存在着某些相似之处，事实上它们属于同一个分布体系，即布-齐-洛体系。如果把期刊、字词、书籍、文章等称为信息发生源，将作品、论文、字词的出现、书籍的使用、文章的被引等称为产物，那么文献计量学的众多分布规律皆可认为是发生源数量与产物数量之间存在的函数关系。这种函数关系通常用两种方法来体现：一是频次-规模分布；二是频次-等级分布。其中，洛特卡定律、普赖斯的数学模型属于频次-规模分布；齐普夫定律、布拉德福定律的莱姆库勒公式、蒙代尔布罗表达式都属于频次-等级分布。寻求布拉德福、齐普夫和洛特卡分布的普遍适用模型，来模拟社会现象中集中与分散的分布现象是文献计量学家们共同的愿望。利用文献计量方法来监测科技文献，遵循了以下几个基础理论。

1）文献作者分布定律的产生和发展

美国洛特卡（A. J. Lotka）在20世纪20年代提出描述科学生产率的经验定律，用以揭示作者与著作量之间的数量关系，又称“倒数平方定律”。它描述的是科学工作者人数与其所著论文之间的关系：生产两篇文章的作者大约是生产一篇文章作者数的1/4，生产三篇文章的作者大约是生产一篇文章作者数的1/9，生产 n 篇文章的作者大约是生产一篇文章作者数的 $1/n^2$，且生产一篇文章的作者数占全部作者数的60%。洛特卡定律发表后，直到1941年戴维斯（Davis）才第一次检验它。他利用1941年的数据，发现论文作者分布接近Pareto分布。此后，齐普夫（G. K. Zipf）（1949年）、立芬斯（1953年）、西蒙（1955年）、费桑尔赖（1969年）、肖尔（1975年）等都对洛特卡定律进行了检验。但是结果的相符度不稳定。人们对该定律的正确性产生了怀疑，修正工作也随之而来。

在对文献作者分布规律的修正中，普赖斯（Price）和维拉奇（Vlachy）是成就最为卓著的两位。普赖斯指出，科学家总人数开平方所得到的数，是撰写了全部科学论文的50%的人数。维拉奇也在改进洛特卡定律的研究中发挥了重要的作用，他从1972年开始研究洛特卡定律，发现研究者本人所处的时代和作者群所涉及的人是影响洛特卡分布的两个重要因素。

目前，对洛特卡定律的研究主要集中在两个方面：一是对洛特卡一般公式的推导，以及验证公式的应用范围和估计参数；二是对洛特卡定律的机理及适用性的研究。

2）文献分散规律的产生和发展

1934年，英国著名文献学家布拉德福（S. C. Bradford）首次提出文献分散定律的基本思想。布拉德福考察了论文在科技期刊中的登载情况，发现一个明显的趋势：论文在期刊中的分布是不均匀的，少数期刊中聚集着大量的专业论文，少量的专业论文散落在大量的期刊中。他采用区域划分和图像描述来阐述其所得的结论，形成文献分散定律，也叫布拉德福定律。但是布拉德福定律存在一个问题，即他对自己公式的代数解释是错误的，文字表示法和图形表示得到的比例不一致，布拉德福误认为他的图形表示是仅为对其文字表述的进一步说明。

在区域划分方面，1967年，莱姆库勒（Leimkuhler）以维克利区域划分任意性与布拉德福系数的关系为基础，推导了布拉德福分布的公式。1969年，高夫曼（Goffman）等确定了最大划分和最小核心的方法。同年，英国著名情报学家布鲁克斯（Brookes）首次根据布拉德福曲线给出了相应的数学表达式，将布拉德福曲线作为分段函数来描述，并给出了下弯部分的数学模拟公式。

布拉德福定律文字描述与图像描述的不一致，布拉德福统计数据及Pope数据同布拉德福定律的明显差异，Groos下垂现象、分区问题、模型的统一等，有待文献计量学者继续探讨。

3）词频分布规律的产生和发展

美国学者齐普夫1935年指出，在任何一篇文章中，词的出现频率都服从如下规律：如果把一篇较长文章中每个词出现的频次统计出来，按照高频词在前、低频词在后的递减顺序排列，并用自然数给这些词编上等级序号，即频次最高的词等级为1，频次次之的等级为2，……，频次最小的词等级为D。若用f表示频次，r表示等级序号，则有fr=C（C为常数）。人们称该式为齐普夫定律。

由于词频分布问题比较复杂，齐普夫定律的适用范围具有一定的局限性，尤其是对出现频次特别高的词和特别低的词不能充分反映其分布规律。1936年，美国语言学家朱斯（Joos）对齐普夫定律做了修正。1952年，美籍法国数学家蒙代尔布罗（Mandelbrot）对词频-等级的分布规律进行多次研究，得到了著名的蒙代尔布罗修正式，它是比齐普夫公式、朱斯修正式更一般的词频-等级表达式。

科学文献一般依赖语言而存在，并以语言为信息载体进行交流。在科技文献中，表达某一内容的语言相对精确和通用，易于量化，使得用科技方法处理和归纳的科技术语关键词索引成功率较高，给词汇分布规律的量化研究造成一定的有利条件。对词的计量研究也逐渐从以往的词频统计发展到共词分析中来。

4）文献老化规律的产生和发展

1943 年，戈斯纳尔（Gosnell）在其博士论文中最早研究文献的老化问题，以求衡量科学文献的老化速度和程度，定量揭示老化规律。文献学家贝尔纳（J. D. Bernal）、巴尔顿（R. E. Burton）和凯普勒（R. W. Kebler），先后提出了文献的半衰期概念。1958 年，贝尔纳描述科技文献使用情况时，借用了放射化学中放射性衰变的术语“半衰期”，生动地说明了文献老化问题。所谓文献半衰期指这样一段时间，在此时间内已发表的某一学科或领域正在被利用的全部文献的较新的一半，或目前所利用的文献的较新的一半是在多长时间内发表的。1971 年，普赖斯提出一个衡量各个知识领域文献老化的新尺度，把对年限不超过 5 年的被引文献数量同被引文献总量之比作为标准。这一方法既可用于某一领域的全部文献，也可用于评价某种期刊、某一机构甚至某一作者和某篇文章。其计算公式如下

普赖斯指数＝被引文献数量（小于或等于 5 年）×100％/被引文献总量

1979 年，阿拉莫斯库（Avramescu）利用物理学中的传播理论，提出了自己的情报散播模型。如果选取其不同的参数值便可得到几种不同类型的曲线，这些曲线可以反映不同质量的文献的老化过程，并揭示文献使用和老化过程的复杂多样性。

5）文献增长规律的产生和发展

文献的增长规律最早是由美国卫斯理大学（Wesleyan University）图书馆学家赖德（Ryder）经调查统计后发现的，他在 1944 年提出全美国主要大学图书馆的藏书量每 16 年增加一倍，这实际也是藏书量指数增长规律的一种表述。

在 20 世纪 60 年代普赖斯和弗拉杜茨、纳里莫夫等提出了用 Logistic 曲线来描述文献增长过程的观点，它的合理性不仅包含了指数型增长曲线，还克服了指数型增长曲线无限增长的缺点。用指数模型和 Logistic 模型描述文献增长都是在一定的条件下才成立的，如美国科学史和情报学专家雷舍（Resher）提出的文献等级增长模型、高夫曼的传染病模型。

4.1.2 文献计量方法

文献计量方法主要包括引文分析、同被引分析、文献耦合、词频分析、共词分析、科学知识图谱法。

4.1.2.1 引文分析

引文分析是利用各种数学及统计学的方法和比较、归纳、抽象、概括等逻辑方法，对科学期刊、论文、著作等各种分析对象的引用和被引用现象进行分析，以便揭示其数量特征和内在规律的一种文献计量分析方法。引文分析可应用于：通过文献之间的相互引证建立科学论文和科学期刊的学科联系，进行科学文献结构和科学结构的研究；通过文献中引证事项的时间序列及联系，解释科学发展史及其规律；通过引证次数的多少来评价科研成果及科研人才，通过引用习惯和引用方式研究情报用户的构成及其行为。

4.1.2.2 同被引分析

同被引（co-citation，又称共引）。两篇以上论文共同被后来的一篇或多篇文献所引用，则称这两篇论文同被引，以引用它们的论文数量的多少为测度，这种测度称为同被引频次（co-citation frequency）或同被引强度（co-citation strength）。同被引强度越大，同时引用这两篇论文的文献越多，说明它们之间的关系越密切。

“同被引”的概念，是1973年由美国情报学家斯莫尔（H. Small）和苏联女情报学家N. 马沙科娃分别在研究文献的引证结构和文献聚类时不约而同提出来的，作为测度文献间关系程度的另一种方法。斯莫尔在对“粒子物理学专业”进行知识结构描述时，发现两篇论文被相同文献引用的强度可以用来测度其内容相似程度，在此基础上创造性地提出了“同被引”的概念（图4.1）。

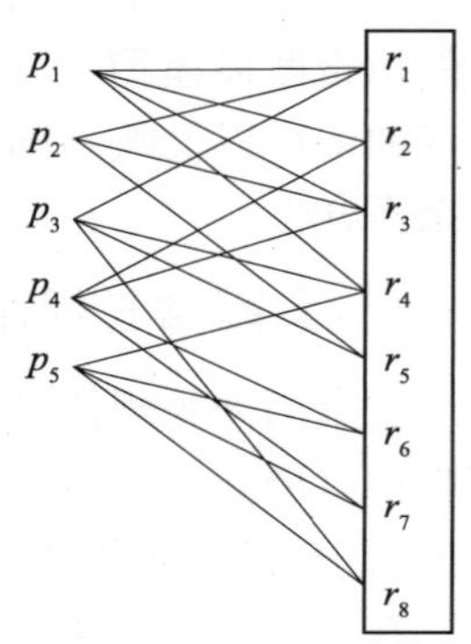

图4.1 文献共引图示
（方框表示同被引论文）

“同被引”概念不仅局限于同时被引用的两篇论文间的关系，而且还能延伸至被同时引用的作者、期刊、学科等在结构上的网络关系。White 和 Griffith 发表了较有影响的《作者同被引：智力结构的文献计量》一文，文献通过对情报科学39位知名作者的同被引分析，划分出情报科学五大体系的核心作者，为以后的同被引研究提供了良好的示范。

作为同被引分析的奠基人，斯莫尔利用同被引分析进行了大量的实践研究。经过 30 多年的演进，以斯莫尔为代表的研究者从引文数据的选择、共引矩阵的标准化处理，到不同层次、不同等级聚类方法的改进、可视化方法的引入，对共引分析理论与技术进行了大量研究，研究内容涉及物理学、生物医学、行为科学、信息科学等多个领域，分析了科学领域内重要概念之间的关系，并模拟学科知识结构，使得共引分析理论研究与技术日臻完善。

近几年，利用共引聚类来挖掘科学“热点领域、前沿领域、增长领域”正成为研究的焦点，斯莫尔在最近的研究中探讨了追踪与预测“增长的领域”，用共引聚类的方法逐级展示了在碳纳米管、纳米科学、材料科学研究中内研究者关注的领域，以及在不同的聚类水平下碳纳米管研究的地位。此外，ISI 利用共引方法在“科学前沿”挖掘中做了大量的工作，并运用到数据库实践中。在 ISI 的基本科学指标库中对高被引论文进行同被引聚类处理，将内容联系密切的高被引论文收敛为若干簇，对每簇内部的论文进行半自动处理，得到了“前沿领域”。

4.1.2.3 文献耦合

计量学中“文献耦合（bibliographic coupling)”这一术语是美国麻省理工学院的教授 M. M. Kessler（1963）最先提出来的，他在对《物理评论》（*Physical Review*）期刊进行引文分析研究时发现，越是学科、专业内容相近的论文，它们参考文献中的相同文献的数量就越多。于是，他把两篇同时引用一篇论文的论文称为耦合论文（coupled papers)，并把它们之间的这种关系称为文献耦合，相同参考文献的数量即为耦合强度。引文耦合关系也可以推广到多篇论文的情形。显然，耦合强度越高，两篇文献（或多篇文献）的关系越密切。如果多篇文献间具有耦合关系，则构成一个耦合网络。耦合强度为网络的权值，两篇论文共有的引用文数目为这两篇论文的耦合强度（图 4.2）。

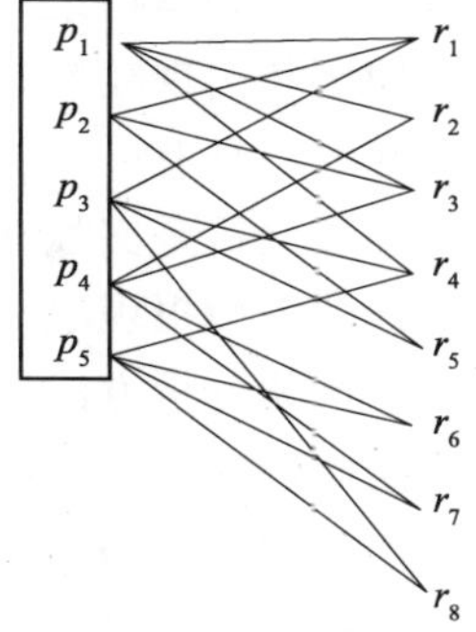

图 4.2 文献耦合图示
（方框表示耦合论文）

Weinberg 曾在 1974 年对文献耦合作过较为全面的综述。此后，许多学者对文献耦合的分析方法又进行了发展。Persson 利用文献耦合分析基于同被引分析识别出的知识基础来确定研究前沿。他首先对数据集内的文献建立施引-被引矩阵，矩阵的列是施引文献，行是被引文献，耦合分析重点考察矩阵的列，并采用单链接聚类进行聚类分析。由于被引频次和数量会受到引用频次及引用数量的影响，有些学者还对文献耦合及同被引数量加以标准化以获得更优化的分析结果。

后来，Morris 等采用创新性的时间线方法来分析和展现研究前沿。他们在文献耦合聚类的基础上引入时间轴，可以在图形上展现研究前沿出现和消失的时间、潜在的新兴研究前沿及其基础文档、卓越的专家和研究中心、领域内研究前沿的层级结构、研究前沿间的信息流动等信息，可供领域专家进行技术预测。时间线方法分析研究前沿的主要步骤如下。

（1）结合分析目标构建数据集，设定阈值筛选文献之后建立施引-被引矩阵，得到数据集文献的耦合频次。

（2）使用凝聚型层次聚类法对文献单元样本进行聚类分析，即将每篇文献看作一个类，两两计算其距离之后，采用自底向上的方法迭代地将距离最近的两个类合并，直到产生预定的聚类数量。

（3）通过聚类，生成一个树状图，x 轴是文献出版日期，y 轴是沿水平轨迹排列的树状图的“叶”，即文献簇，通过分析可以得到研究前沿的结构和时间演化信息。

（4）通过对文献簇内论文标题的分析，确定研究前沿的名称，然后由领域专家进行较准确的描述。

4.1.2.4 词频分析

所谓词频是指某一个单词在文章或讲话中出现的次数。在文献中，不同词汇的使用和出现频次是非常不同的，但并不是任意的和随机的，而是受人类行为支配的，具有一定的统计规律性，通常称其为“词频分布规律”。

词频分析是文献计量学方法中最基本的方法之一，其理论基础是词频的波动与社会、情报现象之间存在内在联系，从而透过词频现象看内容本质的科学方法。词频分析方法以统计语言学为基础，研究词在科学文献中出现的频率分布，据此建立频率词典。19 世纪人们就开始应用这种特殊的计量技术，德国语言学家凯定（F. W. Kaeding）编写了世界上第一部频率词典《德语频率词典》，样本容量为 110 万个词的文句。此后，这种独特的科学计量方法开始为人们所认识和重视，先后有 300 余部类似的词频词典问世。科学计量研究的目的是，按照学科领域建立词频词典，从而对科学家的创造活动作出定量分析比较。例如，有人对爱因斯坦和普朗克一生论文的标题作过词频分析，结果发现爱因斯坦共用过 1207 个词，而普朗克只用过 777 个词，据此推知，爱因斯坦的科学兴趣和涉猎领域比普朗克广泛得多。

词频分析方法是利用能够揭示或表达文献核心内容的关键词或主题词在某一研究领域文献中出现的频次高低来确定该领域研究热点和发展动向的文献计量方法，通过对主题词的出现频率进行分析，可以找到某一领域或学科的研究热点，并有可能发现研究热点的转移趋势。词频分析方法在情报学领域应用广泛，最基础的当属利用齐普夫定律揭示语言统计规律、书目信息特征、组织检索文档和图书情报管理等。在文献数据库中，作者和数据库标引采用关键词来标示文章中的主要研究内容，如果关于某一问题的研究多，则相应的关键词出现次数也多。因此，选出高频关键词作为研究的热点主题，并进行深一步研究。高频词阈值的确定主要有以下两种方法。

（1）一种是结合研究者的经验在选词个数和词频高度上平衡，该方法具有一定的主观性。

（2）另一种是结合齐普夫第二定律辅助判断高低频词的界限。通过揭示高频词在各年中的分布变化，可揭示学科的发展热点和脉络，包括：统计各年收录的高频词的差异；统计各个高频词在各年中的频次变化和频次排序变化；与内容分析相结合，分析高频词所承载的科技内容；将这些关键词进行相应的分类与组织，揭示领域研究的热点主题。

加拿大蒙特利尔大学的 Robert Dalpe 教授（1997 年）曾完成了一份关于世界纳米科技研究状况的计量分析报告，报告以加拿大国家研究理事会确定的 79 个纳米科技关键词为依据，采用词频分析的方法，不仅分析了全球范围内纳米科技论文的产出，而且分析了世界各国纳米技术专利的分布情况。梁立明和谢彩霞（2003）基于中国期刊网题录数据库和中国专利信息数据库，采用关键词词频分析方法，勾勒出我国纳米科技的研究领域，分析了近几年我国纳米科技成果的研究热点和研究弱项。此外，梁立明和李小宁（2003）还用词频分析法对国际著名科技创新与科技政策研究机构的工作进行扫描，定位世界范围内该领域的前沿，捕捉研究热点。此后的研究基本上遵循了基于词频分析遴选高频词，作为研究热点的表征，并以统计图表的形式展示研究热点的模式。例如，纪蔚蔚（2006）基于词频分析法分析我国 2004 年科学学的主要研究热点；张雁和彭珺（2007）通过词频分析认为，企业、技术、创新、管理、科技、发展、知识、战略、评价、产业、科学等领域是 2005 年我国科学学的主要研究热点等。

在研究前沿热点的应用方面，采用词频统计方法监测科技发展有操作相对简单且揭示科技发展的方式比较直接的优点。但是，因为词频阈值的确定比较主观，而不同的研究者有不同的标准，所以可能导致研究结果不一致。由于词频阈值通常是固定的，而词的出现频次具有波动性，所以某些研究从长期来看是属于热点，但是可能在某一年的波动略在词频阈值下方，有可能被忽略掉，导致分析的误差。此外，高频词在形成研究主题的过程中，需要较多的人共同干预，需要专家根据自己的知识背景将高频词分为特定的研究主题。

4.1.2.5 共词分析

共词分析（co-word，co-term）的原理是，对一组词两两统计它们在同一篇文献中所出现的次数，以此为基础对这些词进行聚类分析，从而反映出这些词之间的亲疏关系，进而分析这些词所代表的学科和主题的结构变化。一般认为，词汇对在同一篇文献中出现的次数越多，则代表这两个主题的关系越紧密。共词分析方法常被用于研究关键词共现、机构共现及作者合作等问题（图 4.3）。

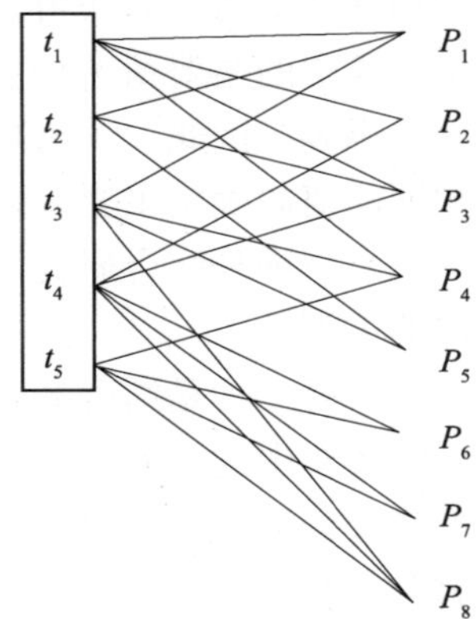

图 4.3　共词分析图示
（方框表示共词论文）

共词分析的思路最初是 20 世纪 70 年代由法国文献计量学家提出的，1986 年，法国国家科学研究中心（Centre National de la Recherche Scientifique，CNRS）的 M. Callon，J. Law 和 A. Rip 出版了 *Mapping the Dynamics of Science and Technology*，当时被称作“LEXIMAPPE”。由于在结果分析方面关键词具有得天独厚的直接性，所以很快引起研究者的高度关注。法国和荷兰是共词研究的主要聚集地，Callon，Law，Courtial，Bauin，Leydesdorff，Raan 的研究代表了共词分析的主流。

论文的关键词、主题词是科学研究内容的提示符和凝练，共词分析通过统计词汇（通常是关键词）之间的关系与词汇之间的结合来概述研究领域的微观知识结构，从横向和纵向的角度分析领域学科的发展过程、特点，以及领域或学科之间的关系，反映研究领域的科研水平及动态和静态结构，拓展信息检索领域，以求帮助用户检索信息。

早期的共词聚类理论探索关键词间相关程度的测试，如包容指数和临近指数等指标，前一个指标重在测度领域内最重要的研究主题，后一指标重在测度那些规模较小、容易被淹没的研究主题之间的关系。这些共词分析主要涉及关键词之间关系的分析，The UK Advisory Board for the Research Councils（ABRC）应用这些指标做了大量研究，Callon 将这一共词研究称为第一代的共词研究。1988 年 Callon 提出了对聚类结构进一步描述和分析的“战略坐标”，用密度和向心度来测度聚类簇与簇之间、簇内部联系程度的强弱，分别计算出各簇（研究主题）的密度和向心度，把所有的主题展现在以密度和向心度为 X 轴、Y 轴的战略坐标图中。位于不同象限的研究主题处在不同的发展阶段，其中第二、第三象限的词簇有可能向“前沿领域”发展。战略坐标将第一代共词分析中对词间关系的考察延伸到研究词簇间的关联关系，研究的学者主要集中在法国，Callon 称之为第二代共词分析。无论是第一代还是第二代共词分析，绝大多数是基于索引词或主题词的。美国海军研究办公室的 Kosstoff 博士将基于关键词或主题词的共词分析进一步扩大到基于全文本自动抽取词汇的共词分析——数据库内容结构分析技术（Database Tomography，DT），这项技术开始是作为检索扩展技术来应用，随后美国海军研究所的 Kosstoff 将其作为共词分析扩展来发掘词间的天然关系，用来发现具有核心竞争力的关键技术。

共词分析对于词的选择非常敏感，作者取词的习惯、未经规范的关键词、关键词表征论文内容的完整性及其他原因都会造成结论的模糊、晦涩。此外，还有一些研究对共词分析结论的可解释性提出质疑，认为存在随意性较大、不确定性的缺陷，因而此研究远未达到至臻至美的程度，仍需不断地完善和改进。

综上所述，各种研究前沿的监测技术都具有自身的特点，而且受数据源和分析原理的影响，可能会或多或少地存在一些固有的缺陷。词频分析简单易行，但只是从论文关键词计量分析的角度考察学科发展动向，对研究前沿进行更深入的分析探讨还要靠内行专家；文献耦合在时间维度上是静态的，是作者有目的地链接两篇文献，是基于有意识的行为；而同被引则是不断变化的，是事后建立的关联。不过，对于识别科学研究前沿的应用来说，引文分析始终是一种间接的途径，将引文分析和共词分析相结合已经获得更普遍的认可。

Kosstoff 在结合运用引文分析和共词分析等文献计量方法来发现潜在研究创新方面作出了重要的贡献。他采用文献相关的发现（Literature-related discovery，LRD）方法链接两篇或多篇文献中原本尚未联系起来的概念，从而获得全新的、有趣的、可信的和可理解的知识及潜在的研究前沿。他将 LRD 方法分成两个部分：基于文献的发现（LBD）和文献辅助的发现（LAD），并进一步将其各自分成开放式发现系统（从问题出发直到发现解决方案）和闭合式发现系统（从问题和解决方案出发来确定二者之间的链接机制）。其中，基于开放式发现系统的 LRD 方法的主要步骤如下。

（1）目标问题转化成检索式来检索核心文献；

（2）通过书目信息获得核心文献的技术框架（利用引文分析等计量方法获得核心作者、研究中心信息）和技术结构（利用 DT 识别出广义主题及主题间的关系），在此基础上识别并扩展检索出与每一个主要的重点领域相关的直接或非直接关联的文献；

（3）分析并限定解决方案的类别，分析扩展检索得到的所有记录，从中发现那些可能包含潜在发现的文献并作进一步分析。

Kosstoff 使用 LRD 法在帕金森病、多发性硬化等多个领域进行了研究，并获得了有益的研究成果。

4.1.2.6 科学知识图谱法

科学知识图谱绘制是一种旨在将知识和信息中令人注目的最前沿领域或学科制高点，以可视化的图像直观地展现出来的研究手段。它将复杂的科学学科知识领域通过数据挖掘、信息处理、知识计量和图形绘制显示出来，使人们得以了解某个学科或研究领域在科学知识版图上的位置，从而为研究者选择感兴趣的新领域或选择今后的学术道路提供方便。

在科学文献体系中，科学文献之间并不是孤立的，而是相互联系的。科学文献的相互关系突出地表现在文献的相互引用方面，即科学引文与被引文之间往往有着学科内容上的联系。这是绘制科学知识图谱的理论基础。绘制科学知识图谱一般运用以下方法：引文分析、共引分析、多维尺度分析、社会网络分析，以及词频分析。

知识图谱的主要应用领域包括：对学术共同体及其网络的研究；学科领域的发展动态、发展状况，明确主要研究领域之间的内部联系，各研究领域之间的知识输入与知识输出；研究课题的衍生、渗透与扩散趋势；作者、机构、授权、出版物、期刊等之间的关系；等等。另外，知识图谱还能够用于以下几个方面：科学社会网络（科学合作网络）信息生产和传播中的经济因素；明确战略的作用和政府项目的应用研究；等等。

4.1.3 基于文献计量的科技监测应用

随着文献计量方法的深入应用，一种基于大规模数据源、跨领域的发现信息的理论方法体系应运而生，即研究描绘。研究描绘是一种基于文献信息进行大尺度的领域态势监测和分析的技术方法，它可以帮助科学家掌握当前研究领域的宏观态势，发现领域中的主题关系、研究趋势和互补能力，从而促进科研项目的研究。该方法通过对信息进行综合处理、加工、数学运算和推理实现，分析影响科学研究活动的各种因素，最终获得描述科研实体（包括学科、研究人员、科研项目、科研机构等）的特定研究状况。

这一方法与传统的文献计量方法最大的不同是，将对于文献分析的微观视角扩大，从大规模的文献和各类数据源出发，不拘泥于特定的主题领域，而是把目标定位于发现相关领域、可用的新技术、影响因素等，为观察文献提供了更具深度的视角。它基于大规模数据源，强调信息的广泛性、跨领域性，借助先进的文本挖掘和自然语言处理技术，使深层次地、快速地分析大规模数据源成为可能。具体比较见表 4.1。

表 4.1　研究描绘法与传统计量方法的比较

比较项目	传统文献计量方法	研究描绘法
数据源	文献	文献、网络等多种结构化和非结构化数据
数据源规模	小范围（以几十为数量级）	大范围（以万为数量级）
分析视角	宏观（篇到篇）	微观（将文献中的词的出现模式视为一个整体）
分析范围	与学科主题紧密结合	围绕主题及其相关领域
分析对象	数据、引用关系	篇章内容、语义信息、潜在信息
结论	以文字分析为主	以可视化的图标为主

从实践上来看，研究描绘具有一定的综合性，传统的人工组织分析和利用先进计算机技术进行自动抽取和构建都可以成为该技术方法的一部分。美国著名的战略情报研究和技术评价与预测专家 Alan Porter 在 2002 年首次界定了研究描绘的概念，并将其体系化，主要包括以下两个方面。

1）研究内容

研究描绘的对象，可以是各种科研实体，包括学科、研究人员、科研项目、科研机构等，并可以在多个层次上开展，小到一个研究项目，大到一个国家的科研基金甚至全球的科研情况，都可通过研究描绘进行描绘。以科研机构的研究描绘为例，Alan Porter 认为，科研机构的研究描绘可以在以下三个层次上进行。

第一层次，个人。通过对一个机构内的各个研究人员的研究描绘，追踪每一个研究者的研究领域和发展方向，从而获得机构整体的研究结构、研究倾向及研究关键瓶颈。

第二层次，机构。在机构的层面上，可以发现研究机构人员交叉的研究领域，发现作者集群和科研社区，发现可以开展合作的研究者，从而合理配置研究团队。

第三层次，跨机构。发现两个甚至多个机构的共同点、差异性，揭示机构间潜在的互补合作及竞争关系。

研究描绘可以被看成一个由结构化的一系列可重复的阶段组成的过程。Alan Porter 等（2002）将研究描绘进行界定与理论化，结合管理学决策支持的理论，确定了基于大规模科技文献知识发现的关键工作。Porter 认为，研究描绘包括 3 个阶段和 9 个步骤，见表 4.2。

表 4.2　研究描绘的关键工作

阶段	步骤
情报获取	1. 问题辨识 2. 选择信息源 3. 搜索细化和数据检索 4. 数据清洗
分析与设计	5. 基础分析 6. 高级分析
选择	7. 呈现 8. 阐释 9. 综合利用

（1）在情报获取阶段，主要的工作是确定和收集待挖掘的数据，并且整合这些数据，使之适应以下各步骤的操作。在这一阶段需要解决的问题包括：如何选择合适的数据源、如何制定合适的检索方案来获取数据、数据的组织方式、

数据清洗等。为了综合显示科学技术创新的发展，往往需要从多个数据源来获取数据，因此这一步的数据整合和组织就显得尤为重要。

(2) 分析与设计，主要目的是从数据中发现知识来解决科技管理和决策中的特定问题，其中往往应用到推理和演绎的分析方法。在这一步骤分析人员可以先制定一个分析模型，然后确定一些假设的观点，通过数据进行测试。

(3) 在选择这一阶段，主要是根据分析的目的在所有数据可以推论出的观点中加以选择并组织。这一步骤的关键是选择特定的方法或者计分系统来确定选用观点的标准，这个标准必须十分符合分析任务的目的。

2）研究应用

Alan Porter 等对“大规模数据集中的数据挖掘方法”这一主题进行的研究描绘是成体系的一次实践应用。该实践的成功之处在于总结了研究描绘的 16 种可能的应用方向，如表 4.3 所示。

表 4.3　研究描绘的 16 种应用方向

序号	内容
1	描述研究背景信息，合理确定研究方向
2	发现同领域的相关研究主题
3	发现研究领域外的相关研究主题
4	获得研究活动的全景图
5	通过全景图获得交叉性研究领域
6	了解研究社区
7	确定某领域主要的信息来源
8	通过文献分布模式，研究创新的产生
9	发现相关领域活跃的组织或个人（着重发现在不同学科或研究领域内的组织或个人）
10	纵览研究主题
11	通过图像描绘研究主题之间的内在联系
12	发现目标主题与各种可能的解决方案之间的关系
13	通过主题间关系的映射和深度探测，从相联系的主题之间寻找新的研究机会
14	发现研究趋势
15	确定某项研究对特定技术或主题发展的影响
16	深度透视前景看好的主题

根据分析的目的不同，研究描绘的结果可以由浅入深地分为三个层次：描述研究背景信息、了解研究社区、纵览研究主题。

首先，描述研究背景信息的目的主要是获得某一研究领域内外相关研究主题的全貌，从而为项目或者个人了解主题概况并进一步确定其研究方向提供支持。

其次，了解研究社区，更注重研究领域和外部的信息互动，可以为了解某一学科领域的研究活动和研究动态提供支持。

最后，研究描绘还可以在更广的学科范围和更长的时间段内用于纵览研究主题，实现跨主题知识发现。

Alan Porter 等提出的 16 种应用方向，为研究描绘方法的进一步应用和发展提供了基础和指导，使得研究描绘具备了初步的理论框架，更让人看到了研究描绘的潜力。这些应用方向仍可以不断发展和扩充，具有很大的研究和实践空间。

同时，目前在国际上还有一些对研究描绘的应用实践。例如，芬兰赫尔辛基大学的 Bragge 和 Storgrds（2007）利用研究描绘的理论框架分析了对于数码游戏影响的相关学术研究的发展情况。美国 School of Public Policy，Georgia Institute of Technology 的 Diana Hicks 利用研究描绘分析了全球研究竞争对美国学术产出的影响。因为是社会科学类型的分析，以上两个实践涉及的时间跨度更大、数据量更多、数据来源更广泛，对于研究描绘方法的应用实践具有借鉴意义。

4.1.4 基于文献计量的监测指标

国际科技合作资源监测系统基于文献信息，利用文献计量方法，对“一流机构、一流人才”展开分析。

1）一流机构

专利的引用分析是专利计量学的基本分析方法之一，我们把机构拥有论文数、引文数和篇均被引频次作为计量指标，机构的论文被引频次越高，机构的创新能力越强。按照机构所拥有的论文数、引文数和篇均被引频次从大到小排列，各领域排名前 100 的机构被界定为一流机构。

（1）论文数是描述机构发表论文能力的一个基本指标，是在给定时期或给定领域内发表的论文数量。论文数是绝对数量指标，一般来说，其值越大，表明该机构越重要。

（2）引文数是从使用者的角度评价机构科学水平的一个基本指标，引文数据包括被引频次、影响因子、即时指数、引用半衰期等各项指标，利用这些指标对期刊进行定量评价。其中，影响因子是一个很重要的衡量标准，影响因子高的期刊就是重点期刊；被引频次是绝对数量指标，一般来说，其值越大，表明机构越重要。

（3）篇均被引频次是用给定时间内论文被引数量除以该机构全部论文数所得。一流机构的篇均被引频次表示机构的每篇论文被引用的平均水平，其值高则一般代表该机构水平高。作为一个相对数量指标，篇均被引频次弥补了绝对数量指标中马太效应导致的偏差，反映了对象的学术水平的高低。

以上三个指标同样适用于一流人才。

2）一流人才

发表的论文数和论文被引频次是科学家创新能力的重要指标，科学家发表论文和专著的数量越多，论文被引频次越高，其创新能力越强。我们把科学家发表的论文数和论文被引频次作为计量指标，将各领域排名前 100 的科学家界定为一流人才。

4.2 专利计量

4.2.1 专利计量基础理论

专利计量（patent Metrics）是一种以专利文献中的引用参考资料和被引情况作为基础的分析方法。专利引文分析是利用各种数学及统计学的方法和比较、归纳、抽象、概括等逻辑方法，对专利文献中的引用与被引用现象进行分析，以便揭示其数量特征和内在规律的专利计量分析方法。

发明创造活动具有很强的继承性和关联性，几乎所有的发明创造都是在前人研究成果的基础上发展起来的。专利文献作为记录发明创造的载体，像期刊论文一样，也有参考文献，只不过主要参考的是与发明创造相关的现有技术，包括在先专利文献、科学论文、会议记录、产品说明等，这些参考文献统称为专利引文。专利引文包括两部分：一是申请人引用的现有技术，体现在专利说明书的正文中，用以详细描述发明创造的技术背景，突出发明创造的技术先进性和进步性；二是审查员引用的现有技术，体现在专利说明书的扉页或检索报告中，用以分析和判断发明创造的新颖性和创造性。专利文献可以引用各种文献，也可以被各种文献引用，于是专利文献与专利文献、专利文献与非专利文献之间形成了一种相互引用的关系，即“专利引证”。专利引证体现了科学和技术的继承性、连续性和积累性，能够反映专利的技术质量和影响力。因此，很多学者利用文献计量方法开发了一系列专利引证指标，用来评价专利质量。

4.2.1.1 专利引用

当一项专利被授予的时候，一个包含着丰富信息的文件也就被创立了。一般地，专利文献里面包含着发明及发明者的有关信息，这些信息都是以电子格式存在的。在这些信息里面，有关对科学文献及在先专利技术的“引用”的信息是很重要的，虽然这些引用信息只在一些国家和地区的专利审批程序中被要求。

如果说 Y 专利引用了 X 专利，就意味着 Y 专利部分地建立在包含在 X 专利中的信息的基础上，这就构成了一个引用过程。当专利申请人引用在先技术时，这种引用常常被称为申请引用。当审查者授予专利的时候，他会提出被授予专利的第一页上的主要在先技术，这被称为审查引用。根据引用方向的不同，专利引用过程一般可分为后向引用和前向引用，即一项专利引用别项专利和论文，以及一项专利被别项专利和论文引用。

4.2.1.2 专利质量

一般认为，被引用次数多的专利蕴含着较多的知识，具备更高的潜在市场价值，也会被视为某一技术领域的核心技术。被引用较多的专利被认为具有较高的质量，也被称为高质量专利。拥有高被引、高质量专利技术的个人、企业乃至国家会被认为具备较强的竞争优势。学术界和企业界往往用即时影响指数（current impact index，CII）来对拥有较高质量专利的企业进行评价。CII 指的是某一专利被别的专利引用的次数，意味着它们在多大程度上是作为其他发明的基础。此指数的计算是建立在过去五年中专利被引用次数的基础上的。首先计算某国家（企业）的专利在五年内被其他专利引用的平均次数，然后将这个数据除以其他国家（企业）的专利在这个时间段内被引用次数的平均数。假设某公司的 CII 为 2，这就意味着这个公司的专利被别的专利所引用的总的次数是平均值的两倍，证明了该公司的专利质量比较高，拥有较强的技术力量。

4.2.2 专利计量方法

专利技术的研究、创新，一般是在前人已有成果的基础上展开的，大多数情况下会引用前人的专利技术，因此，在专利文献中存在大量的引用和被引用的关系。这种关系实际上是一种“引文链”或“引文网络”，它可以反映专利情报信息流、技术创新信息流的方向、过程、特点和规律，显示研究专利文献之间的引用规律，从而沿着引用路径揭示某一行业、某一技术的发展趋势和动向。与此同时，科技期刊论文或著作作为科学研究的重要标志和评价科学发展的重要指标，与专利文献之间也存在相互引证现象，这很好地反映了科学和技术的发展具有很强的连续性和继承性。

专利计量的指标很多，可以从宏观（某领域）、中观（某公司）和微观（某专利）三个层次来设计不同的专利计量指标体系。

1）宏观专利计量指标

此处宏观的意思是从某个产业（领域）来看专利的各种分布情况，其独特指标如下。

（1）技术循环周期（technology cycle time，TCT）：指尚在利用的全部专利年龄的中位数。考察该领域专利多长时间内被取代，反映竞争激烈程度。

（2）科学的强度（science strength，SS）：指该领域专利引用的科学文献的绝对数量。考察该领域专利与科学文献之间的关系强弱的绝对量。

（3）科学关联性（science linkage，SL）：指科学的强度与该领域的专利数的比值。考察该领域专利与科学文献之间的关系强弱的相对量。

2）中观专利计量指标

此处中观的意思是从某公司的角度来观察其专利分布情况。从不同的分析角度来看，我们认为应该从“所有领域”和“具体某领域”来设置不同的评价指标体系。“所有领域”主要是从专利数和专利的领域分布两个指标来分析。“具体某领域”中的独特指标如下。

（1）即时影响指数：指该公司前 D 年专利在当年的平均被引次数与某专利系统中所有前 D 年专利在当年的平均被引次数的比值。考察公司最新专利的影响。

（2）总技术强度（total technology strength，TTS）：该领域该公司与即时影响指数的乘积。考察专利质量，为一个加权指标。

3）微观专利计量指标

此处微观的意思是指具体到某一专利个体进行计量。其独特指标主要有如下三种。

（1）同族专利：反映该专利的地域分布。

（2）科学力量：指该专利被引单元中科学文献的数量，反映该专利与科学文献的交叉性。

（3）第一次被其他公司专利引用的时间，反映该专利的技术壁垒性，如果很快被引用，说明被替代的可能性大，反之亦然。

4.2.3 专利计量指标的设置

专利引证指标已经形成一个庞大的体系，不仅可以用于评价专利质量，还可以用于评价专利价值和分析知识流，专利引证指标通常是基于审查员引文而构建的。以观测专利为基点，专利引证有两个方向：引用和被引，国外常常直接称为后引和前引。观测专利引用的参考文献称为引文，引用观测专利的专利称为施引专利（图 4.4）。专利引证指标有两个基本的数量指标：引文数量和被引次数。根据引文的类型，引文数量又细分为专利参考文献数量和非专利参考文献数量，或者中立引文数量和坏引文数量；根据专利技术的影响力、科学依赖程度和发展速度，CHI 公司又开发了即时影响指数、科学关联度和技术循环周期三个技术指标；根据技术的相互交叉渗透程度，学者又开发了吸收指数和扩散指数。本小节将系统地分析这些专利引证指标，辨别其是否反映专利质量信息，并对有缺陷的指标进行修正和完善。

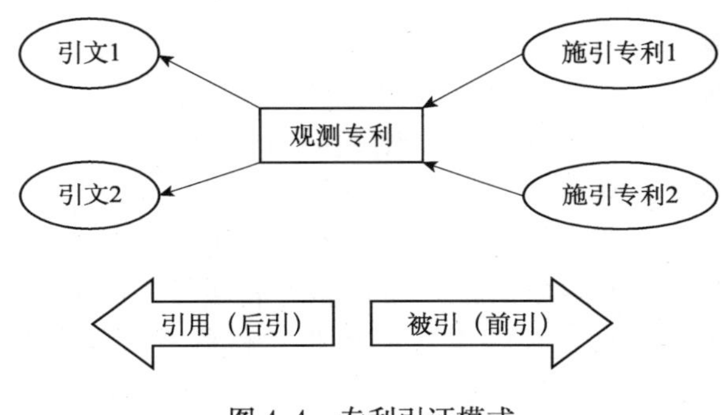

图 4.4 专利引证模式

4.2.3.1 引文数量指标

专利引文（一般指审查员引文，除非特别区分申请人引文和审查员引文）常常放置于专利说明书的扉页或检索报告中。检索报告中的专利引文通常是按相关度顺序排列的，并且在引文后面用“X”“Y”“D”等字母指明相关度，对判断发明创造的新颖性和创造性十分有用。专利引文具有很重要的法律功能，因为它们作为相关现有技术限制专利权利要求范围。如果 B 专利引用 A 文献，那么 A 文献就是 B 专利的在先技术，B 专利不能主张 A 文献所包含的技术特征。同时，专利引文也具有一定的技术意义，因为它们毕竟是与专利相关的现有技术，可以揭示与专利相关的技术发展状况，在一定程度上也能反映专利技术本身的创新程度和先进程度。因此，从文献计量的角度出发，统计专利引文数量，理论上可以挖掘专利质量信息。

引文数量是指观测专利引用专利文献、科学文献等现有技术的数量。在一个典型美国专利的扉页上平均有 6 个引文是在先的美国专利，2/3 个是外国专利，大约 1/3 个是非专利文献。也就是说，专利引用的参考文献绝大部分是专利文献，极少部分是非专利文献。由于审查员引文反映的是相关现有技术，对专利权利要求范围有限制作用，所以引文数量越多，特别是引用的专利文献越多，观测专利的权利要求范围越窄，专利质量越低。通常专利引文可分为专利参考文献和非专利参考文献（包括科学文献），也有的将专利引文按相关程度分为中立引文和坏引文，还有的将专利引文区分为自引引文和他引引文。

1）专利/非专利参考文献数量

专利参考文献数量是指观测专利引用专利文献的数量。专利参考文献是专利引文的主体部分，在很大程度上影响观测专利的新颖性和创造性，限制观测专利的权利范围。非专利参考文献数量是指观测专利引用的除专利文献以外的其他文献的数量。

学者们首先提出一个理论假设：科学研究成果大都体现于科学出版物，技术体现于专利，专利引用科学出版物则表明科学与技术的联系，或者更确切地说，代表技术对科学研究的依赖或者科学研究对技术发展的贡献。基于这个假设，观测专利引用的科学文献越多，则表明科学研究对专利技术的贡献越大，观测专利的质量越高。众所周知，非专利参考文献并非都是科学文献，因而非专利参考文献的数量不能直接评价专利技术与科学研究的关联程度。但是大部分非专利参考文献都具有科学属性，而且非专利参考文献数量比科学文献数量更容易计算和获取，因此，很多学者就将非专利参考文献全部视为科学文献，用于分析专利的科学关联度。

2）自引引文数/他引引文数

自引引文是指观测专利引用权利人（至少有一个相同）自己的在先专利文献或者发明人（至少有一个相同）自己的在先科学论文，反之则是他引引文。自引引文又可以进一步细分为自引科学论文和自引专利文献。

4.2.3.2 被引次数指标

被引次数是指观测专利被后续专利引用的次数。专利被引是一个长期的过程，一项专利从开始被引到大量被引通常需要 5 年或者更长的时间。专利被引次数分布十分不均，70％的专利在授权后 5 年内未被引用或者仅被引用 1～2 次，较少专利被引 5 次，仅有 10％或者更少的专利被引 6 次或 6 次以上。

这种偏态分布正好契合专利质量的分布，那些被引次数高的专利往往就是质量高的专利。CHI 公司通过大量研究发现“具有开创性的专利（与重要技术发现相关）被引用次数达到 6 次，远远超过平均被引次数 1 次”，被引次数可以用作专利质量指标。目前，被引次数指标已被广为接受并广泛运用于经济和管理领域的定量分析。

CHI 公司将重要专利分为三级（由高到低）：联邦地区法院认为具有开创性的专利、陈列在国家发明人名人堂的专利、美国商务部认为具有历史意义的专利，并清楚地描述了专利被引次数与专利重要性之间的关系。如图 4.5 所示，越重要的专利（每年平均）被引次数越高。

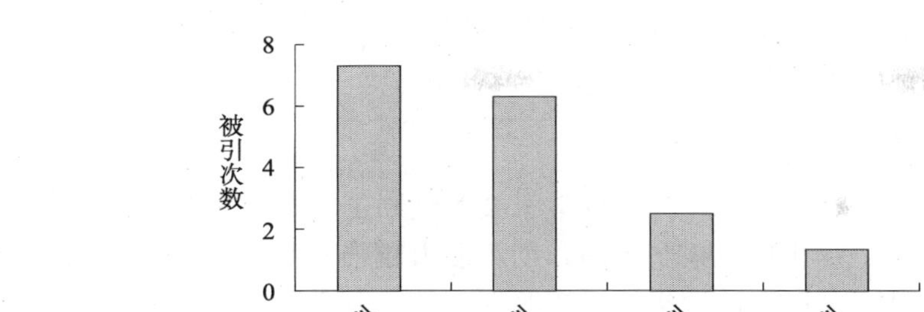

图 4.5 专利被引次数与专利重要性的关系

4.2.4 基于专利计量的监测指标

国际科技合作资源监测系统采用引文分析、多维数据分析、社会网络分析、聚类分析等方法，绘制网络图谱，进而进行对“一流机构、一流人才、一流技术”的专利计量分析。

1）一流机构

专利的引用分析是专利计量学的基本分析方法之一，我们把机构拥有专利数和专利被引频次作为计量指标，机构的专利被引频次越高，机构的创新能力越强。按照机构所拥有的专利数、专利被引总频次、专利平均被引频次从大到小排列，排名前 100 的机构被界定为一流机构。

基于专利计量的“一流机构”的评价指标分为：专利数、被引总频次、平均被引频次。

（1）专利数是描述机构发表论文能力的一个基本指标，是在给定时期或给定领域内申请或授权的专利数量。论文数是绝对数量指标，一般来说，其值越大，表明该机构越重要。

（2）被引频次是从使用者的角度评价机构科学水平的一个基本指标，是专利被引用的全部次数，它用客观使用的数反映了科学体在科学发展中的作用。被引频次是绝对数量指标，一般来说，其值越大，表明机构越重要。

（3）平均被引频次是给定时间内专利被引数量除以该机构全部专利数所得结果。一流机构的平均被引频次表示机构的每件专利被引用的平均水平，其值高一般代表该机构水平高。作为一个相对数量指标，平均被引频次弥补了绝对数量指标中马太效应导致的偏差，反映了对象的学术水平的高低。

以上三个指标同样适用于一流人才、一流技术。

2）一流人才

拥有的专利数和专利被引频次是科学家技术创新能力的重要指标，科学家拥有的专利数越多，专利被引频次越高，创新能力越强。我们把科学家拥有的专利数和专利被引频次作为计量指标。按照拥有的专利数和专利被引用次数从大到小排列，将排名前 100 名的科学家界定为一流人才。

基于专利计量的“一流人才”的评价指标分为：拥有多项授权专利的发明人、被引用频次较高的发明人、平均被引频次较高的发明人。

3）一流技术

专利文献是技术创新的重要记录。专利信息中包含对专利文献和非专利文献的引用信息，这些引用信息体现了技术发展的连续性和承接性。专利的引用分析是专利计量学的基本分析方法之一，常常被用来评价企业的竞争力，以了解产业发展的轨迹和技术状况。

按照专利被引用次数从大到小排列，排名前 100（被引用次数较多）的专利定义为该企业的一流技术。通过对被引用次数较多的专利（或称为高被引专利）进行分析可以辨识出较为基础和关键的技术。通过对一流技术的监测，可以掌握核心竞争力及技术发展趋势。

4.3 文本挖掘

科技资源监测是数据挖掘的一种，它以科技信息为挖掘对象，利用信息技术对数据进行深度挖掘，可以对科技热点和发展方向等作出预测和评价。

文本挖掘是近几年数据挖掘领域的一个分支，在国际上是一个非常活跃的研究领域。从技术上说，它实际上是数据挖掘和信息检索两门学科的交叉。文本挖掘与传统数据挖掘的差别源于文本数据与一般数据的巨大差异。传统数据挖掘所处理的数据是结构化的，如关系的、事务的、数据仓库的数据，其特征数目通常不超过几百个，而文本数据没有结构，转换为特征向量后特征数将达到几万甚至几十万。因此，文本挖掘既采用了很多传统数据挖掘的技术，又有自己的特性。

4.3.1 文本挖掘基础理论

4.3.1.1 文本挖掘的概念

文本挖掘（text mining，TM）是以计算语言学、统计数理分析为理论基础，结合机器学习和信息检索技术，从文本数据中发现和提取独立于用户信息需求的文档集中的隐含知识。它是一个从文本信息描述到选取提取模式，最终形成用户可理解的信息知识的过程。

Web 文本挖掘就是从 Web 文档和 Web 活动中发现、抽取感兴趣的潜在的有用模式和隐藏的信息的过程。Web 文本挖掘可以对 Web 文档集合的内容进行总结、分类、聚类、关联分析及趋势预测等。Web 文本挖掘和通常的平面文本挖掘有类似之处，但是，Web 文档中的标记给文档提供了额外的信息，可以借此提高 Web 文本挖掘的性能，Web 文本挖掘是文本挖掘的主要研究内容。

4.3.1.2 文本挖掘的种类

按照文本挖掘的对象，可把文本挖掘分为基于单文档的数据挖掘和基于文档集的数据挖掘。

（1）基于单文档的数据挖掘。基于单文档的数据挖掘中对文档的分析并不涉及其他文档。主要挖掘技术有文本摘要、信息提取，其中，信息提取包括名字提取、短语提取和关系提取等。

（2）基于文档集的数据挖掘。基于文档集的数据挖掘对大规模的文档数据进行模式抽取。主要挖掘技术有文本分类、文本聚类、个性化文本过滤、文档作者归属、因素分析等。

4.3.1.3 文本挖掘的主要研究方向

文本挖掘作为数据挖掘中一个日益流行而重要的研究课题有着广泛的应用前景，主要有网络浏览、文本检索、文本分类、文本聚类、文档总结等。

（1）网络浏览。文本挖掘技术可以通过分析用户的网络行为等，帮助用户更好地寻找有用信息，一个典型的例子是 CMU 的 Web Watcher。这是一个在线用户向导，可以根据用户的实际点击行为分析用户的兴趣，预测用户将要选择的链接，从而为用户进行导航。

（2）文本检索。文本检索主要研究对整个文档文本信息的表示、存储、组织和访问，即根据用户的检索要求，从数据库中检索出相关的信息资料。这种检索方法有三种：布尔模型是简单常用的严格匹配模型，如《中国学术期刊

(光盘版)》；概率模型利用词条间和词条与文档间的概率相关性进行信息检索，如美国马萨诸塞大学开发的 INQRERY 文本检索系统；向量空间模型在于将文档信息的匹配问题转化为向量空间中的向量匹配问题进行处理，如美国康奈尔大学基于向量空间模型开发了 SMART 文本检索系统。

(3) 文本分类。文本分类是指按照预先定义的主题类别，为文档集合中的每个文档确定一个类别。这样用户不仅可以方便地阅读文档，而且可以通过限制搜索范围来使文档查找更容易。近年来涌现出了大量的适合于不同应用的分类算法，如基于归纳学习的决策树（decision tree，DT)、基于向量空间模型的 K 最近邻（K-nearest neighbor，KNN)、基于概率模型的 Bayes 分类器、神经网络（neural network，NN)、基于统计学习理论的支持向量机（support vector machine，SVM）方法等。

(4) 文本聚类。与文本分类相对应的是文本聚类。文本聚类是一种典型的无教师机器学习方法，它与文本分类的不同之处在于，它没有预先定义好的主题类别，它的目标是将文档集合分成若干个簇，要求同一簇内文档内容的相似度尽可能大，而不同簇间的相似度尽可能小。

(5) 文档总结。文档总结也是 Web 文本挖掘的一个重要内容。它是指从文档中抽取关键信息，用简洁的形式对文档内容进行摘要和解释，这样用户不需阅读全文就可了解文档或文档集合的总体内容。搜索引擎向用户返回查询结果时，通常需要给出文档摘要，这就是文档总结的一个实例。

4.3.2 文本挖掘方法

文本的特征表示是文本挖掘的基础，而文本分类和聚类是文本挖掘的最重要、最基本的挖掘功能，也是文本挖掘中应用比较广泛的一个领域。

4.3.2.1 文本分类

文本分类是一种典型的监督式机器学习方法，一般分为训练（或学习）和分类两个阶段，具体如下。

1) 训练阶段

(1) 定义类别集合 $C=\{c_1, c_2, \cdots, c_m\}$，这些类可以是层次型的，也可以是并列的。

(2) 给出训练文档集合 $D=\{s_1, s_2, \cdots, s_n\}$，每个训练文档 s_j 被标上所属类别标志 c_i。

(3) 统计 D 中所有文档的特征向量 $V(s_j)$，确定代表 C 中每个类别 c_i 的特

征向量 $v(c_j)$。

2）分类阶段

（1）对于测试文档集 $T=\{d_1, d_2, \cdots, d_n\}$ 中的每个待分类文档 d_k，计算其特征向量 $v(d_k)$ 与每个 $v(c_i)$ 之间的相似度 $\mathrm{sim}(d_k, c_i)$。

（2）选取相似度最大的一个类别

$$\mathrm{argmaxsim}(d_k, c_j)\ c_i, c_j \in c$$

作为 d_k 所属的类。

有时只要 d_k 与这些类别间的相似度超过某个预定阈值，便可为 d_k 指定多种类别。但若这种情况发生得太频繁，则说明预定义类别 $C=\{c_1, c_2, \cdots, c_m\}$ 不当，应加以修改。当文档 d 与所有类的相似度都低于该阈值时，则将其标注为“其他”类。

通过计算两个特征向量之间的距离，衡量两个特征向量的近似程度。存在三种最通用的距离度量：欧氏距离、余弦距离和内积。因此，计算 $\mathrm{sim}(d_k, c_j)$ 时，有多种方法可供选择。

最简单的方法是仅考虑两个特征向量中所包含的词条的重叠程度，即

$$\mathrm{sim}(d_k, c_j)=\frac{v(d_k)\text{ 与 }v(c_j)\text{ 具有的相同词条数}}{v(d_k)\text{ 与 }v(c_j)\text{ 所有的词条数}}$$

最常用的方法是考虑两个特征向量之间的夹角余弦，即

$$\mathrm{sim}(d_k, c_j)=\frac{v(d_k)\times v(c_j)}{|v(d_k)||v(c_j)|}$$

常用的文本分类方法有：基于概率模型的方法，如朴素贝叶斯方法、隐马尔可夫模型等；基于关系学习的决策树方法等；基于统计学习的支持向量机方法等；基于向量空间模型的K最近邻分类法和神经网络方法等。

4.3.2.2　文本聚类

文本聚类是一种典型的无监督式的机器学习方法，目前在文献中存在大量的文本聚类方法。聚类方法的选择取决于数据的类型、聚类目的和应用，大致可以分为层次凝聚法和平面划分法两种。对于给定的文档集合 $D=\{d_1, d_2, \cdots, d_n\}$，层次聚类法的具体过程如下：

（1）将 D 中的每个文件 d_i 看作是一个具有单个成员的簇 $c_i=\{d_i\}$，这些簇构成了 D 的一个群集 $C=\{c_1, c_2, \cdots, c_n\}$；

（2）计算 C 中每对簇 (c_i, c_j) 之间的相似度 $\mathrm{sim}(c_i, c_j)$；

（3）选取具有最大相似度的簇对 $\mathrm{sim}(c_i, c_j)$，并将 c_i 和 c_j 合并为一个新的簇 $c_k=c_k\cup c_j$，从而构成了 D 的一个新的群集 $C=\{c_1, c_2, \cdots, c_{n-1}\}$；

（4）重复上述步骤，直至 C 中剩下一个簇为止。

该过程构造出一棵生成树，其中包含了簇的层次信息，以及所有簇内和簇之间的相似度。层次群集方法是最常用的群集方法，它能够生成层次化的嵌套簇，且准确度高。但是在每次合并时，需要全局地比较所有簇之间的相似度，并选择出最佳的两个簇，因此执行速度太慢，不适合大量文本聚类。

平面划分法与层次聚类的区别在于，它将文本集合水平地分割为若干个簇，而不是生成层次化的嵌套，对于给定的文档集合 $D=\{d_1, d_2, \cdots, d_n\}$，平面划分法的具体过程如下：

（1）确定要生成簇的数目 k；

（2）按照某种原则生成 k 个群集中心作为群集的种子 $S=\{s_1, s_2, \cdots, s_n\}$；

（3）对于 D 中的每个文档 d_i，依次计算它与各个种子 s_j 的相似度 sim（d_i，s_j）；

（4）选取具有最大相似度的种子 $\operatorname{argmaxsim}(d_k, c_j)\ c_i, c_j \in c$，并将 d_i 化归为以 s_j 为群集中心的簇 c_j，从而构成 D 的一个新的群集 $C=\{c_1, c_2, \cdots, c_k\}$；

（5）重复此步骤若干次，以得到最为稳定的群集结果。

该方法的执行速度较快，但是必须事先确定 k 的取值，且种子选取的好坏对聚类结果有较大的影响。常用的聚类划分方法有 K2 平均算法和 K2 中心算法。K2 平均算法是划分方法中基于质心技术的一种算法，以 K 为参数，把 n 个对象分为 K 个簇，以使簇内具有较高的相似度，而簇间的相似度较低，相似度的计算根据一个簇内对象的平均值（质心）来计算。K2 平均算法对孤立点敏感，为消除这种敏感性，不采用簇中对象平均值作为参考点，而选用簇中位置最中心的对象为参考点，这就是 K2 中心算法。

4.3.3 文本挖掘的主要过程

文本挖掘的开始是文本信息源，最终结果是用户获得的知识模式。文本挖掘一般经过文本预处理、特征提取及约减、学习与知识模式提取、知识模式评价 4 个阶段。其中，文本预处理、特征集约减是最重要的过程。

4.3.3.1 文本预处理

文本预处理是文本挖掘的第一个步骤，对文本挖掘效果的影响至关重要，文本的预处理过程可能占据整个系统的 80%的工作量。

与传统的数据库中的结构化数据相比，文档具有有限的结构，或者根本就没有结构，即使具有一些结构，也还是着重于格式，而非文档的内容，且没有统一的结构，因此需要对这些文本数据进行数据挖掘中相应的标准化预处理；此外，文档的内容是使用自然语言描述的，计算机难以直接处理其语义，所以还需要进行文本数据的信息预处理。信息预处理的主要目的是抽取代表文本特征的元数据（特征项），这些特征可以用结构化的形式保存，作为文档的中间表示形式。

Internet 上的大部分网页是 html 文档或 xml 文档，文本的预处理首先要做的是，利用网页信息抽取模块将网页的内容去掉跟文本挖掘无关的标记，转换成统一格式的 txt 文本存放在文件夹中以备后续处理。中文文本的预处理较英文文本的预处理更为复杂，因为中文的基元是字而不是词，字的信息量比较低，句子中各词语间没有固有的分隔符（如空格），所以对中文文本还需要进行词条切分处理。

4.3.3.2 文本的表示

文本的内容是人类所使用的自然语言，表达了丰富的信息，但是要把这些信息编码为一种标准形式是非常困难的。基于自然语言处理和统计数据分析的文本挖掘中的文本特征表示指的是对从文本中抽取出的元数据（特征项）进行量化，以结构化形式描述文档信息。这些特征项作为文档的中间表示形式，在信息挖掘时用以评价未知文档与用户目标的吻合程度，这一步又叫作目标表示。

文本表示的模型常用的有：布尔逻辑模型、向量空间模型、潜在语义索引 latent semantic lndexing，LSI）和概率模型。

下面来重点讨论文本挖掘系统中近年来应用较多且效果较好的向量空间模型方法。

向量空间模型的基本思想是使用词袋法表示文本，这种表示法的一个关键假设，就是文章中词条出现的先后次序是无关紧要的，每个特征词对应特征空间的一维，将文本表示成欧氏空间的一个向量。它的核心概念可以描述如下：

（1）特征项。组成文档的字、词、句子等。Document = D（t_1，t_2，…，t_k，…，t_n），其中，t_k表示第 k 个特征项，作为一个维度。

（2）特征项的权重。在一个文本中，每个特征项都被赋予一个权重，以表示特征项在该文本中的重要程度。

（3）向量空间模型。在舍弃了各个特征项之间的顺序信息之后，一个文本就表示成向量，即特征空间的一个点，如文本 d_i 表示为

$$v(d_i) = (w_{i1}, w_{i2}, \cdots, w_{ik}, \cdots, w_{im})$$

其中，$w_{ik} = f(t_k, c_j)$ 为权值函数，反映特征 t_k 决定文档 d_i 是否属于类 c_j 。

（4）相似度（similarity）。所有文档都可映射到此文本向量空间，从而将文档信息的匹配问题转化为向量空间中的向量匹配问题。n 维空间中点的距离用向量之间的余弦夹角来度量，亦即表示了文档间的相似程度。假设目标文档为 U，未知文档为 V_i，夹角越小说明文档的相似度越高。相似度计算公式如下：

$$\mathrm{sim}(V_i, U) = \cos(V_i, U) = \frac{V_i \cdot U}{V_i \cdot U} = \frac{\sum_{k=1}^{m} w_{ik} \cdot w_i}{\sqrt{\sum_{k=1}^{m} w_{ik}^2 \sum_{k=1}^{m} w_k^2}}$$

权重通常是特征项在文档中出现频率的函数，用 $f_{tk}(d_i)$ 表示特征 t_k 在文档 d_i 中出现的频率，权重函数有多种。

a. 最简单的布尔型：

$$v_{ik} = \begin{cases} 1, & tf_k(d_i) > 0 \\ 0, & \text{otherwise} \end{cases}$$

文本向量由 0，1 组成。

b. 词频型：

$$w_{ik} = tf_k(d_i)$$

c. 平方根型：

$$w_{ik} = tf_k(d_i)^{\frac{1}{2}}$$

d. 对数型：

$$w_{ik} = \lg(tf_k(d_i) + 1)$$

e. TF-IDF 公式：

$$w_{ik} = tf_k(d_i) \cdot \lg\left(\frac{N}{N_{ki}} + 0.5\right)$$

比较著名的权值函数是 Salton 在 1988 年提出的 TF-IDF 公式，N 为训练文本总数，N_k 为训练文本集中出现词条 t_k 的文本数。

归一化处理后为

$$w_{ik} = \frac{w_{ik}}{\sqrt{\sum_{\in d_i} w_{ij}^2}}$$

归一化的目的是使不同的文本具有相同的长度。

文本经过分词程序分词后，要使用停用词表去掉对分类没有贡献的词，还可采取特征词相关性分析、聚类、同义词和近义词归并等策略，最终表示成上面描述的文本向量。

4.3.3.3 特征集约减

特征集约减的目的有三个：①为了提高程序效率，提高运行速度；②数万维的特征对文本分类的意义是不同的，一些通用的、各个类别都普遍存在的特征对分类的贡献小，在某个特定的类中出现的比重大而在其他类中出现的比重小的特征对文本的贡献大；③ 防止过拟合。对于每一类，去除对分类贡献小的特征，筛选出针对反映该类的特征集合。

一个有效的特征集直观上说必须具备以下两个特点：

(1) 完全性。确实体现目标文档的内容；

(2) 区分性。能将目标文档同其他文档区分开来。

用向量空间法表示文档时，文本特征向量的维数往往达到数十万维，即使经过删除停用词表中的停用词，以及应用 ZIP 法则删除低频词，仍会有数万维特征留下。最后一般只选择一定数量的最佳特征来开展各种文本挖掘工作，所以进一步对特征进行约减就显得异常重要。通常，特征子集的提取是通过构造一个特征评估函数，对特征集中的每个特征进行评估，每个特征获得一个评估分数，然后对所有的特征按照评估分大小进行排序，选取预定数目的最佳特征作为特征子集。文本特征选择中的评估函数是从信息论中延伸出来的，用于给各个特征词条打分，很好地反映了词条与各类之间的相关程度。常用的评估函数有文档频数、信息增益、期望交叉熵、互信息、x2 统计（CHI）、单词权、文本证据权和概率比等。

4.3.4　文本挖掘在科技监测中的应用

4.3.4.1　文本挖掘工具

文本挖掘工具在进行科技监测的应用中，因其能辅助分析人员快速实现分类聚类、快速识别和归类、有效组织结构化和非结构化数据，发挥着越来越重要的作用。目前，主要的文本挖掘工具可分为基于网络和基于桌面两种。基于网络的文本挖掘工具，典型的有 Chemical Abstracts Service Introduced Anavist，Web of Science Results Analysis 等。基于桌面的有 Aurigin，ClearForest，Leximappe，Thomson Data Analyzer，VantagePoint 等。文本挖掘工具的特点是可以充分结合特定数据源的结构，信息充分、效率较高，但是单一数据源往往不足以充分发挥科技资源监测的优势，因此，根据分析模型和目标选择适当的文本挖掘工具是十分重要的。以 TDA（Thomson Data Analyzer）为例，文本挖掘的具体应用过程如下。

文本挖掘最大的动机来自潜藏于电子形式中的大量的文本数据。文本挖掘属于新兴的前沿领域，国内对此研究相对较少，中国学者在中文分词等领域取得了一些进展。在国外，Alan L. Porter 开始了文本挖掘工具在进行科技监测中的应用研究，即技术挖掘。他应用专门软件，对大型数据库的主题词进行时间序列分析、聚类分析等，以发现科研的热点领域和前沿领域，识别这些领域的研究专家和机构，并可将这些信息解释为创新状态和前景的指示符。Porter 的

TDA 分析软件包括四个步骤：

（1）搜索。即查找相关的数据源并检索出相关领域的电子形式数据。

（2）计数。利用软件编辑、计算、排列结果。例如，计算全部高频词、文摘数量、作者及其所属单位，可表明某个主题正在升温还是开始变冷，与之相关的活动在时间上呈现何种分布。

（3）联系。采用 TDA 软件提供的矩阵操作来帮助识别联系，进行聚类，追踪一段时间内的变化，注视正在出现的新事物，以及识别谁是某个领域最活跃的人。

（4）表示。把结果转换到 Excel 或者其他类型的电子表格和图形包里，用图形表示正在发生什么，对检索结果按时间片断显示事件地图是如何随时间演变的。

4.3.4.2　基于文本挖掘建立监测指标

近年来随着互联网的大规模普及和企业信息化程度的提高，有越来越多的信息积累，互联网已经发展为当今世界上最大的信息库。互联网上的信息是以网页形式存放的，而网页的内容又多以文本方式来表示，传统的信息检索技术已不适应日益增长的大量文本数据处理的需要。如何快速、准确地从来自异构数据源的大规模的文本信息资源中提取符合需要的简洁、精炼、可理解的知识，这就涉及文本知识挖掘。互联网的发展，极大地促进了文本挖掘的发展。

世界著名科学家监测子系统，采用了文本挖掘的方法，针对网络上的非结构化数据进行监测，抽取世界著名科学家的相关信息，包括研究成果等，建立世界著名科学家动态监测库，为用户提供世界著名科学家的资料等信息的综合发布，从而为最终用户在国际科技合作中选择合作伙伴提供参考。

具体的监测对象包括：

（1）国际权威奖励的获奖者。国际权威奖励包括诺贝尔科学奖、鲁斯卡基础医学奖、加纳德奖、伍尔夫奖、菲尔兹数学奖、图灵奖等；

（2）国际权威科学院的院士、学者，包括美国国家科学院、美国医学研究院、美国工程院、英国皇家学会、法国科学院、加拿大皇家学会的本国会员及外籍会员；

（3）国际科学组织的领导者和主要成员。国际科学组织包括国际纯粹与应用物理学联盟（IUPAP）、亚洲流体力学委员会（AFMC）、国际计算力学协会（IACM）、国际断裂学会（ICF）、国际光学委员会（ICO）、国际光学工程学会（SPIE）、国际颜色协会（AIC）、国际噪声控制工程学会（I-INCE）等 200 多个国际性科学组织。

4.4 研究价值图谱

4.4.1 研究价值图谱的理论基础

政府的研究项目是美国国家创新体系核心力量的重要组成部分。美国的政府部门、机构和办公室每年要投入 400 亿美元的研发经费，而这些部门和机构都依据自己的步骤和标准确定项目资助的计划、遴选和分配流程。针对这些项目成果的评估，主要采用了传统的经济学、文献计量学和历史分析的方法。

自 1995 年美国能源部基础能源科学办公室设立研究价值图谱（research value mapping，RVM）项目以来，研究价值图谱为项目定性和定量的评估提供了一个新的方法。这个方法为研究项目评估和项目管理提供了一项新的工具，研究价值图谱采用案例回溯的方式，揭示了项目取得研究成果的根源。该方法为政府官员提供了有价值的信息，结合政策战略，提高了所管理项目的成功率，以及研究与开发活动的管理效率。

研发价值图谱与早期的案例学习方法有很多相似之处，都是基于评估研究的尝试，但是在很多方面也有一些重要的不同之处。例如，案例学习方法主要评价研究与开发的影响，而研究价值图谱则聚焦于特定的项目和项目的边缘事件中。另外，研究价值图谱避开了一些所谓的误区和传统定性分析存在的问题：缺少系统性的调研。

自该项目设立以来，研究价值图谱的方法广泛应用于经济学、社会学等很多研究领域的评估，表 4.4 列出了研究价值图谱方法的 9 个主要研究方向。

表 4.4 研究价值图谱描绘的 9 个应用方向

编号	相关领域
1	基于大学和技术中心的创新、管理和绩效研究
2	研究影响评估研究
3	科学技术对于社会公平和分配机制的影响研究
4	科学合作动态研究
5	科技人力资本评估研究
6	技术转移研究
7	政府实验室的结构和绩效研究
8	信息技术基础设施评估研究
9	互联网政策研究

4.4.2 研究价值图谱的方法

研究价值图谱是建立在一个或多个分析模型基础之上的，这些分析模型跟踪知识和研发项目的特定研究成果的流动。这些研究成果按照时间序列，可以被描述为一个分支模型。模型中的每一个步骤都可能是研发项目的最终成果，或者是进入下一个步骤的初级阶段。通过对项目成果的发展过程进行分支检定，就可以建立一套针对项目研究成果的相关因素预测模型。这一分支模型可以被描述为以下五个步骤，如图 4.6 所示。

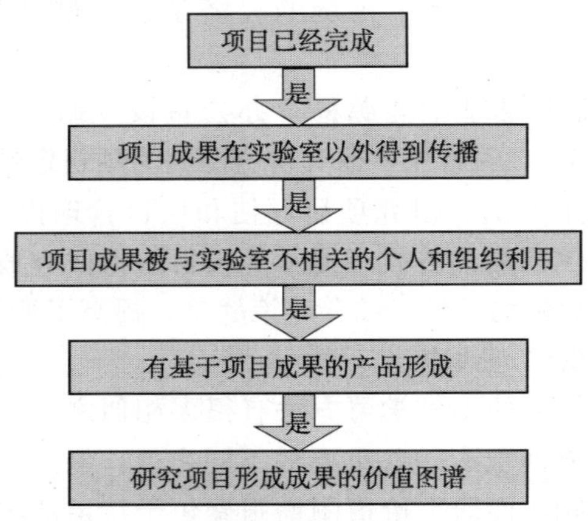

图 4.6 研究价值图谱的五个步骤

研究价值图谱通过定性和定量相结合的方式评估研究的影响，在概念上为度量科学技术产生（或破坏）的价值提供了一种重要的方法论。

研究价值图谱方法成功应用于基于理论基础的模型来描述一系列项目产生的影响。能由研究价值图谱解决的问题包括：项目所需要的资源、产业合作者的数量、知识产权利益的部署，以及与最终目标相关的内容。由于研究价值图谱是循环的，这些模型被不断地修改和改进，从而给研究成果本身增加能够解释的可预测结果。

在分析模型和相关的解释有了一定程度的发展之后，由研究价值图谱积累的数据和传统案例研究积累的数据几乎相同，由与模型相关的标准实施案例的选择。研究价值图谱是一个多案例分析方法，能够将权威的解释和量化的社会科学充分结合。

对于每一个案例，不同的指标被用于描述不同的变量，包括项目的经费，个人对于项目的贡献，以及经济上和个人的发展。项目潜在优势很明显将根据项目目标的不同而不同。然而，没有和研究价值图谱方法有内在联系且结果可测量的独立方法。Kingsley，Bozeman 和 Coker 检查了从研究项目中科技转移的错误影响。

另外，用虚变数（如 0，1）来测量案例的质量方面。因此，通过量化这些变量来衡量这些实验室的技术转移工作是否包含在了项目里面（0 代表包含，1 代表不包含）、一个扩散计划在项目的开端是否被制订出（0 代表以后制订或者从未制订过，1 代表一开始就制订），或者项目的结果是否要求用户来发展新的制造流程（0 代表不要求，1 代表要求）。一系列的原因相关独立变量通过和传统内部变量与表示项目各个属性的虚变量的结合而产生。

这些独立变量根据一开始指定的一系列模型被投入分析。然后根据分支模型既定的步骤和已预测到的优劣方面进行评估。最后每一个案例所得的分数被分类，然后在组内案例和组间案例进行模式匹配。

研究价值图谱的研究方法包括：

(1) 从研发活动到研发成果的有序、非线性知识流动分支模型研究；

(2) 与研发成果相关的随机因素研究；

(3) 研发活动和研发成果的成本和效益指标研究；

(4) 基于特定模型和假设的案例研究；

(5) 案例数据获取；

(6) 通过撰写传统案例研究报告组织数据；

(7) 基于模型变量的案例研究定性数据库；

(8) 通过与模型相关的定量数据，开展独立变量与项目成果的相关性研究。

4.4.3 研究价值图谱方法的应用

研究价值图谱计划开始于 1996 年，项目组的常设机构位于佐治亚理工大学。这项研究的主要对象是开展对政府资助的研究项目、研究计划和研究机构的评估。研究价值图谱的主要资助机构是美国能源部能源科学办公室。同时，研究价值图谱计划也受到了来自国家科学基金会（社会、行为与经济科学部，教育与国际化学部）、美国国家卫生基金会、洛克菲勒基金会和凯洛格基金会的资助。

研究价值图谱计划是一项跨学科的研究计划，计划的参与人员包括来自经济学、政治科学、社会科学、工程科学和科学学等具有不同学科研究背景的教授、学者和学生。研究价值图谱计划在执行的过程中，开展了广泛的国际合作研究，主要合作伙伴来自法国、德国、丹麦、保加利亚、韩国、中国、新西兰和阿根廷。

表 4.5 列出了佐治亚理工大学公共管理学院利用研究价值图谱方法开展的主要项目研究。

表 4.5 佐治亚理工大学公共管理学院利用研究价值图谱开展的主要项目研究

项目负责人	项目名称	项目内容简介
Juan D. Rogers Barry Bozeman	基于大学科学项目评估方法的发展能力	基于能力的研究评估，考虑为“对确定和测量因素进行研究，来扩展个人、机构和社会结块的能力，从而为科学技术发展作贡献”
Barry Bozeman	关于评级研究的国际合作项目（NCPIR）	用研究价值图谱方法为贫瘠研究（NCPIR）中心对国家合作项目进行全面梳理
Barry Bozeman Juan D. Rogers	对 DOE 研究中心基于能力的评估	不同研究管理结构的影响和研究资源与能力的制度设计，包括个人研究者的产量、能力和项目轨迹
Juan D. Rogers	NSDL 的制度化：在评估研究中的多机构 IT 系统	强调了 NSDL 制度化的进程问题，对这个流程提供一个描述，表明上下文因素如文化和参与组织的优先性，和其他 NSDL 科技的发展是怎样通过科技基础来建立一个新的制度现实
Barry Bozeman	科学技术对社会平等和分配的影响	针对科学和技术对社会平等和分配的影响开展研究。研究目标为确定和理解非经济因素将会导致的对于低经济阶层个人和组织的不成比例的影响
Monica Gaugh-an	妇女学术事业成功的大学决定因素	这一个五年的事业项目目标是发展一套数据和方法论来将女性科学家和工程师的大学因素合并并分析学术雇佣，租用和成果进展

4.4.3.1 RVP 的应用：一个基于案例学习评估的新方法

Barry Bozeman 和 Gordon Kingsley（1997）研究展现了一个关于案例管理的研究评估方法，被称为研究价值图谱。当这种方法以传统的方式利用案例研究提供有深度的观点时，它也在通过生成定型数据的分析框架将案例研究结构化。当被合适地应用时，研究价值图谱能够根据决策变量生成结果目录和一般化经验成果。这种方法的好处是不仅能提供种类和熟练的指示，也能深刻地理解那些已经完成的经验结果。因此，研究价值图谱对于政策管理战略是很有用的，可以借用成功的经验。（参考 R&D Value Mapping：A New Approach to Case Study-Based Evaluation）

4.4.3.2 RVP 的应用：案例的启发式研究

Barry Bozeman，Hans K. Klein（1998）的研究展示了基于研究价值图谱原型案例的学习价值问题。学习了一个案例意味着要解决好几个相似的案例。研究呈现了两个原型案例：一个是 Brookhaven 国家实验室，另外一个是 Los Alamos 国家实验室，它们各自都有提供信息的目标，关于怎样去设计和执行接下来的 30 个案例分析。研究中总结了这些案例，展示了一部分值得学习并且为接下来的大项目做铺垫的经验，更全面地考虑了原型案例学习的应用。原型案例研究对于帮助接下来的那些学习特别有用，确定那些研究设定是怎样影响研究结果的，为那些可以获得的数据作决策，为研究和研究者的下一步决定提供参考。（参考 The Case Study as Research Heuristic：Lessons from the R&D Value Mapping Project）

4.4.3.3 RVP 成果案例：对于科技人力资本的研究

Barry Bozeman，James S. Dietz（1999）指出，科技人力资本是存储在社会的知识和资源中的。科学家们将技术和社会带进自己的工作。科技人力资本决定了科学家和工程师将自己的知识成果呈现和传播的能力。

科技人力资本不仅包括正规教育的贡献，也包括技能、技术诀窍、隐性知识和体现科学家内在的经验知识。科技人力资本，也包括塑造科学家研究的社会资本。网络，这一“无形的大学”把相关机构，组织间的关系联系起来。这些网络（“社会资本”）整合并形成了科学的工作，加强科学家和工程师的工作活动，为重要的研究问题制定框架，帮助形成流动性研究模式，提供与工业合作伙伴的更方便、直接的接触。

图 4.7 和图 4.8 描绘的不仅是科学家的内部资源，还有与那些外部资源直接相关的科学技术产出，包括社会资本和内在网络关系。不同形状的节点意味着不同类型连接种类互相识别的方便程度。这些差异可能是基于网络中的合作伙伴（如工业、学术）或角色（如企业家、基金会组织、科学研究人员）的机构设置。虽然我们并没有那么关心每一个节点连接的强度关系或网络的密度，但科学家与技术专家的网络表明，这些网络的其他结构特点可预测网络成员的行为和科学技术资本中积累的人力资本。图中虚线和阴影区域代表个人的科技人力资本的社会资本的研究项目（网络关系）和内部资源的交集。

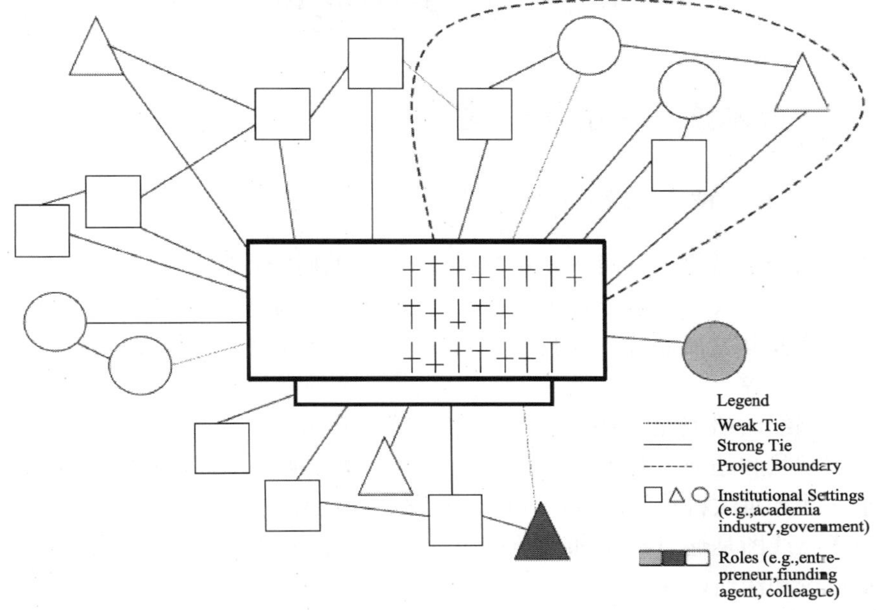

图 4.7 利用研究价值图谱方法绘制的科技人力成本关系图（个人层面）

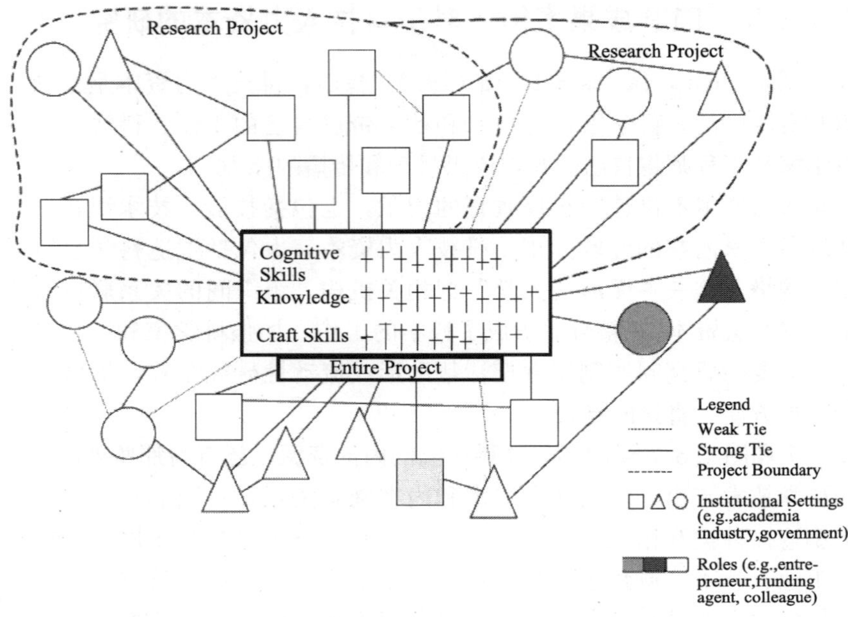

图 4.8　利用研究价值图谱方法绘制的科技人力成本关系图（项目层面）

4.5　技术路线图

4.5.1　技术路线图的基础理论

4.5.1.1　技术路线图的内涵

技术路线图是通过时间序列系统描述技术创新过程中技术、产品和市场的互动关系，研究技术创新方向和产业竞争态势，确定影响未来主导产品（产业）的关键技术及其发展路径，为科学制订研发计划、有效组织研发、合理配置创新资源提供支撑。

技术路线图研究是一种系统的技术经济分析方法，主要开展技术、经济、社会发展现状和趋势分析，以及知识产权分析等，明确不同时期的经济社会发展需求，找准重大科技问题，选择应优先发展的关键技术及其发展路径。因此，制定技术路线图是通过科学和规范的方法，集成各方面专家的意见和观点，经过反复讨论和沟通，并达成共识的过程。

4.5.1.2　技术路线图的类型

技术路线图有多种分类方法。大卫·普罗贝特（David Probert）对大约 40 个路线图进行研究后，按照制定目的和文本格式对路线图进行了归类（图 4.9）。例如，按照目的划分，可分为产品规划、项目规划、战略规划等；按照格式划分，可分为多层次型、表格型、流程型、文本型等。

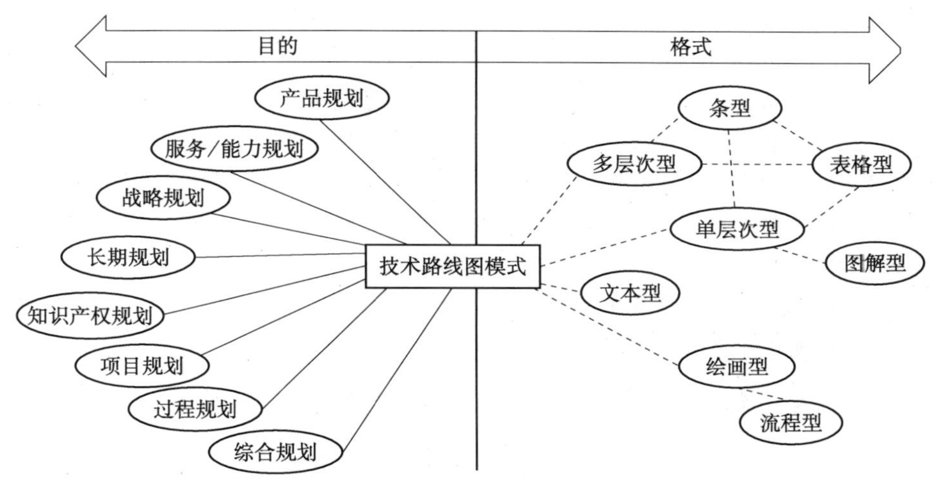

图 4.9　技术路线图模式

按照开发主体划分，可分为企业、产业和国家三个层次。

企业技术路线图。20 世纪 70 年代末和 80 年代初，摩托罗拉和康宁公司分别开展了技术路线图研究，通过时间序列系统地描述“技术—产品—市场”的发展过程，用于企业技术选择和部门之间的协作。之后，技术路线图被许多企业采用并发展成系统方法。据英国的一项调查，在英国 2000 多家制造企业中，大约有 10％的公司应用了技术路线图方法。

产业技术路线图。为了把握技术机遇，解决产业发展中的重大问题，一些国家纷纷开展产业技术路线图研究，通过时间序列系统地描述“技术—产品—产业”的发展过程，引导研发，构建新的创新联盟，加强创新主体的协作，为产业抓住未来市场发展机会指明方向。例如，美国半导体工业协会完成的《国际半导体技术发展路线图》，制定了关于半导体需求和可能解决方案的远景规划，为设备、材料和软件供应商提供指导，并为研发人员提供了一个清晰的目标，在促进美国乃至世界半导体技术发展方面发挥了重要作用；加拿大工业部先后开展了生物制药业技术路线图、航空设计制造技术路线图、燃料电池商业化路线图等；我国台湾省开展了纳米技术路线图研究等。这类研究方法也可用于国家重大项目的路线图研究。

国家技术路线图。通过对未来五年乃至更长时期的国家战略需求、科技发展进行系统研究，提出国家发展目标、战略任务、发展重点及其相互关系，明确技术发展的优先顺序，明确时间和发展路径，为科技规划和计划的制订奠定基础。目前，国家技术路线图理论和方法仍处于探索研究阶段，其编制思路是建立国家目标、战略任务、关键技术、发展重点之间的关系，确定技术发展的优先顺序、明确时间和发展路径等，为科技规划和计划的制订奠定基础。2002 年，韩国按照"国家目标—战略产品—关键技术"的分析思路，提出了到 2012 年韩国科技发展的 5 个构想和 13 个发展方向，以及实现这些构想所需的 49 个战略产品和需要开发的 99 项关键技术，并在国家层次上制订了研发计划。日本经济产业省于 2005～2007 年分别发布了《技术战略图 2005》《技术战略图 2006》《技术战略图 2007》。在《技术战略图 2007》中，编制了信息、生命科学、环境能源、纳米科学与材料、先进制造等领域的 25 项战略技术路线图。

这些路线图不仅供产业界和学术界开展跨领域共同研究时参考，而且为在国家层次上制定科技发展规划奠定了基础。

4.5.1.3 制定技术路线图的作用和意义

在经济全球化背景下，没有一个单个公司或行业拥有技术开发所需的全部资源。通过制定技术路线图，使企业、研究机构、大学与政府形成新的合作伙伴关系，加强知识共享，从而减少技术投资风险。

制定技术路线图的主要作用：一是明确了需求和实现需求的关键技术之间的互动关系，明确了技术差距，找出了技术发展路径；二是帮助计划和协调在企业或整个产业范围内的技术开发；三是明确了创新主体间的协作研究活动，可以作出合理的研发投资。

当前，我国在政府层面开展技术路线图的制定，有利于解决产业关键技术自主研发、创新主体相互分离、科技资源过于分散等主要问题。

第一，有利于关键技术自主研发。由于技术路线图明确了经济社会发展需求、技术研发、市场实现之间的关系，可以从未来市场实现出发组织技术研发，并把各项研发看成一个有机整体，重点突破薄弱环节和关键技术，使技术研发的目标、应用前景和市场定位更加明确。

第二，有利于产学研合作。由于技术路线图给出了清晰的技术创新路径及其演进规律，可以按照时间序列和过程节点，把大学、研究机构和企业等各方面创新主体有效组织起来，围绕同一目标开展创新，做到分工明确、优势互补，实现产学研合作的集成创新。尤其是国家技术路线图把国家目标、战略任务、关键技术和发展重点紧密结合起来，从国家顶层设计开始，到具体关键技术和发展重点的研发，使各创新主体能够围绕国家目标达成上下一致的行动，进而加强决策的战略性、全局性，以及各创新主体的协同性。

第三，有利于创新资源整合。由于技术路线图按照时间序列给出了不同创新阶段的发展重点、技术发展路径、市场实现时间等，可以按照技术创新过程的不同阶段，合理配置创新资源，实现财政资金、风险投资、企业投资等各种资源的有机整合。尤其是国家技术路线图清晰描述的科技发展图谱、优先顺序安排及发展路径选择，有利于引导全社会创新资源围绕国家目标联合开展技术创新。同时，有利于国家科技规划和计划按照市场需求和技术创新路径进行合理安排，并根据变化及时调整，从而有效降低风险。

4.5.2　技术路线图与科技规划

4.5.2.1　科技规划战略研究的基本框架

科技规划战略研究通常包括形势需求分析、发展现状分析、发展思路研究、战略重点和主要任务研究、政策措施研究几部分。“十二五”科技规划战略研究以落实《规划纲要》战略任务为主线，突出需求导向，其基本框架如下（图 4.10）。

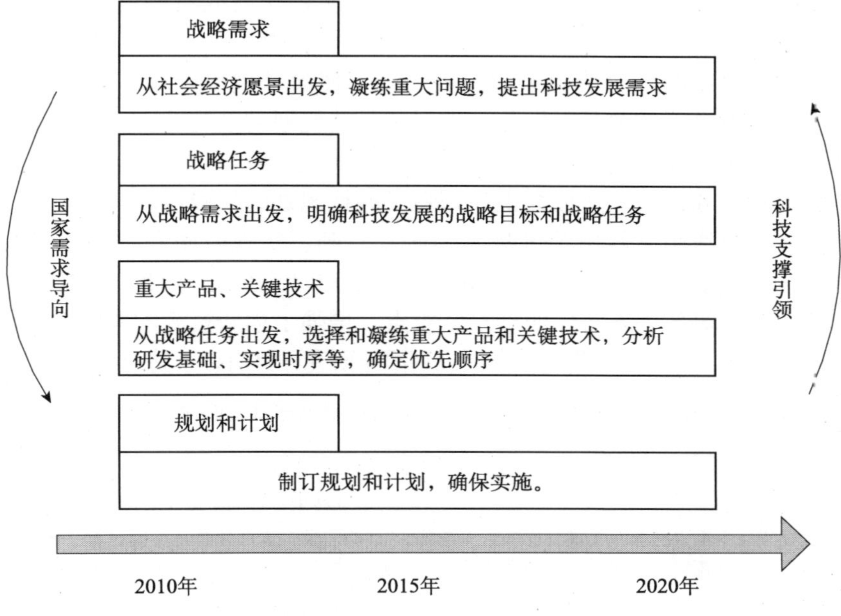

图 4.10　科技规划战略研究模型框架

4.5.2.2 技术路线图的基本要素

技术路线图一般包括时间轴、战略需求、目标任务、关键指标，以及重大产品和关键技术等多层要素，并建立多层要素之间的有机联系。

一是建立时间轴。技术路线图是一个基于时间的规划图，它强调战略需求、目标任务、关键指标的阶段性，重大产品和关键技术实现的阶段性，以及它们之间内在的有机联系。

二是确定战略需求。技术路线图主要是从经济社会发展的需求出发，通过愿景分析确定不同阶段的需求。

三是明确战略任务。通过系统分析，提出满足不同阶段需求的科技发展任务。

四是提出关键目标。围绕战略任务，分析不同阶段需要解决的重点问题，凝练关键目标。

五是选择重大产品和关键技术。根据目标和任务，选择和凝练需要重点突破的重大产品和关键技术，并对研发基础和发展路径等进行评价。

4.5.2.3 技术路线图和科技规划的关系

技术路线图作为战略决策的有效工具，可以提高科技规划的科学性、系统性、权威性和指导性。

一是技术路线图按照科学的方法、规范的流程开展战略研究，提升了科技规划的科学性。

二是技术路线图以简洁明了的图表形式，使国家战略目标、科技发展任务与关键技术研发之间的关系显性化，加强了科技规划的系统性。

三是在技术路线图的制定过程中，综合集成了经济、社会、科技、企业等方面专家的意见和建议，达成共识，增强了科技规划的权威性。

四是技术路线图能给出关键技术的研发基础、实现时间和发展路径等，使计划能够按照规划作出系统安排，增强了规划对计划的指导性。同时，也使政府、产业、社会等各创新主体明确投资重点，增强了创新资源配置的合理性。

与以往相比，采用技术路线图开展规划战略研究，具有以下特点，如表 4.6 所示。

表 4.6 采用技术路线图开展战略研究与以往的对比

制定技术路线图	以往战略研究
建立了时间序列，明确了不同阶段的科技需求、目标、任务和技术重点	提出了 5 年的科技发展重点，但对需求、目标、任务和技术重点的阶段性考虑不足
明确了“战略需求—重点任务—关键目标—重大产品和关键技术”的内在逻辑，体现了研究的系统性	“战略需求—重点任务—关键目标—重大产品和关键技术”的关系是隐性的，有些关系不明确
对研发重点进行研发基础、实现时间等要素分析，进一步明确研究的可行性	只提出研发重点，缺乏评价

4.5.3　技术路线图制定的一般流程

对整个技术路线图的制定过程精心组织，并按照一定的工作程序组织实施，是技术路线图制定工作的基础。针对不同的研究对象，技术路线图的流程有一些差异，这里主要以产业技术路线图为例对技术路线图的流程作一说明。大体上讲，技术路线图制定的一般流程可分为三个阶段：启动阶段、开发阶段和修订阶段（图 4.11）。

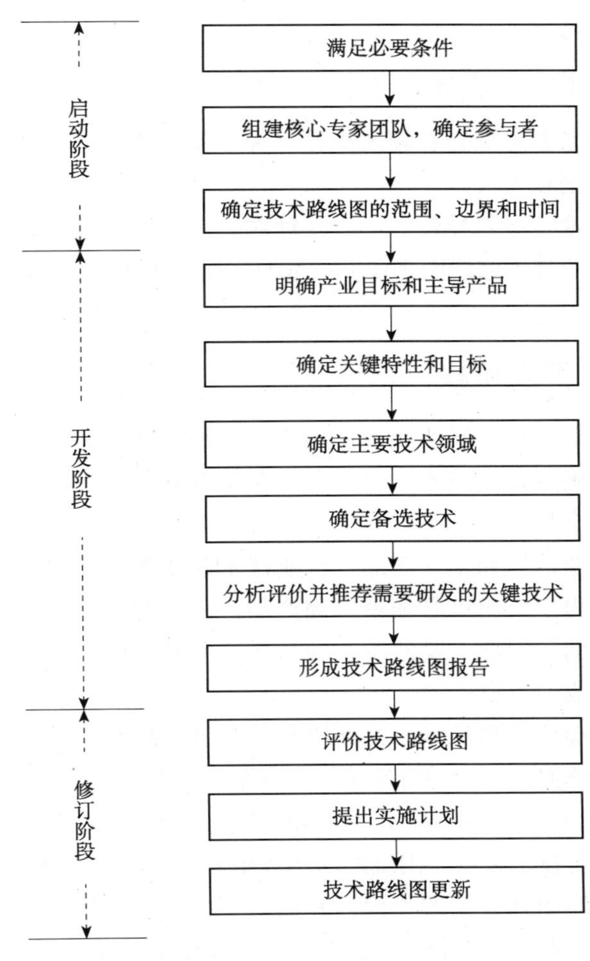

图 4.11　制定技术路线图的一般流程

4.5.3.1 启动阶段

1）满足必要条件

明确用户需求和提供资金保障，资助者必须提出具体要求，使研究人员工作目标明确。

2）组建核心专家团队

明确领导者和核心团队。产业技术路线图需要来自产业、研究机构、大学和政府专家的参与。

3）确定路线图的范围、界限和时间

不同群体的专家意见会有较大差异，为了使专家在一个平台上工作，必须界定路线图的范围和界限。

不同产业技术发展差异较大，必须针对本产业的特点，确定技术路线图的时间跨度。对产业技术路线图来说，一般时间跨度为10～15年，中间有3～5年时间段划分。

4.5.3.2 开发阶段

开发阶段主要包括明确产业目标和主导产品、确定关键特性和目标、明确主要技术领域、确定备选技术、分析评价并推荐必须研发的关键技术、撰写技术路线图报告六个步骤。

（1）明确产业目标和主导产品。企业技术路线图主要从产品出发，产业技术路线图从产业出发，但也必须聚焦到产品，因为有竞争力的产业也是由有竞争力的产品组成的。因此，要使所有参与者明确共同的、必须实现的主导产品及其目标，并达成一致意见。

（2）确定关键特性和目标。关键特性主要由产品的市场特性和技术特性构成。例如，半导体照明的关键特性包括发光效率、寿命、购置成本等。其发光效率2015年达到130～150 lm/W，2020年达到150～200 lm/W。

（3）明确主要技术领域。围绕产品的关键特性，确定主要技术领域。例如，集成电路技术路线图划分了芯片设计和测试、光刻、制造等技术领域。高效能汽车划分了材料、发动机控制、传感器、磨具和模拟等技术领域。

（4）确定备选技术。确定了技术领域后，分析需要解决的问题，收集实现关键特性目标的技术，有的可能需要好几个技术的突破。

（5）分析评价并推荐需要研发的关键技术。对备选技术的研发成本、实现时间等方面进行评价，确定未来研发的路径，并根据不同时段主要产品的需要，提出必须研发的关键技术或技术群。

(6) 撰写技术路线图报告。除了上述研究内容外，报告还应包括：详细说明和描述每个技术领域的发展现状；路线图未提及的领域；推荐技术和实施建议等。按照确定的研究框架，编制技术路线图。

4.5.3.3 修订阶段

修订阶段包括评价和确认技术路线图、提出实施计划、技术路线图更新三个步骤。

(1) 评价和确认技术路线图。专家组开发的技术路线图草案，必须得到更大范围的专家对确定的目标、选择的技术进行评价，避免有重要的技术被遗漏。

(2) 提出实施计划。根据被推荐的技术提出研发计划，作出投资决策。

(3) 技术路线图更新。根据不同产业技术的发展周期，定期更新技术路线图和实施计划。

4.5.4 技术路线图的方法

4.5.2.1 技术路线图的表现形式和方法

从结构化的视角理解技术路线图，它可以归纳为以下三个方面：①作为一个过程，可以综合各种利益相关者的观点，并将其统一到预期目标上来；②作为一种产品，纵向上它可以有力地将目标、资源及市场有机结合起来，并明确它们之间的关系和属性，横向上它可以将过去、现在和未来统一起来，既描述现状，又预测未来；③作为一种方法，它可以广泛应用于技术规划管理、行业未来预测、国家宏观管理等方面。

技术路线图一般指明了两个方向的路径，水平方向指技术随着时间的变化过程（图 4.12）。

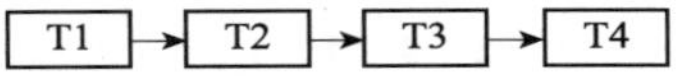

T1 → T2 → T3 → T4

图 4.12 技术路线图的横向发展路线

（注：T——技术）

而另一个路径便是纵向的联系，反映的是技术和研发项目、产品、市场的关系路径（图 4.13）。

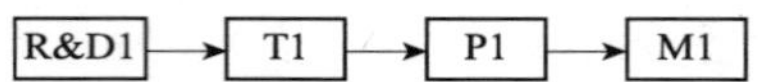

图 4.13 技术路线图的纵向发展路线

注：R&D——研发项目，T——技术，P——产品，M——市场

当然，中间可能有多种路径，如一个技术可能有两种产品、有几个市场等。技术路线图就是由这纵横两个维度交错而成的。技术路线图一开始，是强调用图示的形式来表现。但随着技术路线图的发展，到目前为止，出现的路线图数量、形式及绘制方法越来越多。例如，按其表现出的主要内容看，可以分为科技路线图、产品技术路线图、行业路线图和产品路线图。而表现形式，也不局限于用图表示一种，或者即使都用图，其具体的图示方式也有变化。一般来讲，大致可以分为多层式、栏目式、表格、曲线图、图画表示法、流线图、单层、文字八类。限于篇幅关系，这里仅介绍最常见的一种表现形式：多层式产品技术路线图。

技术路线图的绘制主要是确定技术路线图的节点和连接属性。节点如图 4.14 的 M1、P1、T2、R&D1 等，连接如上图的 M1 和 P2，R&D1 和 T1，T1 和 P1、P2 间的连接（包括方向）。技术路线图的绘制方法主要有四种，如表 4.7 所示。

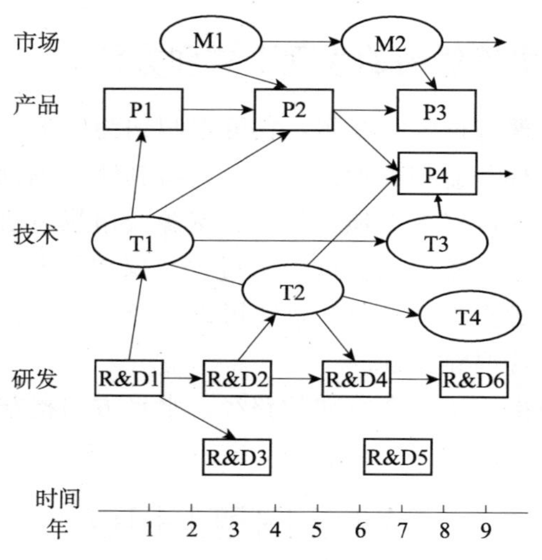

图 4.14 产品技术路线图示意图[①]

① 资料来源：Groenveld P. 1998. 华盛顿技术路线图车间 .

表 4.7　技术路线图的绘制方法

方　法	简　介
专家基础方法	利用专家的知识来确定技术路线图的节点和连接属性
车间基础方法	来自不同部门的人员组成团队，分成几个车间，利用参与者的知识和经验确定技术路线图节点和连接的属性。例如，行业路线图就由行业、政府、学术界研究人员及其他利益相关者参与共同绘制
计算机基础方法	利用各种信息渠道收集的详细信息，如杂志、计算机数字库等。得出以前的路线图的节点和连接属性，然后得出以后的路线图的节点与连接属性
混合方法	专家基础方法反映了由专家确定，比较主观；而计算机基础方法由数据说明，比较客观，但常常会出现收集到的资料不足，同时缺乏了专家能动的意见。所以，出现把各种方法综合起来的混合方法来完成技术路线图

4.5.2.2　技术路线图的绘制过程

技术路线图被广泛地运用在国家、行业和企业的技术发展规划之中，但因其起源晚、定义不统一、应用形式多样，国内外对路线图绘制流程的研究还比较少，并且各个国家、行业和企业绘制技术路线图的主体及针对领域不太一样，对路线图的需求不一，所以尚未形成统一的路线图绘制流程，下面只举出其中的一种加以说明。技术路线图的整个绘制过程大致可分为 3 个基本阶段，即前期准备阶段、绘制实施阶段和后续更新阶段，各阶段中的具体工作和任务目标如图 4.15 所示。

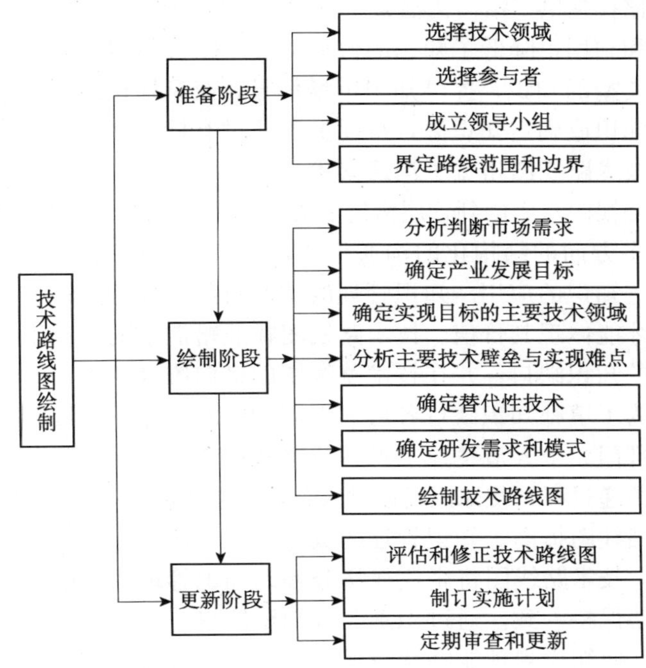

图 4.15　技术路线图绘制流程

准备阶段的主要工作包括组建技术路线图工作团队、收集文献资料、建立文献数据库、培训相关人员、设计工作方案等；绘制阶段的主要工作包括召开各类头脑风暴会议（如市场需求分析、产业目标分析、研发需求分析）、开展系列德尔菲调查（如市场需求调研、产业目标调研、技术壁垒调研等）、各类工作团队会议及研讨会等；更新阶段的主要工作包括评估和修正技术路线图、制订实施计划、定期审查和更新等。

4.5.5 技术路线图在知识管理中的应用

知识是组织所拥有或需要拥有的能够使其商业过程增加价值并产生收益的资源。知识管理是运用集体智慧系统地处理创造、储存、传递和应用知识以创造价值、实现企业战略的过程。有效的知识管理需要许多管理过程。技术路线图是组织内一种非常实用的行为导向支持的知识管理工具，它能够推动知识的产生、储存、传递和应用进程，提高知识管理的战略导向性、系统性和可操作性。技术路线图在知识管理中的应用主要表现在以下两个方面。

（1）技术路线图的结构及其制定过程能够有效促进知识的产生、储存、传递和应用的循环。首先，制定路线图的过程是知识产生的过程。其次，技术路线图为知识的储存提供了结构化框架。知识过于庞杂会发生“知识降格”，不利于员工的查找和利用，降低了知识的价值。技术路线图清晰的图表形式能够结构化储存不同类型的知识，提供知识市场信号，兼具知识地图的作用，方便员工查找所需的知识或确定知识源，帮助员工通过有针对性的沟通快速获取所需知识。再次，技术路线图拓宽了沟通渠道，激发频繁的对话，促进企业内的知识传递。技术路线图从底层到顶层沿箭头方向形成了多条企业战略的实现路径，这些路径也是多方向的结构化的沟通渠道，可以大大提高沟通的效率。最后，技术路线图促进知识的应用。知识管理的重要目的是应用，知识只有能够影响行为和决策，才能体现其价值。技术路线图在战略需求的拉动下，确定了满足战略需要填补的知识缺口，并在技术路线图的横向维度明确了时间进程，在纵向维度确定了为了填补知识缺口各层要素间的相互关系，路线图清晰的图表形式还能够使各部门、个人清楚地了解其位置和职责。在需求驱动下加速知识的产生、储存和传递过程，使知识迅速融入企业的业务流程，促进知识的应用。

（2）技术路线图提高了知识管理的战略性和系统性，促进了知识管理的有效实施。首先，技术路线图将企业战略分解到知识管理系统中，使知识管理活动与公司的战略保持一致。通过识别关键知识缺口，确定满足战略需要的关键知识管理路径，使知识管理能够从与现有业务问题有关的知识入手，遵循发展关键知识的次序，推动知识管理活动有序进行。其次，由于知识管理系统的复

1）基于关系模型的数据统一表示

在这种方法中，人们试图基于关系模型面向多种数据源建立一个全局的数据视图，实现对数据的统一访问，全局视图独立于各数据源。Information Manifolds，SEMEX，Haystack 和 MyLifeBit 都是采用这种方式。这种方式可以利用关系数据库中成熟的技术，但是关系数据库自身对模式的严格依赖，以及对关键字查询支持的局限性，使得这种数据空间模型不能很好地适应数据空间管理的需要。

2）以 XML 为代表的半结构化数据描述

XML 是最重要的半结构化数据描述方法之一，也可以用来实现 Schema-later 的集成方式。因此，借助 XML 刻画数据空间也是很自然的方法。由于 XML 的提出是针对异构数据的交换，所以，尽管 XML 可以用来描述数据，但是还很难成为一种刻画数据的逻辑模型，而且如果不结合其他技术，基于树形结构的 XML 在对基于图的操作实现方面也存在不足。因此，人们更多地将 XML 作为一种实现的方法，而不是用它来刻画数据空间的逻辑模型。

3）iDM 数据空间模型

这是 Dittrich 等提出的数据空间模型。该模型的主要特点包括：用图刻画数据空间；提出了一种统一资源视图的概念和形式化表示方法，能够实现对各种数据类型（如文档、目录、关系表、XML 文档、数据流等）的统一表示；突破了数据对象和文件系统的边界，将对象内部数据和外部数据统一表示；设计实现了一个查询语言 iQL，并实现了一个原型系统 iMemex。

此外，Franklin 提出用带标签的图刻画数据空间，数据空间底层核心应当支持多种数据模型，如关系模型、XML 数据等；Zhuge 提出了资源空间模型（resource space model，RSM）的概念和理论体系，基于 RSM 对信息资源进行有效的分类和管理。数据空间管理的是与主体有关的所有数据信息，利用 RSM 刻画数据对象之间的这种分类关系，就可以使图的复杂性降低，从而提高操作效率。

5.1.2.3 数据空间集成与更新

数据空间的构造有两个途径：一个是数据空间集成，通过集成将新的数据对象保存到数据空间；另一个是数据更新。个人数据空间集成框架，包括两部分，一部分是数据集成引擎，负责新数据对象的集成和原数据对象的更新，它包括包装代理、数据对象识别、相关性评估几个部分；另一部分是数据监控引擎，负责监控数据空间内部和外部的变化，以支持自动的数据集成（图 5.3）。

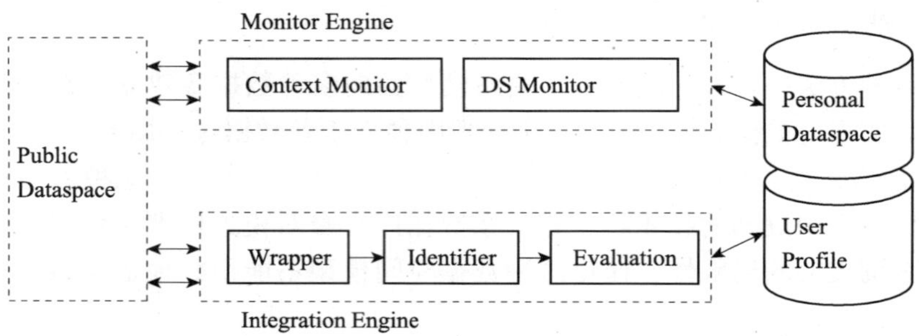

图 5.3　个人数据空间集成框架

1）数据包装代理

由于数据空间包括多个不同类型的数据源，所以，不同的数据格式需要不同的数据抽取技术。其主要任务是从特定数据项中抽取特征信息并按照数据空间要求进行形式化表示。

2）数据对象识别

该模块包括两项内容：一是将待处理的对象与数据空间现有数据模式进行比较，确定其对应的数据模式；二是将待处理的对象与数据空间现有对象进行匹配，确定该数据对象在数据空间中是否存在，以确定下一步需要执行的任务。

3）数据相关性评估

在保存之前通过评价机制对数据对象与主体的相关性进行评估，如果数据对象与主体相关，则将该对象集成到数据空间，否则放弃该数据对象。

数据空间监控引擎包括两部分：一部分监控数据空间外部数据源的变化（Context Monitor）；另一部分监控数据空间内部数据的变化（DS Monitor）。

5.1.2.4　数据查询处理

传统的数据查询技术主要有两类：一类是基于关键字的查询，另一类是基于数据模式的结构化查询。分布存储、多数据源和模式松散的特点使得数据空间的查询不同于传统的数据查询。由于缺乏语义信息，关键字查询的能力和效率比较低，依赖数据模式的结构化查询在 Schema-later 的数据空间中也不适用。因此，在数据空间中，需要将关键字查询和结构化查询结合起来，支持更加复杂、灵活的查询需求。

数据空间支持用户查询数据空间的任意数据。多数据源特性要求数据空间支持查询转换；对于具有严格数据模式的数据源，要求数据空间能够进行结构化查询；数据空间还需要支持元数据查询，即除了返回用户查询结果以外，有

2）几何变换技术（geometric transformation techniques）

（1）散点图矩阵。散点图可能是最流行的数据挖掘可视化工具，它可帮助用户发现簇及其外层，趋势和关系，其典型用途是比较成对的数据值。散点图能够将数据集中的每一条记录（行）映射成二维或三维坐标系中的图形实体，在大多数情况下，散点图都被用于展示两个或者更多字段之间的相关性。位于散点图纵坐标轴上的是“结果”字段，其中的最大值位于图形的最上方，位于散点图横坐标轴上的是“潜在原因”字段，其字段的值是从左向右增加。

散点图矩阵画出多个变量两两间的散点图以考察多变量关系。多维数据的每两个变量对应的分布图都被作为散点图矩阵中的一个称为面板的元素，我们可以从各个属性的两两比较中得到隐含的信息。因此，如果我们给定 k 个变量，则可以创建一个包含 k 行 k 列的散点图矩阵，其中的每行每列均唯一定义一个散点图，我们可以通过观察第 i 行、j 列的散点图来获得变量 x_i 和变量 x_j 之间的关系，它使散点图用矩阵的方式排列以表达多维数据集属性彼此间的关系（图 5.9）。

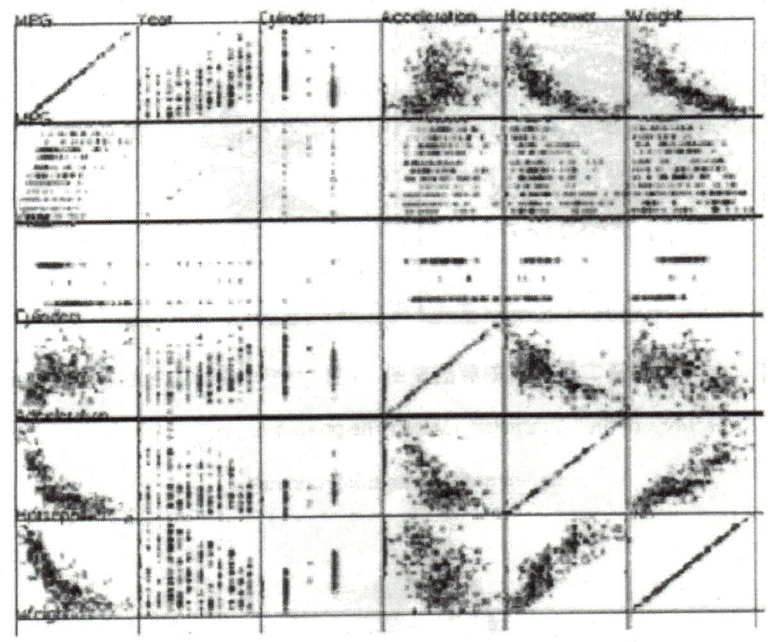

图 5.9　数据集的散点图矩阵

（2）解剖视图。把截面和投影组合起来称为解剖，这样就可以显示中间维的结构面貌，投影能够容易地显示低维的结构，截面能够容易地显示较低的维如具有高维对象的子空间的交集（图 5.10）。

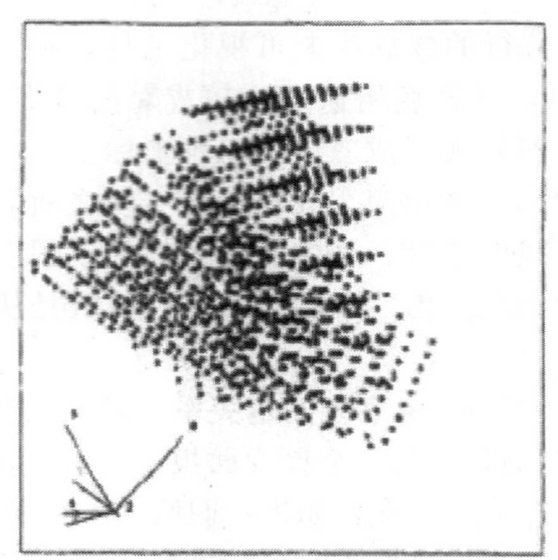
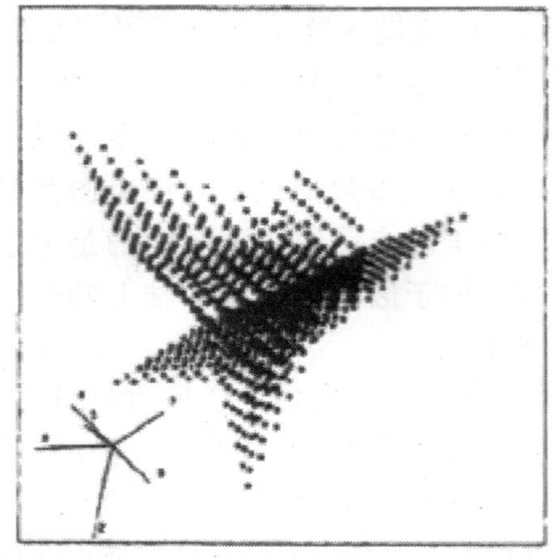

图 5.10　对超度量的空间轨迹二维投影的解剖视图

（3）平行坐标法。平行坐标法是最早提出的在二维平面上显示 n 维空间的数据可视化技术之一，它的基本思想是将 n 维数据属性空间用 n 条等距离的平行轴映射到三维平面上，每条轴线对应一个属性维，坐标轴的取值范围从对应属性的最小值到最大值均匀分布。这样，每一个数据项都可以用一条折线表示在 n 条平行轴上，这个视图能够使用户对每个属性的数据分布有一个粗略的认识，尤其是不同类型的数据以不同颜色显示能够更清晰地表示不同类型数据之间的差异（图 5.11）。

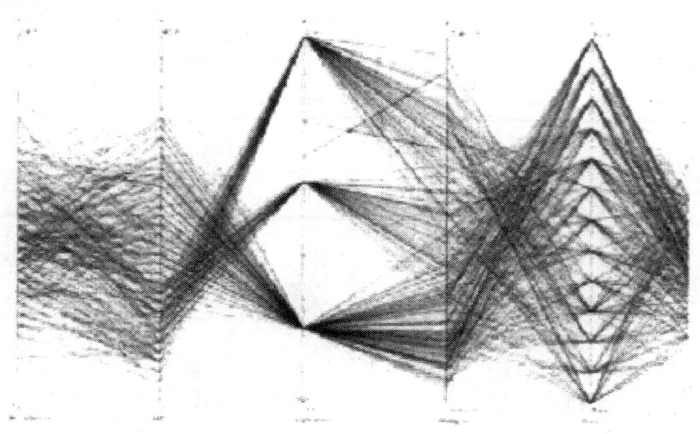

图 5.11　以平行坐标法进行多维数据可视化

5.3.2.3 图标显示技术

图标显示技术是基于图标的技术，其核心思想是把每个多维数据项画成一个图标，图标可以被任意定义，它们可以是“Chernoff 脸谱图”“针图标”“星图标”“棍图标”。

1）针图标

设计一种特殊的可视化几何结构来对应于一种特殊的数据结构，辅助分析特殊的数据，再综合颜色和亮度，就可以反映出对应的多维结构的内部特征（图 5.12）。

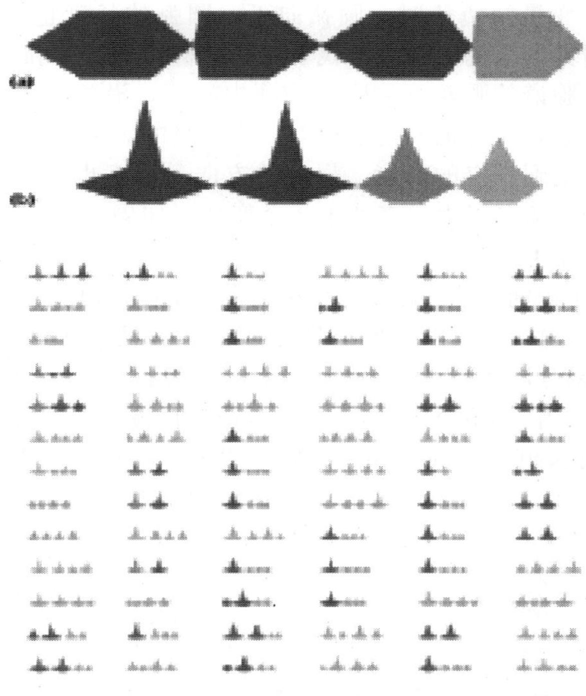

图 5.12 针图标

2）Chernoff 脸谱图

美国统计学家 H. Chernoff 于 20 世纪 70 年代最早提出用脸谱来表示多变量。他将样本的 P 个变量用人脸的某一部分的形状或大小来表示，一个样本用一个脸谱表达，相似的样本构成的脸谱也很相像。Chernoff 脸谱有助于核实以下两点：

（1）根据原始材料和直觉提出的最初的分组；

（2）由聚类算法产生的最终的分组。

按照 Chernoff 于 1973 年提出的画法，采用 15 个指标，各指标代表的面部特征为：1 表示脸的范围；2 表示脸的形状；3 代表鼻子的长度；4 代表嘴的位置；5 代表笑容曲线；6 表示嘴的宽度；7～11 分别表示眼睛的位置、分开程度、角度、形状和宽度；12 表示瞳孔的位置；13～15 分别表示眉毛的位置、角度和宽度。这样根据各变量的取值，按照一定的数学函数关系，确定脸的轮廓、形状和五官的位置、形状。脸的轮廓由两个椭圆各取上半部分和下半部分构成，它们的短轴在同一条轴上，与 Y 轴平行，长轴与 X 轴平行，椭圆的离心率可以由数据变量确定；脸谱中鼻的长度代表一个变量的值；脸谱中嘴由一段圆弧表示，圆弧的半径由变量值确定，当变量为正值时，圆弧向上；变量为负值时，圆弧向下；圆弧的长度也可以由变量值确定；脸谱的眼睛由两个椭圆构成，代表眼睛的椭圆的长度和离心率对于每一个数据都不同；脸谱的眼珠可从眼的椭圆中心起，沿长轴延伸一定的长度，由于眼珠已经很小，有时也不把它作为一个变量的表示部分；脸谱的眉毛从眼的椭圆中心向上到一定的高度，眉毛的方向和长度也可以由变量值决定。由此可见，一个脸谱可以表示多达十几个变量，如果不追求脸谱的对称，一个脸谱可以表示几十个变量。

为了脸谱便于识别，常常需要对变量的取值范围加以界定，如嘴的长度不能超过脸的轮廓。此时，可以对数据做相应的线性变换，我们现在使用较多的脸谱图中，各个部分通常由 18 个变量构成，当变量数小于 18 时，可将脸谱中某些部位加以固定；当变量数大于 18 时，可以设法在脸谱中再添加一些部位，如头发、耳朵等。脸谱由 6 个部分组成：脸的轮廓、眉、眼、眼珠、鼻和嘴（图 5.13）。

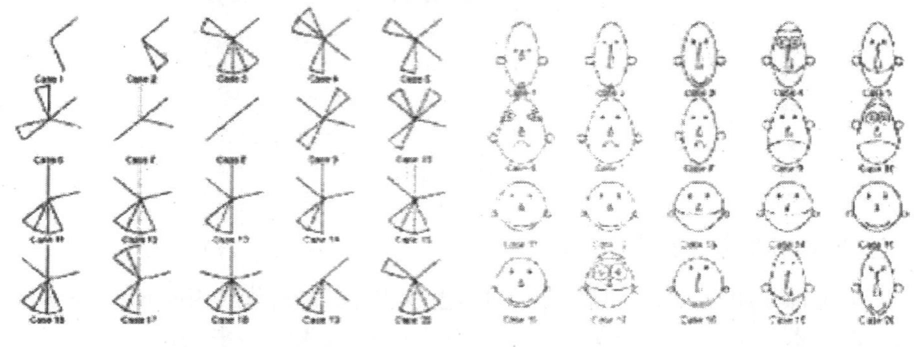

（a）星型图标　　（b）Chernoff 脸谱图标

图 5.13　对同一数据集进行图标可视化

Chernoff 脸谱适合于在大量相似数据中发现歧异点，或者根据表情对数据进行聚类。由于不同的制图者可能会对同一变量选择不同的脸谱部位，所以对于同样的数据，可能会产生不同的显示结果。如何让不同绘图者得到相近的分组结果，在这里提出一种改进方法，即先提取原来多维数据中各维变量的主成分，重新分配原变量的协方差，然后用得到的主成分作为绘图的原始数据进行绘图。

（1）计算原变量的主成分。在本步骤中，使用主成分法的主要目的不是降维，而是将原变量的协方差进行重新分配。

（2）根据主成分的排序将它们依次分配到脸部各个部位。分配的原则是：将变异最大的指标（第一主成分）分配给人眼视觉最敏感的部位（如嘴的曲率），变异第二大指标（第二主成分）分配给人眼次敏感的部位（如嘴的宽度），依次类推。

（3）绘制图形。在绘制脸谱图的过程中需要进行较多的数据运算，我们可以先用 SAS 进行主成分提取，然后用 DASC 软件进行主成分数据的线性运算，以 C++语言编图形。

3）表长法

表长法（Table Lens）是一个简单易用的多维数据可视化方法，它的基本思想是将关系表中的数据用一段线长来表示，线的长度由数据的大小决定。表长法是对数据表最直接的图形处理，也可以看成是用单纯的数据表表示数据和用可视化方法表示数据的一个中介方法（图 5.14）。

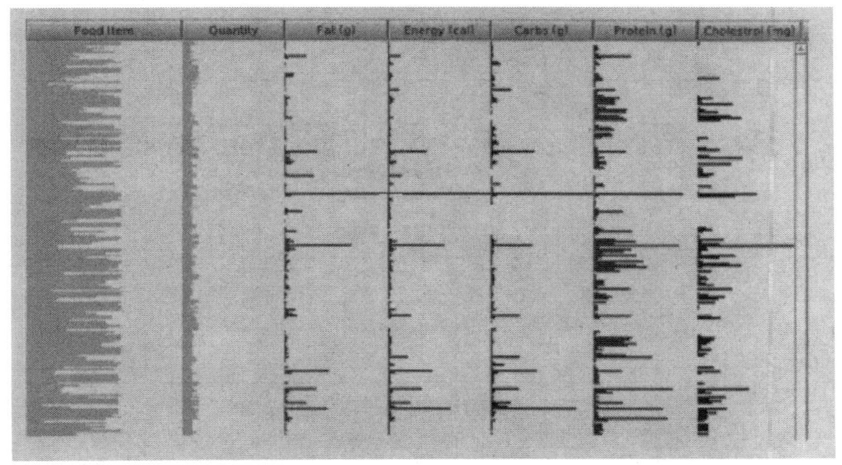

图 5.14 食物中各种营养成分含量的表长法表示

表长法给出的图形直观易懂，并提供排序、增加、删除等与数据表相类似的操作。对某一变量排序以后，该变量的数据的长度将递增（或递减），如果另一个变量也有相对应的变化，如递增方向相同或相反，则可以看出其中的相关关系。表长法的另一种变形是用颜色来表示数据，当数据归一化以后，可采用Munsell颜色系统，对某一变量排序将使数据在该变量上的颜色由紫色逐渐转变为蓝色。

大的数据表通常情况下是很难读取的，尤其是在跨页分析数据的时候很容易丢失数据的上下文信息，因此在跨页的情况下要想分析出数据之间的相关性及数据的趋势是非常困难的，表长法通过将整个数据表显示在有限的屏幕区域，从而帮助我们解决了上述问题。

表长法是一种用来显示表格式数据集的非常理想的可视化技术，像电子表格一样，它将数据组织成行和列的形式，每行代表了一行独立的数据单元，每列是每个独立数据单元的一个属性。

5.3.2.4 几何图技术

1）星型图

任选空间中的某一点作为一个星型标记的中心点，由中心点作出 n 条线段来代表 n 个数据维，这 n 个线段把平面平均分成 n 份。一般的，每一个线段长度代表一个数据维的值的大小（或名词性属性，有的用户自己定义各自的长度）。把一个星型标记线段的终点全部用直线连接起来，就构成了一个星型图。每个星型图都代表数据库中的一条记录，这样一组数据就用一组星型图来代表（图 5.15）。

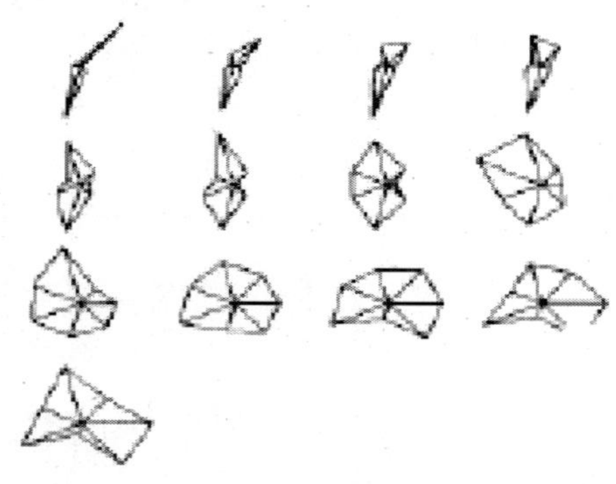

图 5.15　星型图技术进行数据可视化

2）雷达图

任选平面上的某一点作出 n 条等长线段来对应于数据表中 n 个数据维，这 n 条线段把平面平均分成 n 份。不同于星型图的是，每条线段都同时是一个坐标轴，这些坐标轴上的刻度比例依照每一个数据维数据型属性的数值大小或者名词性属性的不同来建立，然后将数据集合中的每一条记录都对应于这些线段坐标轴上的 n 个坐标点，然后再用一条折线段把这些坐标点连接起来，就这样把数据集合中的一条记录和一个雷达图中一条闭合的折线映射起来，一组记录对应于一组折线（图 5.16）。

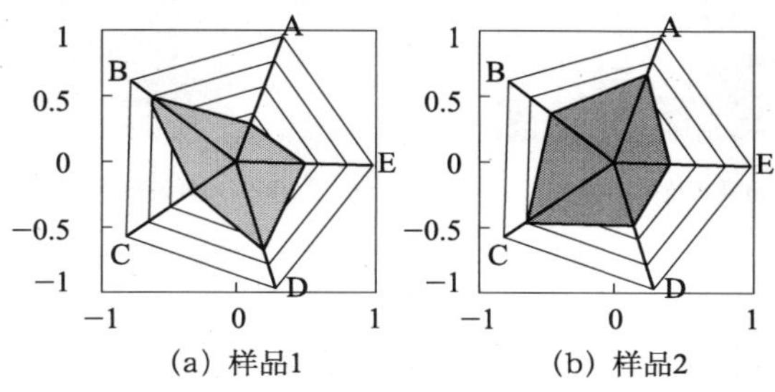

图 5.16 以雷达图技术进行数据可视化

3）Andrew's Gurves

对于多维数据的数据点 $x=（x_1，x_2，\cdots，x_n）$，被周期函数 $Fx（t）=X_1/\text{sqrt}（2）+X_2\sin（t）+X_3\cot+X_4\sin（2t）+\cos（2t）$ 作用于一个多维数据点或者（一个多维）数据集合，显示成为一组曲线，曲线的分布情况反映了数据的性质。该方法能够表示的信息维数较多，但没有交互能力。

4）shapecoding 技术

主要思想是每一个数据点位于一个已经分解成 n 个细胞表格的长方形中，而且每一个细胞表格的颜色由每一维来控制。

5）Grand-tour 技术

Grand-tour 技术的目的是寻找一个数据分布可以反映一个数据结构，从一个特殊的视角旋转、投影和激活数据。

5.3.2.5 密集像素显示技术

密集像素显示技术的基本思想是把每一维数据值映射到一个彩色的像素上，并把属于每一维的像素归纳入临近的区域。因为密集像素显示技术用每一个像素相应地显示每一个数据值，所以此技术允许可视化大量的数据，目前大概能够在同一屏幕上显示超过 1 000 000 个数据值，这一技术具体包括以下两种（图 5.17）。

(a)递归模式技术可视化

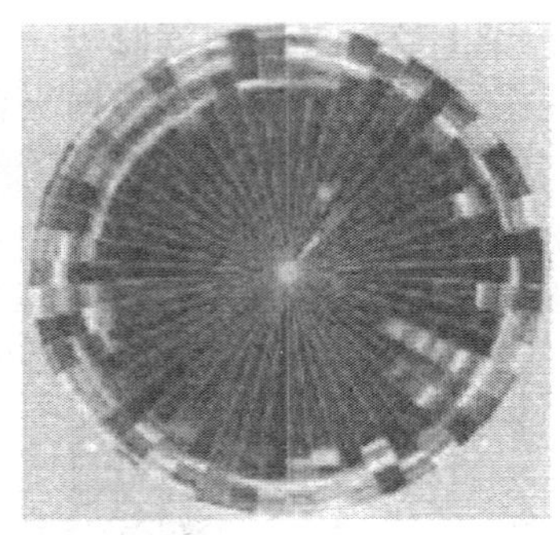
(b)圆周分段技术可视化

图 5.17　密集像素显示技术

1）递归模式技术

递归模式技术基于普通的递归来回地安排像素，其目标在于按照一个属性以自然的顺序表示数据集，用户可以为每个递归层指定参数，随之可以控制像素的安排，以形成语义上有意义的子结构。

2）圆周分段技术

数据项大于 100 万个数据值时，就需要用圆周分段技术，若将一个数据值映射为一个彩色像素点，每一维数据在屏幕的不同区域显示，则圆周分段技术就可以表述为：在圆周的每一个段上显示一维数据，若数据由 k 维组成，将圆周分成 k 段，每段表示一维数据，每段的数据项（像素）沿着“画笔”的方向在段内来回排列，画笔以圆心为起点并与其段中线是正交的。像素排列是从段的边界线是，总是在垂直于段中线的方向上来回移动，到圆与段边界线的交点为止。重复该过程，处理完一个维的数据后再处理另一个维，就可全部处理全部数据。

5.3.2.6　层叠式显示技术

层叠式显示技术以分层的方式将数据分开表示在子空间中，将 N 维属性空间划分成二维平面上的子区域，子区域彼此嵌套，基本思想是将一个坐标系统嵌入到另外的坐标系统中，属性数值被划分成几类。通过将最外层坐标系统分成矩形单元，在这些单元中，接下来的两个属性通常会横跨第二层坐标系统，结果视图的有效性很大程度上依赖于外层坐标上数据的分布。因此，用来定义外层坐标系统的维数必须仔细地选择，一个首要的规则是首先选择最重要的维。图 5.18 是一个石油挖掘数据的维数层叠视图，其中，纬度和经度映射到外层 x 轴和 y 轴，岩石层和深度映射到内层 x 轴和 y 轴。

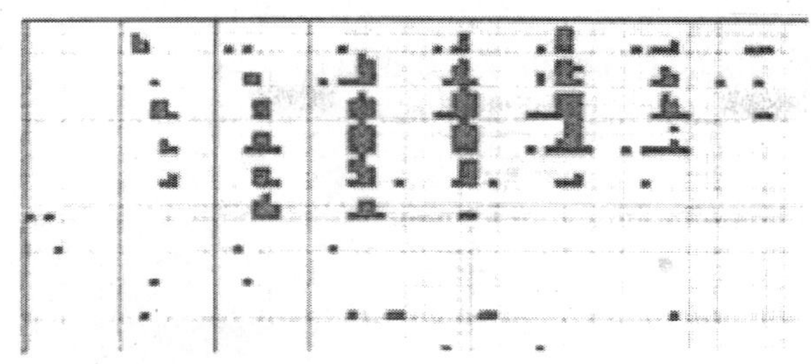

图 5.18 基于层叠式显示技术的可视化结果

5.3.2.7 基于多角度可交互的可视化方法

1）数据可视化中的交互与变现技术

除了数据可视化技术，有效的数据研究还需要一些交互和变形技术。交互和变形技术可以使数据分析人员直接和视图交互，并且按照研究对象动态地改变视图。用户根据领域知识和主观判断利用交互变形技术可以使视图以不同的效果显示出来，从不同的角度对数据进行分析观察，达到很好的数据分析效果。不同的数据可视化方法，对视图的交互和变形技术也有所不同。例如，上面介绍的各个数据可视化方法，都有各自的可视化技术供用户在与数据视图进行交互时使用。

（1）刷技术。刷是一种突显数据子集的数据可视化技术。主要用于平行坐标中，突显一部分折线而使其他折线不明显，这样使用户更清晰地了解局部数据的变化规律，着重分析用户所关注的部分。刷可以通过不同的方式来实现，可分为基于普通平行坐标的刷和基于分层平行坐标的刷（图 5.19）。

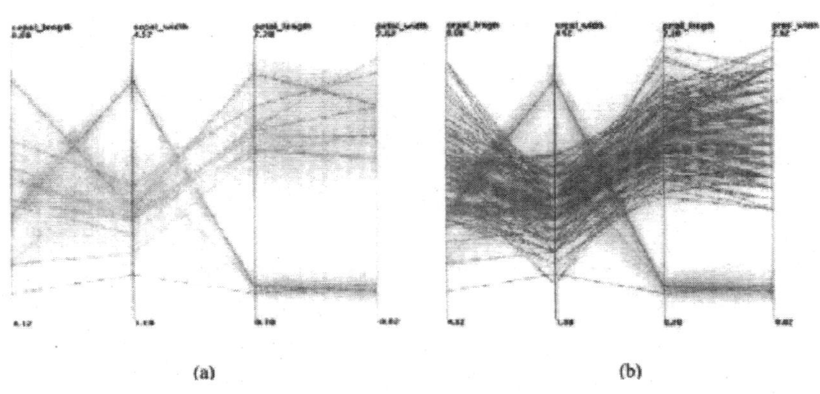

图 5.19 采用分层平行坐标刷技术实现数据可视化

(2) 上卷下钻。通过上卷下钻操作可以使数据呈现出不同的详细程度，从而使我们可以从不同层次上观察和分析数据（图 5.20）。

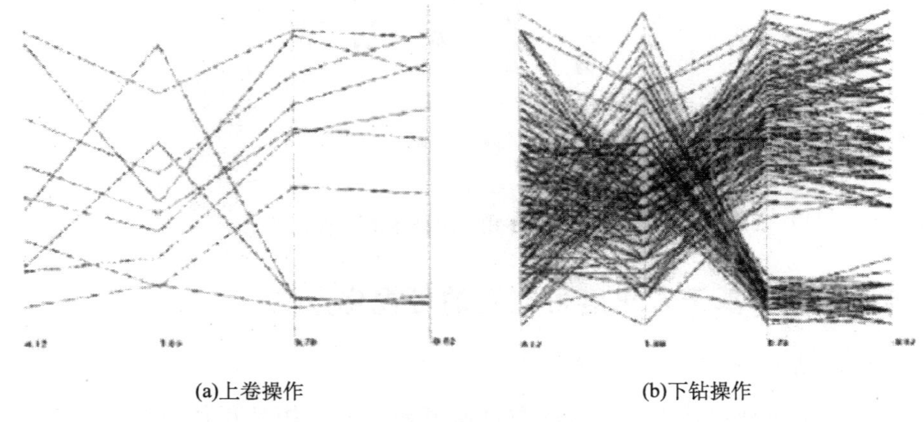
(a)上卷操作　　(b)下钻操作

图 5.20　在平行坐标中的上卷和下钻操作

(3) 聚类。聚类就是按照事物间的相似性进行区分和分类的过程，利用数学方法研究和处理所给对象的分类及各类之间的亲疏程度。由聚类生成的簇是一组数据对象的集合，这些对象与同一个簇中的对象彼此相似，与其他簇中的对象相异。

(4) 维度的显示控制。在数据的显示过程中，为了方便用户进行观察，通常需要对数据各个维度的显示进行相应的控制，即在分析数据的过程中忽略掉一部分不重要的数据，并且去除干扰数据，以便使显示更加高效，同时将用户认为属性关系密切的属性安排在相邻或相近的位置，更好地呈现属性间的关系和规律（图 5.21）。

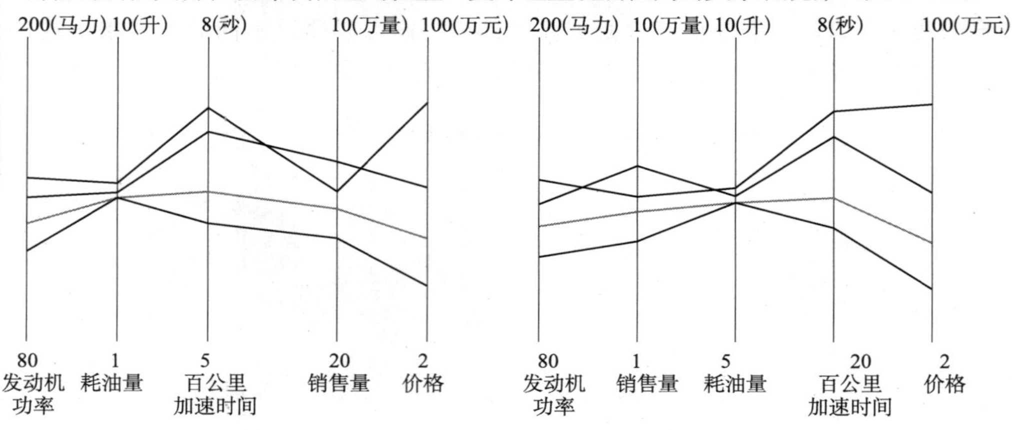

图 5.21　平行坐标中采用维交换的同一组数据的显示结果

注：1 马力≈735.5 瓦

2）基于多角度可交互的可视化技术

（1）旋转坐标系折线法。将 N 维极坐标系映射到平面极坐标系中，使得各极轴不再正交而是指向同一方向——水平向右，但极点不唯一，它的位置由上一次极径旋转的终点来决定，这样每一条 N 维数据项映射为二维平面的一条折线，折线 A_1，A_2…，A_n 代表一个 N 维数据项。该方法通过将多个平面极坐标相互重叠映射到二维平面上，并以散点图的方法进行可视化（图 5.22）。

（2）MCA 连线方法。其基本思想是将一张效果图划分成多个域，每个域中分别用一种可视化方法显示相同的数据集，同时引入了直线或弧线来连接各个效果图中所表示的统一数据项所对应的点。该方法可以将不同的可视化方法所形成的效果图地对比更加直观地以可视化的形式表现出来（图 5.23）。

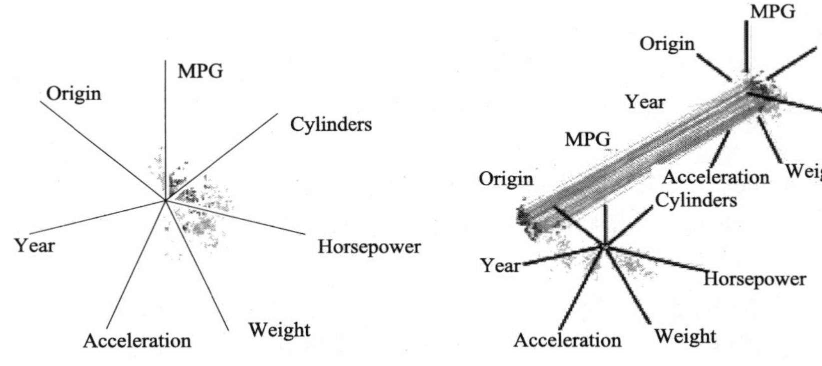

图 5.22 旋转坐标系折线法可视化结果　　图 5.23 MCA 连线法可视化结果

5.3.3 多维数据可视化常用技术软件

5.3.3.1 Pajek

Pajek。一种免费的大型网络分析软件包，是用于大型网络分析和可视化应用软件程序，可以分析多于 100 万个节点的超大型网络，用户可以免费获取和自由下载，在本地选择目录简单安装后就能方便运行，其主要特点是支持不同模式的数据转换，包含如下六种参数（图 5.24）。

（1）Networks（网络）：主要对象（结点和边），默认扩展名为 net。在输入文件中，网络有多种表现方法：利用弧线/边（如 1 2—从 1 到 2 的连线）；利用弧线列表/边序列（如 1 2 3—从 1 到 2 的连线和从 1 到 3 的连线）；矩阵格式；UCINET，GEDCOM，化学式；

（2）Partitions（分类）：它指明了每个结点分别属于哪个类，默认扩展名

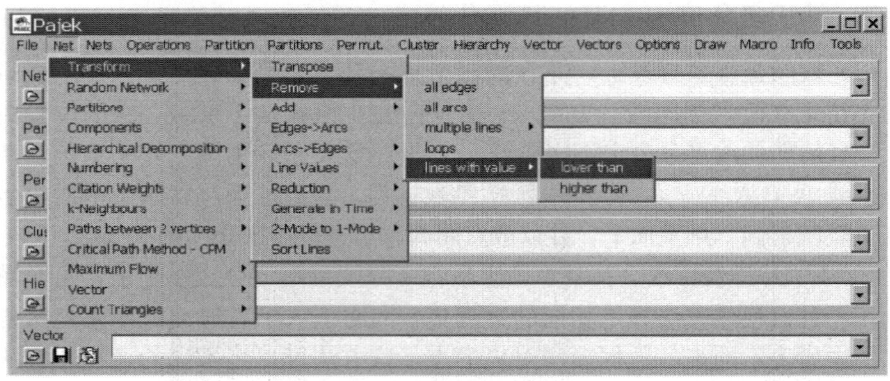

图 5.24 Pajek 的六种参数

为 clu；

(3) Permutations（排序）：将结点重新排列，默认扩展名为 per；

(4) Clusters（类）：结点的子集（如来自分类中的一个类），默认扩展名为 cls；

(5) Hierarchies（层次）：按层次关系排列的结点，默认扩展名 hie；

(6) Vectors（向量）：指明每个结点具有的数字属性（实数），默认扩展名 vec。

Pajek 将一些常用的操作定义为宏。同时，Pajek 还采用了一些用来解决不同领域网络分析问题的专门算法。Pajek 支持几种输出图形格式，可以通过一些专门的二维和三维浏览器进行浏览。Pajek 会区分不同的网络结构分别予以可视化，每种数据类型在 Pajek 中都有自己的描述方法，Pajek 提供的基于过程的分析方法包括探测结构平衡和聚集性、分层分解和团块模型（结构、正则对等性）等。

5.3.3.2 Thomson Data Analyzer

Thomson Data Analyzer（简称 TDA）是一款具有强大分析功能的文本挖掘软件，可以对文本数据进行多角度的数据挖掘和可视化的全景分析。TDA 可供分析的数据源包括 ISI 及其他一些大型数据库系统的数据，如 Web of Knowledge，Derwent Innovations Index 等，可以按照用户需求进行聚类分析和关联分析，大大提高信息分析和深度挖掘的效率并展开可视化分析。TDA 具有自动化程度高、界面友好、直观的特点，提供一种轻松的方法从德温特世界专利索引和专利引文数据库中的原始数据中挖掘出有用信息，为洞察技术发展趋势、掌握竞争对手的专利发展情况、找出多产的专利发明人及其供职的公司、发现行业近年新出现的技术、确定研究战略和发展方向等方面提供有价值的依据。

TDA 的主要特点包括：

(1) 数据整理。数据分析的结果首先取决于数据的准确性与完整性，例如，将已经合并的两家专利申请企业的专利清理、组合成一家合并后企业的总专利清单。

(2) 比较矩阵。将两种不同类型的数据生成比较矩阵，借此发现两种不同类型数据间内在的相互关系。

(3) 数据图谱。将大量的数据汇总进行各种分析（如聚类分析、趋势分析等），并以二维和三维的图示形式表示出来。

(4) 自动汇总。会初步自动汇总、分析所输入的数据，按照不同的侧面分类快速显示所汇总的数据，初步给用户一个发展趋势的概况。

(5) 除了以上一些简单的分析功能外，还具有更加复杂的分析功能，这些复杂的分析功能是通过预置在软件中的多个分析模块完成的。

5.3.3.3 HistCite

HistCite 是由 ISI 创始人加菲尔德根据 SCI 用户的需求在近几年研究开发的用于引文分析的系统，用来帮助用户在 WOS（SCI、SSCI、AHCI）检索过程中，通过某一主题迅速定位某一领域或专业的核心文献。用户可以根据自己的需要进行检索，将需要分析的记录进行标记，并将标记的记录生成的列表保存为文本文件，该文件包括每篇源文献的参考文献，作为 HistCite 的分析数据源。它采用了在数字图书馆中一种基于各文献之间引文链接分析的可视化的数据挖掘方法，使其非常适合文献挖掘。

由 HistCite 处理产生的输出文件生成一个图，该图中的数据可以根据节点数、著者姓名、时间、选定/总集合引文量进行排序（图 5.25）。

5.3.3.4 ETD

ETD 是 Emerging Trend Detection 的缩写，是由 Le Minh Hoang 提出的概念，他将向右的 ETD 工作的判断过程分为三个部分：主题描述 topic representation、主题识别 topic identification、主题判断 topic verification。ETD 监测到的每一个主题都是通过主题表示阶段产生的一系列特征来表示的。在主题识别阶段利用文本处理方法将这些特征从文献数据库中抽取出来，主题确认阶段是利用这些特征对主题进行分类。

5.3.3.5 CiteSpace

CiteSpace 是由陈超美博士开发的科学知识图谱绘制工具。该软件易于获取，基于一定的数据集可得到用户想知道的某个方向的知识图谱，而且改制时图谱稳定、可读性良好、信息丰富。

CiteSpace 通过 ISI 输出格式的引文数据进行分析，产生节点和连接绘制成

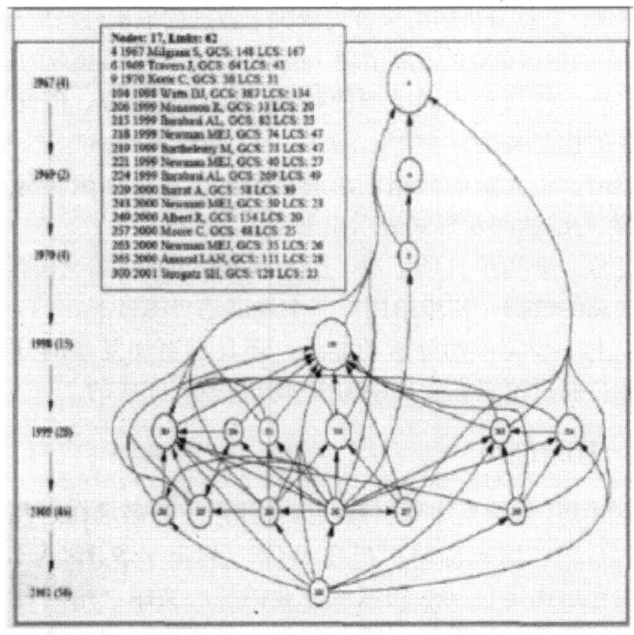

图 5.25 专题“small world”1967～2002 年的关键文献的引文编年图

的共引网络。该软件非常重要的特征就是将一个时间段分成几个小的部分，然后研究在单个的时间段上，共引网络之间是如何进行连接的。通过对论文被引次数、共引次数、共引系数的设定，就可以对数据进行处理，动态生成可视化的图，找出数据中的里程碑节点、重点节点和中心节点（图 5.26）。

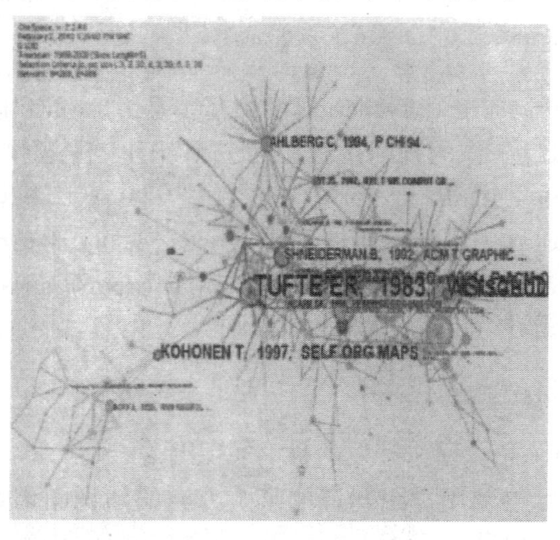

图 5.26 信息可视化研究的文献共引网络图谱

5.3.3.6 PROTEJ

由美国加利福尼亚大学伯克利分校研发的生物医学主题监测和追踪系统PROTEJ，主要针对生物医学领域中的文献信息进行主题的监测和追踪，从而帮助用户判断该领域的研究现状和趋势。该系统的目标是建立一种学习模型从而获得更好的召回率，领域专家会根据分类结果进行最后的筛选工作。

该系统包含文献采集、XML 解析、特征提取、维度缩减（主成分分析）、聚类分析、主题识别等几个流程。

PROTEJ，系统每 30 分钟就从 BioMedCentral Rss 种子中检索数据，以更新生物医学文献。XML 解析器用于从 XML 文档中解析文本信息，针对文献的题名和摘要，对文档进行分词处理，每个词汇代表文档的一个特征项，这些特征项被传至特征抽取组件中，对词汇的词干、停用词等进行处理，经过 TF-IDF 排序后，挑选排名前 1000 的特征集合。

除了更新/新聚类中心之外，文献的相关信息都被存储到数据库中。在用户界面中，用户可以确定他们想要监测的主题。每个用户监测的信息被传送到聚类组件。当一篇文献被分类到用户指定的主题中，系统就会将新的文献通过 E-mail 发送给用户。

5.3.3.7 HDDI

HDDI 系统的全称为 hierarchical distributed dynamic indexing，它从文献集合中抽取特征项，基于这些特征项的相似性进行聚类，并通过神经网络来识别新兴概念。

利用机器学习技术对聚类集合的大小和特征项频次，以及特征项之间的关系的变化率进行计算，从而区分出哪些是新兴概念，哪些为非新兴概念。该系统首先对文档进行词性标注，识别文档集合中的概念（名词、名词短语）；计算概念出现频次，生成共现矩阵；每个矩阵中的概念，将其共现概念按顺序排列，结果产生一个一对多的映射表，在该映射表中每个概念对应一个相关概念列表，并根据其相似性进行排序。较宽泛的概念被赋予较低的权值，其相似性较低；利用语义局部性区域方法进行概念的聚类；输入 7 个文献计量学指标，利用 7×10×2 的神经网络来对新兴概念进行分类。如果这些指标的组合值高，则概念被确定为一个新出现的概念（正值），否则，它就被确定为非新出现的概念（负值）。

这种方法的目的是建立一种学习模型从而获得更好的召回率（雷达系统依赖于高召回率），领域专家会根据分类结果进行最后的筛选工作。通过调整阈值，领域专家可以实现精确度和召回率间的平衡。

5.3.3.8 Aureka

Aureka 是一款集专利信息检索与分析及 IP 管理于一体的信息平台，通过数据挖掘和专利引文分析等方法，揭示专利信息间的相互关联，为用户技术研发与自主创新、专利评价与评估、专利资产运营、专利权保护（包括专利侵权预警、专利诉讼及专利权边境保护等）、企业联营与合作或兼并等的生产经营决策活动提供帮助。

Aureka 信息平台提供专利检索服务，其数据范围包括美国专利（全文）、欧洲专利（全文）、PCT 国际专利申请的著录项目、英国专利、德国专利、法国专利、日本专利（英文摘要）等。专利数据定期进行自动更新。

Aureka 信息平台的主要功能包括：信息检索、Aureka 专利地图、Aureka 引证树和 Aureka 报告工具。

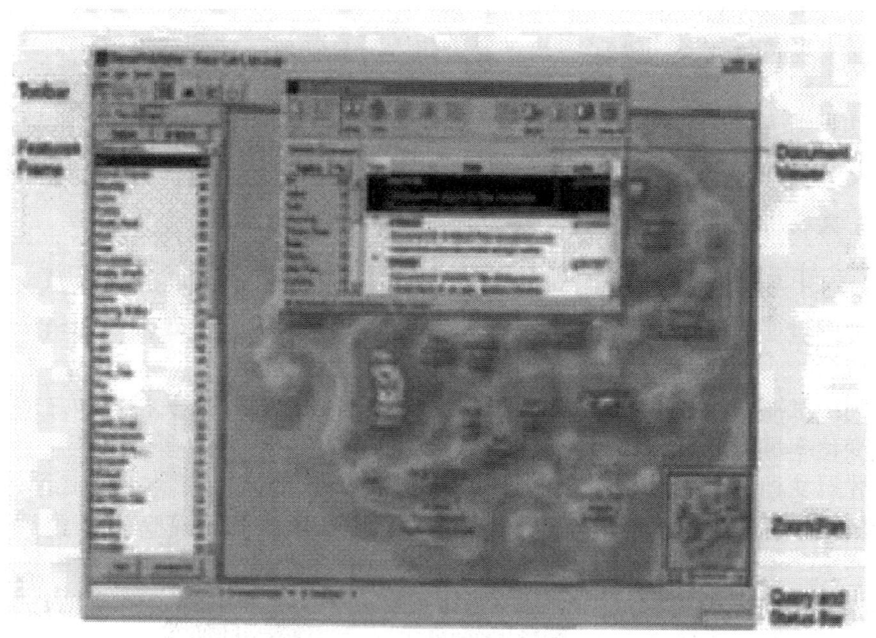

图 5.27 Aureka 地形图

由地形图（图 5.27）可知，Aureka 的可视化界面由工具栏、特征框、地图窗口、文献阅读器、图像缩放面板和查询与状态栏六部分组成。

5.3.3.9 其他可视化工具简介

其他可视化工具简介如表 5.1 所示。

表 5.1 其他可视化工具简介表

工具名称	工具类型	分析数据源	数据清洗	分析方法				结果呈现
				基本统计	共现分析	聚类分析	引证分析	
非结构化工具								
CleanForest	文本挖掘	结构化数据和非结构化数据	有	无	有	有	无	列表、矩阵、聚类图
Omin Niz	文本挖掘/可视化	结构化数据和非结构化数据（数值数据、分类数据、基因序列、化学结构）	有	有	有	有	无	交互式可视化图谱（Galaxy 图、CoMet 图、ThemeMap 和聚类图等）
TEMB	文本挖掘	结构化数据和非结构化数据	无	有	不详	有	无	列表、聚类图
结构化分析工具								
Qusoa	文本挖掘/文献管理	结构化数据（PubMed Ovid USPTO 等）	无	无	无	有	无	数据分组和注释
ReNiz	文本挖掘/可视化	结构化数据（SCI PubMed OCLC 等）和来自参考文献管理软件的数据	有	有	有	有	无	Galaxy 图和矩阵图
STN AnaVist	文本挖掘/数据库检索	结构化数据（CA Plua US-PTO 等）	有	有	有	有	无	列表、图表、研究景观图
Vxinsight	文本挖掘/可视化	结构化数据（ODBC 方式存取的多种数据类型	无	有	无	有	无	聚类图（二维、三维）
混合型数据分析工具								
Wisdomain	文本挖掘/数据库检索	US、DE、EP、JP、PCT、中国、韩国、NPADOC	有	有	有	有	有	列表、图表、系统树、引文图
Delphion 专利信息平台	文本挖掘/数据库检索	US、DE、EP、JP、PCT、NPADOC	有	有	无	有	有	列表、引文树、聚类图

5.3.4 多维数据可视化在国际资源监测系统中的应用

5.3.4.1 专利地图和专利引文树

在国际资源监测系统中广泛地应用了多维可视化方法，如图 5.28 所示的波音公司的专利地图，就是典型的二维可视化方法，该图以分析的专利样本为基础，对其中相关词汇的词频应用聚类分析生成主题（词汇）地形图，以此来描述专利技术主题的分布情况。该分析工具可以辨别和提出词汇系列中经常关联出现的词组，以及它们在文献中的相互关系。

这种专利地图在所创建的主题全景图中主要采用等高线图来作为全图绘制

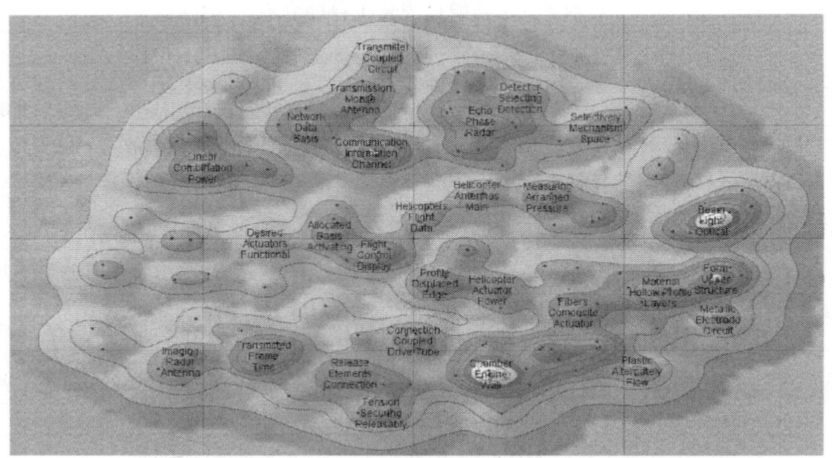

图 5.28　波音公司的专利地图

的基准。被分析的数据样本中的专利文献在地图中用点来表示。内容相近的文献在图中的距离也相近，最终形成山峰，图中不同山峰区域表示某一特定技术主题中聚集的相应的专利群。同一区域的文献数量与地图中山峰的高度相对应（图 5.28)。文献内容越相似，文献点在图中的位置就越近；等高线表明了相关文献的密度；最高峰的高点区域包含的文献最多，低点区域包含的文献相对较少；峰间距离越近，表明所包含的专利内容相似性越大；反之，则越小。专利地图上还可以同时显现某一特定技术主题涉及的专利权人等信息。

专利引文树也是多维数据可视化方法在系统中的应用之一。利用专利引证信息构建双向多级引证树，形象化地显示出研究对象（所指定的专利）引用在先专利和被其后专利引证的信息（图 5.29)。

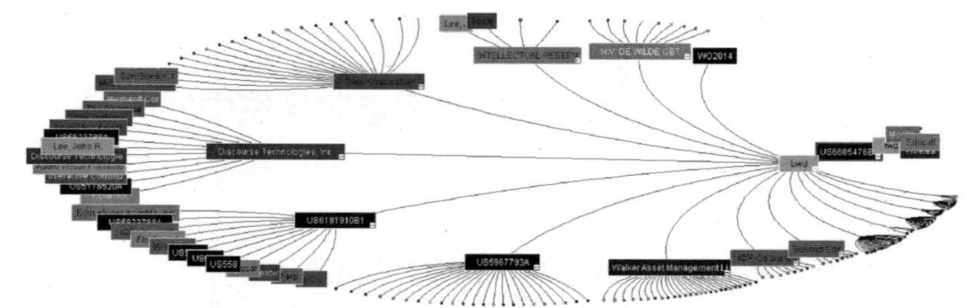

图 5.29　专利 US7156462B2 的引文分析

根据需要，用户可以按专利申请人、发明人、申请日和公开日等不同内容构建引证树，由此确定某一技术领域的发展趋势、技术发展线和研究某一竞争对手的专利布局等。根据专利申请人的专利相互引证的信息，研究竞争对手间的技术相似性，为企业技术合作、并购等经营活动提供决策依据。根据大量的前向和后向引用信息，还可以确定核心专利技术、基础技术等，为企业技术开发、研发投入、专利布局等提供帮助。

5.3.4.2 地理空间可视化技术

可视化，是指在人脑中形成对某物（某人）的图像，是一个心智处理过程，促进对事物的观察及建立概念等。在西方地图学文献中，可视化这个词的使用可追溯到至少 40 年以前。但是，1987 年美国国家科学基金会报告中的科学计算可视化，却具有新的含义。科学计算可视化是通过研制计算机工具、技术和系统，把实验或数值计算获得的大量抽象数据转换为人的视觉可以直接感受的计算机图形 图像。在中国的地学界与“可视化”相关的另一概念是“图解”。图解是用一个或一组图形来描述和解释地学工作者通过观察、实验、计算获得的关于地学的现象和规律。

20 世纪 60 年代发展起来的基于计算机的地理信息系统开始形成时，就利用计算机图形软硬件技术，把地理空间数据的图形显示与分析作为基本的不可缺少的功能，GIS 可视化要早于科学计算可视化的提出。GIS 可视化早期受限于计算机二维图形软硬件显示技术的发展，大量的研究放在图形显示的算法上，如画线、颜色设计、选择符号填充、图形打印等。继二维可视化研究后，进一步发展为对地学等值面（如数字高程模型）的三维图形显示技术的研究，它是通过三维到二维的坐标转换、隐藏线、面消除、阴影处理、光照模型等技术，把三维空间数据投影显示在二维屏幕上。由于对地学数据场的表达是二维的，而不是真三维实体空间关系的描述，所以属于 2.5 维可视化。但现实世界是真三维空间的，二维 GIS 无法表达诸如地质体、矿山、海洋、大气等地学真三维数据场，所以，从 20 世纪 80 年代末以来，真三维 GIS 及其体可视化成为 GIS 的研究热点。随着全球变化、区域可持续发展、环境科学等的发展，时间维越来越被重视。而计算机科学的发展，如处理速度加快，处理与存储数据的容量加大，数据库理论的发展等使得动态地处理具有复杂空间关系的大数据量成为可能，从而使得时态 GIS、时空数据模型、图形实时动态显示与反馈等的研究方兴未艾。所以，从 GIS 及其可视化的发展看，GIS 可视化着重于技术层次上，如数据模型（空间数据模型，时空数据模型）的设计，二维、三维图形的显示，实时动态处理等，目标是用图形呈现地学处理和分析的结果。

目前，地图学与 GIS 可视化方面的研究方向主要集中在如下五个方面。

(1) 运用动画技术制作动态地图，可用于涉及时空变化的现象或概念的可视化分析。

(2) 运用 VR 技术进行地形环境仿真，互式观察和分析，提高对地形环境的认知效果。

(3) 运用图形显示技术进行空间数据的不确定性和可靠性检查，把抽象数据可视化，由此发现规律。

(4) 运用图形界面和交互式手段进行地图设计和编辑，以直观的方式完成地图设计制作（如地图颜色的可视化设计）。

(5) 可视化技术用于视觉感受及空间认识理论的研究。

尽管 GIS 可视化技术的发展已经非常成熟，GIS 已经广泛应用于资源调查、环境评估、灾害预测、国土管理、城市规划、邮电通信、交通运输、军事公安、水利电力、公共设施管理、农林牧业、统计、商业金融及全球变化监测等各领域，但是将 GIS 应用于科技信息可视化却几乎没有。

5.4　聚类分析方法

5.4.1　聚类分析的基本思想

聚类就是按照一定的要求和规律对事物进行区分和分类的过程，在这一过程中没有任何关于分类的先验知识，仅靠事物间的相似性作为类属划分的准则，因此属于无监督分类的范畴。聚类分析则是指用数学的方法研究和处理给定对象的分类。

聚类分析是一种数值分类技术，是指把分析对象根据其彼此之间的相关程度分成类群进行分析研究的过程。它借助计算机把数量一般比较庞大、彼此之间关系错综复杂的分析对象，根据一定的相似性测度方法聚成较少的一些类群，简化了数据，便于研究对象之间的相互关系，探讨其中的规律。

在文献计量学领域，对期刊、文献进行同被引聚类分析，可以界定期刊、文献的研究属性及其类别。

5.4.2　聚类分析算法

目前主要的聚类算法有层次聚类方法、划分聚类方法、基于密度方法、基于网格的聚类方法、基于模型方法等。

5.4.2.1　层次聚类方法

层次聚类方法是通过将数据组织为若干组并形成一棵相应的树来进行聚类的。层次聚类方法又可以分为自顶向下的分裂算法和自底向上的凝聚算法两种。

1）基本的层次聚类算法

（1）自底向上的凝聚聚类方法。这种策略首先将每个对象作为一个簇，然后将相互邻近的簇合并为一个大簇，直到所有的对象都在一个簇中，或者某个终结条件被满足。绝大多数层次聚类方法属于这一类，它们只是在簇间相似度的定义上有所不同。

（2）自顶向下分裂聚类方法。这种策略与凝聚的层次聚类相反，它首先将所有对象置于一个簇中，然后逐渐细分为越来越小的簇，直到每个对象自成一簇，或者达到了某个终结条件。例如，达到了某个希望的簇数目，或者两个最近的簇之间的距离超过了某个阈值。

2）改进的层次聚类算法

为改进层次聚类效果，将层次聚类与其他聚类技术相结合，形成多阶段聚类方法，主要有BIRCH（balanced iterative reducing and clustering using hierarchies）算法、CURE（clustering using representatives）算法、ROCK（robust clustering using links）算法等。

（1）BIRCH算法。在层次聚类方法中，要按照一定的相似性判断标准合并最相似的部分，或者分割最不相似的两个部分，判断各个类之间的相似程度的准则是：假设C_i和C_j是聚结过程中同一层次上的两个类，n_i和n_j分别是C_i和C_j两个类中的对象数目，$P(i)$为C_i中的任意一个对象，$P(j)$为C_j中的任意一个对象，f_i为C_i中对象的平均值，F_j为C_j中对象的平均值，下面的四种距离计算被广泛地应用于计算两个类之间的差异度：

平均值距离：$d_{\text{mean}}(C_i,C_j)=d(f_i,f_j)$；

最大距离：$d_{\max}(C_i,C_j)=\max d(P(i),P(i)$；

最小距离：$d_{\min}(C_i,C_j)=\min d(P(i),P(j))$；

BIRCH算法引入了聚类特征和聚类特征（CF）树概念，聚类特征是一个包含关于簇的三元组，给出对象子聚类的信息汇总描述。如果某个子聚类中有N个d维的点或对象，则该子聚类的定义为CF＝（N，LS，SS），其中，N是子类中点的个数，LS是N个点的线性和，SS是点的平方和。

CF树中所存储的是关于聚类的信息，这些信息是计算聚类和有效利用存储的关键度量。每个叶节点包含一个或多个子聚类，每个子聚类中包含一个或多个对象。一个CF树有两个参数：分支因子B和阈值T，分支因子定义了每个非叶节点后代的最大数目，阈值参数给出了存储在树的叶节点中的子聚类的最大直径，图5.30是BIRCH聚类分析的流程图：

（2）CURE算法及其应用。CURE算法利用代表点进行聚类，解决了大多数聚类算法偏好球形和相似大小的问题，并且容易处理异常点。CURE算法选

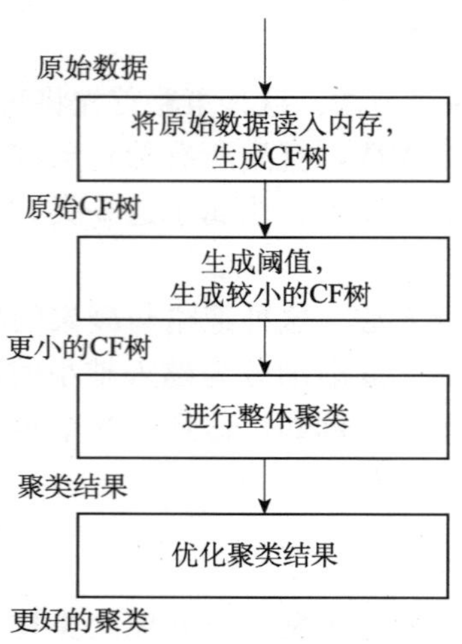

图 5.30　BIRCH 算法流程图

用数据空间中固定数目的、具有代表性的点代表簇，然后根据一个特定的分数或收缩因子向簇中心“收缩”或将其移动。如果两个簇的代表点距离最近，则将这两个簇合并。

由于每个簇有一个以上的代表点，使 CURE 算法可以适应非球形的几何形状，而且簇的收缩或凝聚可以控制异常点的影响，所以 CURE 算法对异常点的处理更强大。对于大型数据库，CURE 算法有良好的伸缩性，不会降低聚类的质量。

CURE 算法的主要处理步骤如下：

步骤一：从源数据集中抽取一个随机样本 S，包含 s 个对象；

步骤二：将样本 S 分为 p 个划分，每个划分大小为 s/p；

步骤三：将每个划分局部聚类成 s/pq 聚类，其中 $q>1$；

步骤四：通过随机采样消除异常数据，若一个簇增长太慢，就删除该簇；

步骤五：对局部的簇进行再聚类，落在每个新形成的聚类中的代表点，则根据用户定义的收缩因子 a 收缩或向簇中心移动。这些点将用于代表并描绘出聚类的边界。

步骤六：对簇中的数据标记上相应簇标记。

CURE 算法的时间复杂度为 O（n），最大的问题是无法处理分类属性。

5.4.2.2　划分聚类方法

划分聚类方法是给定一个 n 个对象或元组的数据库构建 k 个划分的方法。每个划分为一个聚簇，并且 $k\leqslant n$。每个组至少包含一个对象，每个对象必须属于而且只能属于一个组（模糊划分计算除外）。所形成的聚类将使得一个客观划分标准（常称为相似函数）最优化，从而使得一个聚类中对象是“相似”的，而不同聚类中的对象是“不相似”的。其中，传统的划分方法有k平均算法和k中心点算法。

1）k平均算法

k平均算法是一种迭代的聚类算法，迭代过程中不断移动簇集中的对象直至得到理想的簇集为止，每个簇用该簇中对象的平均值来表示。利用k平均算法得到的簇，簇中对象的相似度很高，不同簇中对象之间的相异度也很高。处理过程如下：

（1）从 n 个数据对象中随机选取 k 个对象作为初始簇中心；

（2）计算每个簇的平均值，并用该平均值代表相应的簇；

（3）计算每个对象与这些中心对象的距离，并根据最小距离重新对相应对象进行划分。

（4）转第二步，重新计算每个（有变化）簇的平均值。这个过程不断重复直到某个准则函数不再明显变化或者聚类的对象不再变化为止。

2）k中心点算法

PAM（partitioning around medoid）算法，也被称为k中心点算法，每个簇用接近中心点的一个对象来表示。首先为每个簇随意选择一个代表对象，剩余的对象根据其与代表对象的距离分配给最近的一个簇，然后反复地用非代表对象来代替代表对象，以提高聚类的质量。

处理过程如下：

（1）从 n 个数据对象中随机选择 k 个对象作为初始聚类（中心）代表；

（2）依据每个聚类的中心代表对象，以及各对象与这些中心对象间的距离，并根据最小距离重新对相应对象进行划分；

（3）任意选择一个非中心对象 O_{random}，计算其与中心对象 O_j 交换的整个距离代价改变量；

（4）若距离代价改变量为负值，则交换 O_{random} 与 O_j 以构成新聚类的k个中心对象；

（5）转第二步，重新计算每个（有变化）簇的中心点。这个过程不断重复直到某个准则函数不再明显变化或者聚类的对象不再变化为止。

其中，准则函数可同k平均算法。

当存在噪声和异常点数据时，k中心点算法比k平均算法更好，但k中心点算法的计算代价较高，算法的时间复杂度为 $O(tk(n-k)^2)$，不能很好地扩展到大型数据库上去。

除此之外，还有适用于大型数据库的划分方法。

CLARANS（clustering large application based upon RANdomized Search）将采样技术和 PAM 结合起来，CLARANS 在搜索的每一步带一定随机性地抽取一个样本，抽样次数作为参数被用户输入。聚类过程可以被描述为对一个图的搜索，图中的每个节点是一个潜在的解，也就是说，k 个中心点的集合。

在替换了一个中心点后得到的聚类结果被称为当前聚类结果的邻居。随机尝试的邻居数目被用户定义的一个参数加以限制。如果一个更好的邻居被发现，也就是说，它有更小的平方一误差值，CLARANS 移到该邻居节点，处理过程重新开始；否则当前的聚类达到了一个局部最优。如果找到一个局部最优，CLARANS 从随机选择的节点开始寻找新的局部最优。研究结果表明，当抽样次数＝2，随机尝试的邻居数目＝max（(0.0125×k（n－k)），250）时，聚类效果较好。CLARANS 能够探测孤立点，但是 CLARANS 算法的计算复杂度大约是 O（n^2），而且它的聚类质量取决于所用的抽样方法。

5.4.2.3 基于密度的方法

基于距离的划分方法只能发现球形簇，不能发现其他形状的簇。密度聚类则是只要邻近区域的密度（对象或数据点的数目）超过某个阈值，就继续聚类。也就是说，对于给定类中的每个数据点，在一个给定的区域内必须至少包含某个数目的点。这样，密度聚类方法就可以用来过滤“噪声”异常点数据，发现任意形状的簇。

在密度聚类算法中，有基于高密度连接区域的 DBSCAN（density-based spatial clustering of application with noise）算法、通过对象排序识别聚类结构的 OPTICS（ordering points to identify the clustering structure）算法和基于密度分布函数聚类的 DENCLUE（density-based clustering）算法。

DBSCAN 算法利用类的高密度连通性，快速发现任意形状的类。其基本思想是：对于一个类中的每个对象，在其给定半径的领域中包含的对象不能少于某一给定的最小数目。

DBSCAN 为了发现一个类，先从数据库对象集 D 中找到任意一个对象 P，并查找 D 中关于 R 和 P_{min} 的从 P 密度可达的所有对象（其中，R 为半径，P_{min} 为最小对象数）。如果 P 是核心对象，也就是说，半径为 R 的 P 的领域中包含的对象不少于 P_{min}，则根据算法，可以找到一个关于参数 R 和 P_{min} 的类。如果 P 是一个边界点，则半径为 R 的 P 领域包含的对象数小于 P_{min}，即没有对象从 P 密度可达，P 被暂时标注为噪声点，然后 DBSCAN 处理 D 中的下一个对象。

算法的具体实现如下。

第一步：确定包含聚类的子空间。如果把所有的子空间都列举出来，然后计算每一个单元格中包含的点数目，这对高维数据库对象是不可行的。

先假定一个记录集 S 是 k 维空间中的一个聚类，那么对于任何一个 $k-1$ 维子空间，将记录集 S 投影过去之后，仍然组成一个聚类。

确定子空间的算法（假定数据字段是经过排序的）如下。

(1) 令 $k=1$，在目标数据库中找出所有的一维的密集单元格，令所组成的集合为 D_1；

(2) 利用下面的方法，由 k 维的密集单元格集合 D_k 生成 $k+1$ 维的候选密集单元格集合 C_{k+1}；

(3) 如果 C_{k+1} 为空，转 (4)；否则，再遍历目标数据库，计算候选单元格中的选择率，并将非密集单元格去掉，记为集合 D_{k+1}，然后 $k=k+1$ 并转 (2)；

(4) 算法结束，得到包含聚类维数最高的子空间。

该算法首先模拟 SQL 语句中的联结操作，要求对描述某一子空间中的某一单元格的结构进行查找，最后将我们不再需要的单元格描述结构所占用的空间回收。假设存在密集单元格的最高维子空间的维数为 t，设数据库中记录的总数为 m，那么一共将访问 t 次数据库，且对于 t 维子空间中的单元格，这 t 个维度中子集上的投影也就产生了，一共有 $2t$ 个单元格。综合起来，这一步的时间复杂度为 O ($ct+mt$)，其中 c 为常数。这样的时间复杂性在面对高维的数据对象时，效率仍不能让人接受。我们需要限制每一步产生的密集单元格的个数，也就是说，将密集单元格的个数减小之后，再生成更高维的候选密集单元格。

具体做法如下。

第一步：将各个子空间进行排序，排序的依据是该子空间中所有密集单元格中所包含点的总数，再将包含点的个数多的子空间予以保留，少的去掉。这样做之后可以减少很大的计算量。

第二步：确定子空间中的聚类。我们将处在同一个子空间中的密集单元格集合 D 中的单元格看成是图的顶点，并且如果两个单元格相邻，它们之间就有一条边。然后就可采用常见的深度优先搜索或者广度优先搜索，即可找出图的连通分支。采用图的矩阵表示方法，先给输入链表中的每一个单元格编号，并建立一个索引以便于随机访问，这样，单元格的编号就是索引指针数组的下标。

第三步：聚类的描述。对于聚类的描述较难，所以采用一个启发性原理：寻求局部的最优可以得到一个全局较优的结果。先找出覆盖聚类 C 中所有单元格的最大区域，使 C 中的任一单元格被最大区域所覆盖，再将最大区域的个数最小化，使得最后得到的集合仍能够覆盖 C 中的所有单元格。

5.4.2.4 基于网格的聚类方法

网格聚类方法是将对象空间量化为有限数目的单元，形成一个网格结构，所有的聚类操作都在这个网格结构（即量化的空间）上进行。这种方法的主要优点是处理速度快，其处理时间独立于数据对象的数目，只与量化空间中每一维上的单元数目有关。

在网格聚类方法中有利用存储在网格单元中的统计信息进行聚类的 STING（statistical information grid-based method）、用小波转换方法进行聚类的 WaveCluster 方法和在高维数据空间基于网格和密度的 CLIQUE（clustering inquest）聚类方法。WaveCluster 方法首先通过在数据空间上强加一个多维网格结构来汇总数据，每个网格单元汇总了一组映射到该单元中的点的信息，然后采用一种小波变换来变换原特征空间，汇总信息在进行小波变换时使用，接着在变换后的空间中找到聚类区域。

由于小波变换的特性使该算法具有很多优点：它能够有效地处理大数据集合，发现任意形状的簇，成功地处理孤立异常点，对于输入的顺序不敏感，不要求指定诸如结果簇的数目或邻域半径等输入参数。试验分析发现，WaveCluster 在效率和聚类质量上优于 CLARANS 和 DBSCAN，同时，WaveCluster 能够处理多达 20 维的数据，并且速度很快，复杂度是 O（n）。

WaveCluster 聚类方法：WaveCluster 是一种新颖的运用小波转换技术的聚类算法，它是应用在多维空间数据挖掘上的，在此前还没有聚类算法把小波转换技术应用在空间数据挖掘上，它的优点是能够有效发现任意形状的聚类，能够有效处理噪声数据，对数据输入顺序具有独立性，而且算法时间复杂度低，在对大数据集进行聚类时，该算法比以前的聚类算法都要有效。

5.4.2.5 基于模型的聚类方法

基于模型的聚类方法为每个簇假定了一个模型，寻找数据对给定模型的最佳拟合，它试图优化给定的数据和某些数学模型之间的适应性，基于模型的方法经常假设数据是根据潜在的概率分布生成的，算法主要有统计学和神经网络两种。

COBWEB 是一种流行的简单增量概念聚类算法，它的输入对象用分类属性—值对来描述，COBWEB 以一个分类树的形式创建层次聚类。

分类树与判定树不同。分类树中的每个节点对应一个概念，包含该概念的一个概率描述，概述被分在该节点下的对象。概率描述包括概念的概率和形如 P（$A_i=V_{ij} \mid C_k$）的条件概率，这里 $A_i=V_{ij}$ 是属性—值对，C_k 是概念类（计数被累计并存储在每个计算概率的节点）。这就与判定树不同，判定树标记分支而非节点，而且采用逻辑描述符，而不是概率描述符。在分类树某个层次上的兄弟节点形成了一个划分。为了用分类树对一个对象进行分类，采用了一个部分匹配函数来沿着“最佳”匹配节点的路径在树中向下移动。

COBWEB 利用一个启发式评估方法（称为分类能力）来帮助进行树的构造。分类能力（CU）定义如下

$$\sum p(C_k)[\sum_i \sum_j P(A_i = V_{ij} \mid C_k)^2 - \sum_i \sum_j P(A_i = V_{ij})^2]/n$$

其中，n 是在树的某个层次上形成一个划分 $\{C_1, C_2, \cdots, C_n\}$ 的节点、概念或“种类”的数目。其中：① 概率 $P(A_i=V_{ij} \mid C_k)$ 表示类内相似性。该值越大，共享该属性—值对的类成员的比例就越大，更能预见该属性—值对是类成员；② 概率 $P(C_k \mid A_i=V_{ij})$ 表示类间相异性。该值越大，在对照类中的对象共享该属性—值对就越少，更能预见该属性—值对是类成员。

COBWEB 也有其局限性。首先，它基于这样一个假设：在每个属性上的概率分布是彼此独立的。由于属性间经常是相关的，这个假设并不总是成立。此外，聚类的概率分布表示使得更新和存储聚类相当昂贵。因为时间和空间复杂度不只依赖于属性的数目，而且取决于每个属性的值的数目，所以当属性有大量的取值时情况尤其严重。而且，分类树对于偏斜的输入数据不是高度平衡的，它可能导致时间和空间复杂性的剧烈变化。

5.4.3 聚类分析在地理信息系统领域的应用算法

5.4.3.1 基于距离阈值可达概念的聚类方法

目前主要的聚类算法的选择取决于不同类型的数据、聚类的目的和应用。这些聚类算法都有着各自的优点与局限性。例如，k-means，CURE 算法等一般只能发现具有类似大小和密度的圆形或球状聚类，而基于密度的 DBSCAN 算法虽然能够发现任意形状的聚类并发现噪声数据，但对算法的两个参数 Eps 及 MinPts 非常敏感，且这两个参数很难确定。

为此，有一种基于距离阈值可达概念的聚类算法，可用于发现任意形状的聚类并能有效分离噪声数据；该算法只需要输入一个由用户来决定的合适的距离阈值参数即可完成聚类结果的生成，效果比较好。

算法的基本思想：聚类问题可以定义为在一个给定的数据集里寻找相似的数据点簇的问题，也可以定义为一个区域，它的密度局部地高于其周围区域，用数据之间的距离来描述相似度，距离越大，相似度越小；反之，则越大。因此，在 GIS 中的聚类也可以看作是按照距离度量准则，在大型地理信息数据集中标示出地理图元稠密分布的区域，从而发现数据集在地理空间中的分布模式。

由于聚类可以被看作一个密度大的区域，同一个类内的对象之间在某一个距离阈值内必然是间接可达的，而类间的对象则在此距离阈值内是不可达的。基于此原理，聚类内对象之间的距离就可以作为聚类分析过程的距离度量值，所以设计基于距离阈值的聚类算法的基本思想如下。

对于一个数据对象，将其暂定为一个类，找出此对象在距离阈值内直接可达的对象，并将它们作为此类中的对象加入到类中，然后再逐个对新加入到类中的从未被聚类的对象中找出基于距离阈值可达的数据对象；在对加入到此类中的全部对象都完成了查找后就会得到一个结果集，该结果集中的每个对象都是相互之间以此距离阈值直接或间接可达的，这个结果集就可以被看作一个聚类。对没有加入到聚类中的数据继续应用此过程，一直进行到原始数据集内的所有数据都被完成聚类为止。在完成聚类后对聚类结果可以作进一步的分析。例如，可以将那些聚类后对象集合数目小于一定的数量的聚类结果看作噪声数据而舍弃。

在国际科技资源监测系统中，我们可以用基于距离阈值可达的方法，将各地理空间按照专利文献的关联划分。

5.4.3.2 空间聚类方法

空间聚类方法，是指特征相近的空间目标聚类成一类，旨在发现目标在空间上的相连、相邻和共生等关联关系。它可用于 GIS 的空间概括和综合。例如，将距离很近的散布的居民点聚类成居民区。许多聚类算法都是根据欧几里得距离和曼哈顿距离来进行聚类的。基于这样的距离度量的聚类方法一般只能发现具有类似大小和密度的圆形或球状聚类，而实际上一个聚类是可以具有任意形状的，尤其是空间聚类，它的形状极其复杂，因此设计出能够发现任意形状类集的聚类算法是非常重要的。基于 GIS 的空间位置关系聚类算法发现的聚类为任意形状的聚类，并能够满足一定的约束条件。

基于 GIS 的空间位置关系聚类算法：映射为矩阵的网格结构上，每个格子中都相当于存储着 1 或者 0，在这个基础上进行聚类分析。

基于 GIS 的空间位置关系聚类算法描述如下：

（1）按从下到上、自左而右的顺序扫描网格，当遇到其值为 1 的格子时，将该格子的网格坐标记录下来，加入动态类数组中，并且将该格子赋值为 0。

（2）扫描它的相邻位置，即东、西、南、北、东南、东北、西南和西北 8 个方向的位置，是否有邻接点的赋值为 1，如果有，把它周围赋值为 1 的邻接点压入堆栈，并且把这几个邻接点赋值为 0。

（3）判断堆栈是否为空，如果不为空，则弹出一个元素出来，加入动态数组中。转（2）。

(4) 如果未扫描完整张网格，则动态数组中存放的是一组位置相邻的元素，即将这一组已经聚为一类。然后将这一簇元素加入聚类数组中，转 (1)。

(5) 如果扫描完整张网格，聚类分析结束。聚类数组中存放的是各个不同组的元素，即不同的类。

在国际科技资源监测系统中，将专利、文献信息加载在地理信息系统网格上，通过扫描整个网格对不同的地域进行分类。

5.4.4 聚类分析在文献计量领域的应用

文献计量法是一种基于数学和统计学的定量分析方法，它以各种科学文献的外部特征为研究对象，以输出量化的信息内容为主要特点。共被引分析理论认为，期刊共被引分析使得众多期刊按照被引证的关系聚集成若干期刊相关群体，从而反映期刊与学科之间的联系和结构特点，进而反映出期刊与学科之间的联系及其发展变化趋势。两种期刊被其他期刊同时引证的频次越高，则可以认为此两种期刊的关系越密切。可以采用 CONCOR 聚类方法。

CONCOR 是一种迭代相关收敛法（convergent correlations 或 convergence of iterated correlation)。CONCOR 的聚类思想是：如果对一个矩阵中的各个行（或者列）之间的相关系数进行重复计算（当该矩阵包含此前计算的相关系数的时候)，最终产生的将是一个仅仅由 1 和 －1 组成的相关系数矩阵。经过多次迭代计算之后，CONCOR 利用树形图表达各个位置之间的结构对等性程度，并且标记出各个位置拥有的网络成员。该方法在进行文献共被引频次分析时，其聚类分析的结果为将多种期刊、文献分为几类，同时那些被引频次和共被引频次少的期刊将被排除在外。与其他聚类分析方法相比，CONCOR 的聚类结果更稳定。

5.4.5 聚类分析在国际科技监测系统中的应用

基于聚类分析的上述各种方法，以及聚类分析在地理信息系统和文献计量领域的各种特有的方法，国际科技监测系统利用聚类分析方法对分布在不同区域的专利和论文情况进行了一定程度的聚合和分析，利用 CONCOR 聚类发现形状不规则的聚类图形，提高聚类的精确度和准确度。

5.4.6 聚类分析的相关软件

聚类分析的相关软件见表 5.2。

表 5.2 聚类分析相关软件表

软件类别	软件简介
SPSS	利用 SPSS 可以对数据进行聚类，生成聚类图。其本身提供了三种类型的聚类。可以根据自己的需要设定生成聚类的最大与最小成员数。它还提供了七种聚类算法，间距的测度也有七种，也可以自己设定
TDA	TDA 的这些功能都是通过其 Map 功能来体现的。从这个层面来讲，TDA 的功能集成性较好。TDA 的聚类功能体现在它生成的图形上。TDA 根据研究对象之间的关联将联系紧密的研究对象聚在一起。但 TDA 没有提供聚类方法，用户也无法设定聚类的成员数。TDA 绘制的 Map 基本都是按照研究对象的关联度进行聚类的，聚类方法不可选，而且具体的聚类方法未知，这不利于科研用户对最终结果的分析与说明，也会增加用户对聚类图的可信度的疑问
SAS	聚类分析对象有按样本聚类（Q)、按指标聚类（R)。其中的四种方法：PROC CLUSTER 谱系聚类（Q 型聚类分析）；PROC FASTCLUS K 均值快速聚类，适用于大样本（Q 型聚类分析）；PROC MODECLUS 非参数聚类（Q 型聚类分析）；PROC VARCLUS 变量聚类（R 型聚类分析）。
Matlab	第一种为直接聚类，利用 clusterdata 函数对样本数据进行一次聚类，其缺点为可供用户选择的面较窄，不能更改距离，该方法的使用者无需了解聚类的原理和过程，但是聚类效果受限制。第二种为层次聚类，该方法较为灵活，需要通过细节了解聚类原理，具体需要进行如下过程处理：①找到数据集合中变量两两之间的相似性和非相似性，用 pdist 函数计算变量之间的距离；②用 linkage 函数定义变量之间的连接；③用 cophenetic 函数评价聚类信息；④用 cluster 函数创建聚类
NTSYS	该软件的聚类分析借助距离矩阵进行，并计算出聚类树矩阵，通过它与距离矩阵比较，进行 Mantel 检测，计算协表距离矩阵及相关性系数，以表示该聚类树对原始距离矩阵的代表程度

5.5 社会网络分析软件工具

社会网络研究起源于 20 世纪二三十年代英国人类学的研究，其基本事实是每个行动者都与其他行动者有或多或少的关系，社会网络分析就是要建立这些关系的模型，力图描述群体关系的结构，研究这种结构对群体功能或者群体内部个体的影响。美国社会心理学家莫雷诺（Moreno）创立的社会测量法为社会网络分析奠定了计量分析基础。发展至今，社会网络分析已经被广泛应用于网络社会关系发掘、支配类型发现（关键因素）及信息流跟踪，通过社会网络信息来判断和解释信息行为和信息态度。作为一种跨学科的研究方法，社会学、心理学、经济学、信息科学、系统科学与计算机科学的共同努力，使得社会网络分析从一种隐喻成为一种现实的研究范式。

在引文分析中，通过社会网络的方法可以找出有影响力的文章，或者核心文章，奥提（Evelien Otte）和鲁索（Ronald Rousseau）在对 133 位合作作者形成的社会网络分析中，其中 57 位作者构成一个核心网络，其中波特（Ronald S. Burt）是社会关系网中最核心的论文作者（17篇）。

在斯科特和瓦瑟尔曼编著的《社会网络分析的模式与方法》*Modelsand Methods in Social Network Analysis* 一书的第三章中，介绍了已经被各界研究者所运用的23种社会网络分析软件。表5.3给出了这23个软件在软件名称、适用对象、功能和提供的支持等方面的具体情况。

表5.3　常用社会网络分析软件性能对比表

软件名称	适用对象	功能		提供的支持	
		可视化	分析类型	付费类型	手册
Agna	综合	是	d，al，sequential	免费	有
Blanche	网络动力学	是	simulation	免费	有
FATCAT	关系分析	否	d，a	免费	无
GRADAP	图表分析	否	d，l，dt	收费	无
Iknow	知识网络	是	d，al	免费	有
InFlow	知识网络	是	d，al，rp	免费	有
Kliqfinder	凝聚子群	是	sl，a	未知	有
MultiNet	关系分析	是	d，rp，s	免费	无
NEGOPY	凝聚子群	是	d，al，rp	收费	有
NetDraw	可视化	是	d，sl	免费	有
NetMner	可视化分析	是	d，sl，rp，dt，s	收费	有
NetVis	可视化探测	是	d，al	收费	有
Pajek	大型数据网络可视化	是	d，al，rp，dt	免费	无
PerrnNet	排列测试	否	dt，s	免费	无
PGRAPH	血族关系网络	否	d，rp	免费	无
Referral Web	提名链	是	d	免费	无
SMLinkAlyzer	隐藏人口	是	d	收费	无
SNAFU	MacOS开源软件	是	d，al	免费	无
Snowball	隐藏人口	否	a	免费	有
StOCNET	统计分析	否	d，dt，s	免费	有
STWUCTURE	结构分析	否	al，rp	免费	有
UCINET	综合	是	d，sl，rp，dt，s	免费	无
Visone	可视化探索	是	d，sl	免费	有

注：表5.3的版本信息截至2003年秋；d=描述性的，sl=结构和特定区域，rp=角色和位置，dt=二元组和三元组方法，s=统计

5.5.1　社会网络分析

社会网络分析通过映射和分析团体、组织、社区等内部人与人之间的关系，提供丰富的、系统的描述和分析社会关系网络的方法、工具和技术，其分析问题的理论视角主要集中在行为者之间的关系而不是行为者的某些特性上，并且强调行为者之间相互影响、依赖，从而产生整体涌现行为。

5.5.1.1 社会网络分析的特点与指标

社会网络分析特点与指标分别见表 5.4 和表 5.5。

表 5.4 社会网络分析的特点

序号	特点
1	网络分析的聚焦点是关系和关系模式，而不是行动者的属性。网络分析可以检验在一个特定社会背景下的网络联结模式是否与其他重要模式相关联
2	网络分析可以是多层次的，从而能在微观、宏观之间建立连接
3	网络分析可将定量资料、定性资料和图表数据结合起来，使分析更加透彻深入

表 5.5 社会网络分析的指标

指标名称	指标含义
网络密度	即网络中实际的边数与最大可能边数的比率，它的取值范围为 0～1。网络密度用来衡量一个网络中各个节点之间连接的紧密程度
网络中心性	表征的是整个网络的集中或集权程度，即整个网络围绕一个点或一组点来组织运行的程度。它包括 2 个层次，即局部中心性和全局中心性。当一个节点与其他节点具有较多的连接时，它的地位是局部中心的。局部中心性只考虑直接边，即直接与该节点相连的边。全局中心性还考虑非直接边，即并非与该节点直接相连的边。如果一个节点与其他节点的距离都较短，则称该点是全局中心点
集中性	对全局网络集中结构程度的测度，它描述了网络围绕着某一中心节点组织的程度
平均最短路径	指网络中节点之间最短路径的平均值。它影响到网络节点之间进行产品、技术、知识及其他各类信息交流所需经过的“路程”的长短
节点度数	指的是与该节点相连接的边的数量，它刻画了网络内每个节点与其他节点连接的数量分布规律，是网络结构的重要几何特征。一个节点的度数越大，意味着在整个网络中与该节点直接相连的节点越多
群落	多数社会网络都会表现出群落或派系的特点。群落即网络的节点组中有密集的关联边，而组与组之间的连接程度很低，仅有很少的边相连

5.5.1.2 社会网络分析步骤

使用社会网络分析软件进行社会网络分析时，一般需要按准备数据、数据处理和数据分析三个步骤进行。尽管不同的社会网络分析软件的具体操作不同，但这三个步骤基本上是一致的。

1）准备数据，建立关系矩阵

准备数据是指使用问卷或其他调查方法或直接从网络教学支撑平台自带的后台数据库中获得用于研究的关系数据。经过整理后按照规定格式形成关系矩阵，以备数据处理时使用。这个步骤也是 SNA 分析的重要的基础性工作。SNA 中共有三种关系矩阵：邻接矩阵、发生矩阵和隶属关系矩阵。有以下两种方法建立上述矩阵。

第一种方法：直接输入关系矩阵内容。这种方法就是利用一种 SNA 软件所提供的数据输入功能，按照研究者所获得的原始关系数据，将具体数值输入关系矩阵中。其操作过程非常类似 Excel 软件的操作，操作简单而直接。

第二种方法：从其他软件的数据文件直接导入 SNA 软件，形成关系矩阵。4 种典型的 SNA 软件都提供了从其他软件导入多种格式的数据文件的功能，以支持多种方法建立关系矩阵。目前，csv，txt，xls，ntf，dl 和 net 等格式的文件都可以直接导入软件中。一般导入操作都有菜单和对话框提示，只要注意阅读对话框的提示，并给予相应的选择，就可以完成数据的导入，建立起关系矩阵，整个操作过程一般都十分简单快速。

2）数据处理，进行 SNA 分析

建立 SNA 的关系矩阵后，就需要进入数据处理这个步骤。该步骤为 SNA 的一项核心工作。SNA 的数据处理工作，可以按照不同的操作分为以下两种类型。

（1）测量。所谓测量，是指针对研究者所建立的关系矩阵，由 SNA 软件自动计算出社会网络的各项网络指标或参数值。通常，通过测量可以完成的 SNA 有：网络的基本属性、中心性、连通性、结构洞等。有关测量的数据处理操作是最简单的，一般直接使用 SNA 软件菜单中的有关功能即可完成。在测量操作中，一般需要研究者按照软件的提示事先指定某个关系矩阵。SNA 测量的结果往往会形成一些数据集合。这些数据集合都是可以导出成为多种格式的数据文件单独存储的。这些数据集合往往是得出 SNA 结论的重要依据。

（2）探索性分析。探索性分析往往比测量操作复杂，一般要遵循某种分析程序，而且因探索的问题或对象的不同，其数据处理操作会有很大的不同。通过探索性分析可以完成的 SNA 有：凝聚子群分析、网络位置与角色分析，以及结构洞与经纪人业务分析等。

3）数据分析，得出结论

这一步骤是 SNA 分析的关键性工作。当上一步的数据处理完毕后，往往会得到一些可视化的图或数据表等信息。一般数据表都与 Excel 表格的形式非常接近，比较容易读懂，而常用的图有社群图、网络位置图、树形图等。

5.5.2 软件工具介绍

5.5.2.1 UCINET

UCINET 属于专用学术类软件（图 5.31）。它最初由加利福尼亚大学尔湾分校（University of California，Irvine）的社会网络权威学者 Linton Freeman 编写，后来主要由波士顿大学的 Steve Borgatti 和威斯敏斯特大学的 Martin Everett 维护更新。

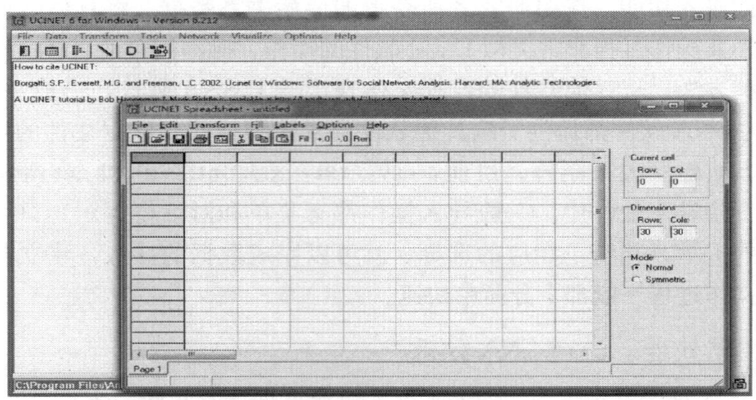

图 5.31　UCINET 工作界面及数据输入窗口

UCINET 是菜单驱动的 Windows 程序，是最知名和最易于使用的处理社会网络数据和其他相似性数据的综合性分析程序，也最适合新手使用。UCINET 网络分析集成软件包括一维与二维数据分析的 NetDraw，以及正在发展应用的三维展示分析软件 Mage 等。UCINET 最大可以处理 32 767 个结点的网络数据，但是结点达 5000～10 000 时，速度就变得很慢了。UCINET 的数据都是以矩阵形式存储的，一个数据集通常包含两个文档，一个包含实际的数据，另一个包含数据的相关信息。

UCINET 的数据集可以直接导入，也可以在 UCINET 中编辑，或者使用“数据”菜单中 spreadsheet 转化成 UCINET 需要的数据。可以被转化的数据类型主要包括：ASCII 数据、以 DL 形式存储的 ASCII 数据、Excel 数据，以及来自 KRACKPlot、NEGOPY 和 Pajek 的数据。UCINET 提供了包括子集选择、合并、排序、变换、数据再编码等数据管理和处理工具。值得注意的是，UCINET 的数据不仅可以带有数据属性值，而且可以处理缺失值。

此外，因为含有强大的矩阵代数语言，所以可以自由处理一模、二模数据。UCINET 可以画散点图、系统图和树状图（图 5.32），并以 BMP 格式存储，但本身并没有图形可视化程序，通过集成 NetDraw、Pajek、Mage 实现可视化。此外，UCINET 的数据还可以通过 KrackPlot 进行可视化。UCINET 中包括区域分析、中心性分析、个体网络分析和结构洞分析等网络分析程序，还包含为数众多的基于过程的分析程序，如聚类分析、多维量表、二模标度（奇异值分解、因子分析和对应分析）、角色和地位分析（结构、角色和正则对等性），拟合中心-边缘模型，以及中位数、标准偏差、回归分析、方差分析、自相关、QAP 矩阵相关、回归分析、t 检验等简单统计到拟合基于置换的 p1 模型在内的多种统计程序。

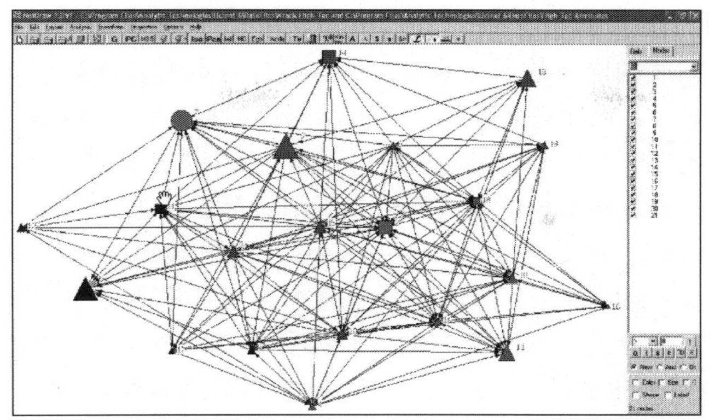

图 5.32 UCINET 软件生成的一个社会网络图

5.5.2.2 Pajek

Pajek 在斯拉夫语中表示的意思是“蜘蛛”。这个软件不仅为用户提供了一整套快速有效的用来分析复杂网络的算法，而且还提供了一个可视化的界面。让用户可以从视觉的角度更加直观地了解复杂网络的结构特性。

Pajek 是专门用来处理超大型数据集合的可视化软件，可以分析多于 100 万个节点的超大型网络。Pajek 可以同时处理多个网络，也可以处理二模网络和时间事件网络，它还提供了纵向网络分析的工具。它的数据文件中包含指示行动者在某一观察时刻的网络位置的时间标志，因而可以生成一系列交叉网络，可以对这些网络进行分析并考察网络的演化（图 5.33）。

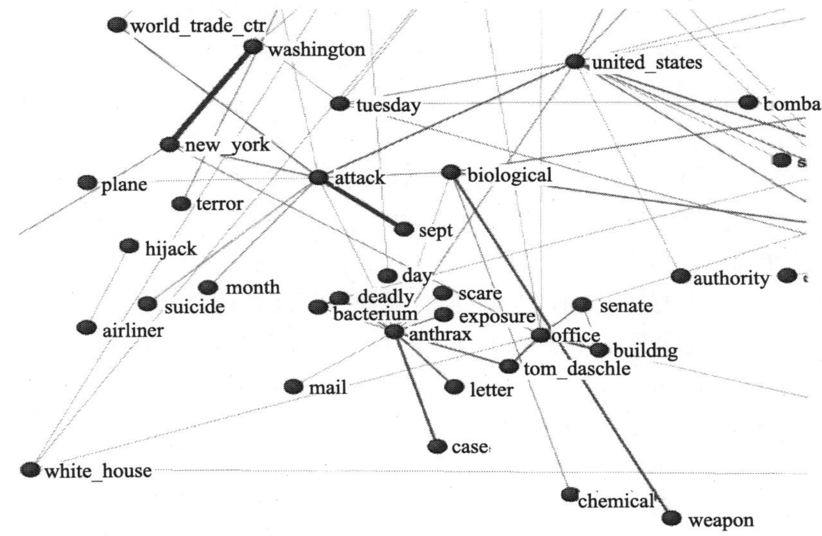

图 5.33 Pajek 软件分析效果图

Pajek 提供了多种数据输入方式。例如，可以从网络文件（扩展名为 net）中引入 ASCII 格式的网络数据。网络文件中包含节点列表和弧/边列表，只需指定存在的联系即可，从而高效率地输入大型网络数据。每种数据类型在 Pajek 中都有自己的描述方法。Pajek 提供的基于过程的分析方法包括探测结构平衡和聚集性，以及分层分解和团块模型（结构、正则对等性）等。Pajek 的可视化功能强大，可视化算法主要是 Kamada-Kawai、2D Fruchterman-Reingold 和 3D Fruchterman-Reingold 算法。图形的绘制遵循结点距离揭示网络结构形态的原则。画图窗口直接给出了画图所需的各种操作按钮，支持手动网络布局、自动网络布局、2D 可视化及 3D 可视化。自动网络布局适合绘制基础的网络，能自动寻找最佳的布局方式，避免使用者考虑不周或个人偏好使得图形不准确。Pajek 可视化能使用多种格式存储：eps、svg、kin、bmp 及 vrml。

Pajek 可以进行一般的聚类分析、因子分析、核分析、中心性分析、结构洞分析、差异性分析等，可以展示簇之间的关系。除了一般的网络，Pajek 还可以同时处理如聚类分析、多维量表、二模标度（奇异值分解、因子分析对应分析）、角色和地位分析（结构、角色和正则对等性），拟合中心-边缘模型，以及中位数、标准偏差、回归分析、方差分析、自相关、QAP 矩阵相关、回归分析、t 检验等简单统计到拟合基于置换的 $p1$ 模型在内的多种统计程序。

1) Pajek 的主要特点

（1）计算的快速性。Pajek 为用户提供了一整套快速有效的算法，可用于分析大型（节点数以万计的）复杂网络。众所周知，一个算法的复杂度主要表现在时间复杂度和存储空间复杂度两个方面。随着存储技术的快速发展，空间复杂度已经不是非常重要的问题。相反地，当复杂网络的节点数目非常庞大时，计算机运算速度的快慢对于解决问题的时间来说已经无足轻重。此时，算法的时间复杂度就起着至关重要的作用。

（2）可视化。Pajek 的第二个特点，就是为用户提供了一个可视化的平台。Pajek 为用户提供了一个非常人性化的可视化平台，只要在 Pajek 里执行 Draw/Draw 的菜单命令，就可以绘制网络图。用户可以根据需要自动或者手动调整网络图，从而允许用户从视觉的角度更加直观地分析复杂网络特性。Pajek 的可视化功能强大，可视化算法主要是 Kamada-Kawai、2D Fruchterman-Reingold 和 3D Fruchterman-Reingold 算法。图形的绘制遵循结点距离揭示网络结构形态的原则。

（3）抽象化。Pajek 还为分析复杂网络的全局结构提供了一种抽象的方法。

在图 5.34 中，图（a）表示的某个社区的道路分布图。其中的阴影部分就是各个不同的“类”。这些类是若干个节点的集合，在这些类的内部，各个节点之间联系紧密，而各个类之间则仅仅通过少数的几条边相连接。从这幅图中，我们可以看到各个点之间的联系，但是很难一眼看出网络的整体结构，因此，我们将每个类看成一个整体，将它作为一个新的节点得到一个新的网络图。在 Pajek 中利用菜单命令 Operations/Shrink Network/Partitions 实现，在弹出来的对话框中选择不要缩减的类的编号（在这个情况下，所有的类都是要缩减的，因此选择 0)，如图 5.34（b）所示。其中，每一个点代表的就是原网络中的一个类。这样，从图 5.34（b）中我们可以很容易地从全局的角度看出整个网络的整体结构。另外，如图 5.34（c）所示，原网络正中间的那个类不变，而其周围的各个类都看作一个整体。这种情况在 Pajek 中可以利用菜单命令 Operations/Shrink Network/Partitions 实现，在弹出来的对话框中选择不要缩减的类编号，即中间那部分节点所属类对应的编号。利用这个图，我们就可以很方便地看到中间的类中各个节点在整个网络中的作用。

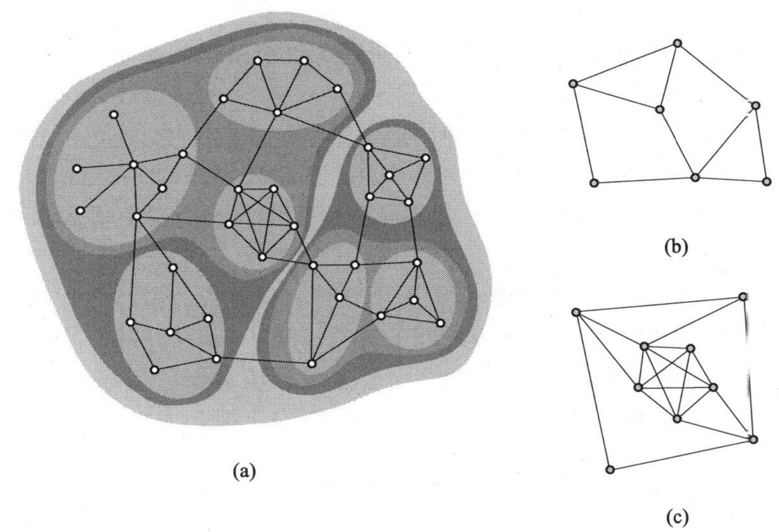

图 5.34　复杂网络抽象画图

利用上述方法，Pajek 为用户提供了一种分析复杂网络结构的抽象方法，有利于从全局的角度分析复杂网络的结构。同时，它提供的一整套算法，又可以方便地计算复杂网络结构的各个特性，使用户同时还可以具体地分析复杂网络中各个节点和各条边的特点。因此，Pajek 从具体和抽象两方面综合分析复杂网络，为我们更好地理解复杂网络的机构特性提供了极其有效的工具。

2）Pajek 的数据结构

Pajek 主要有六种数据结构。

（1）网络（network）。它是 Pajek 最基本也是最重要的数据类型，包括了整个复杂网络最基本的信息，如节点数、各节点的名称，以及节点间各条边的连接情况及其权值等。其中，复杂网络可以用三种基本方式定义：

a. 依次列举这个复杂网络的所有边；

b. 对网络上的每个节点一次列举与其相连的边；

c. 用连接矩阵的方法来表示复杂网络结构。

（2）分类（partition）。用户可以根据复杂网络中各个节点的不同特性将其人为地分为若干个类；同样，以某种特性（如节点度的大小、节点的名称、节点的形状等）作为参考标准，Pajek 也可以自动将复杂网络中的各个节点按照用户指定的标准进行分类，这些分类的结果就输出为一个 Partition 文件。

（3）排序（permutation）。它表示复杂网络中各节点的重新排序。与分类类似，它同样可以由用户人为指定或者由 Pajek 自动根据某种算法排序（如按度的大小排序、随机排序等）。在排序文件中会给出各节点新的排列顺序，其后缀名为 per。与分类文件类似，需要注意的是排序文件中给出的是重新排序后各节点的序号，而不是各个序号所对应的节点。

（4）类（cluster）。它表示复杂网络中具有某种相同特性的一类节点的集合，如分类文件中按某种特性分类后的一类节点，其后缀名为 cls。

利用这个文件，用户可以对一类节点进行操作，因而避免了多次处理单个节点的麻烦。

Pajek 可以进行一般的聚类分析、因子分析、核分析、中心性分析、结构洞分析、差异性分析等，可以展示簇之间的关系。除了一般的网络，Pajek 还可以同时处如聚类分析、多维量表、二模标度（奇异值分解、因子分析和对应分析）、角色和地位分析（结构、角色和正则对等性）、拟合中心-边缘模型，以及中位数、标准偏差、回归分析、方差分析、自相关、QAP 矩阵相关、回归分析、t 检验等简单统计到拟合基于置换的 p1 模型在内的多种统计程序。

（5）层次（hierarchy）。它表示复杂网络中各个节点的层次关系，常用于家谱图的分析，其后缀名为 hie，这种层次结构类似于数据结构中的树。需要注意的是，在表示复杂网络层次结构的树中，结点的定义不同于复杂网络图中的节点。树中是将复杂网络中同一个类的所有节点视为一个结点，然后考虑这些类之间的层次关系。

（6）向量（vector）。它以向量的形式为某些操作提供各节点所需的相关数据。比如，在构造一个随机复杂网络时，利用一个向量文件给出各个节点的度，由此构造一个随机复杂网络。另外，也可以输出由 Pajek 得到的相关处理结果。例如，利用 Pajek 求各节点的度，其结果就保存在一个向量文件中，向量文件的后缀名为 ver。

另外，Pajek 还允许将目前打开的所有文件保存为一个后缀名为 paj 的文件。这样，下次只要打开这个 paj 文件，就可以将所有的这些文件都打开，从而避免了一个一个文件依次打开的麻烦。

5.6 关联规则挖掘

5.6.1 关联规则的定义

关联规则定义：假设 I 是项的集合，给定一个交易数据库，其中每个事务 t 是 I 的非空子集，即每个交易都与一个唯一的标志符 TID（Transaction ID）对应，关联规则在 D 中的支持度是 D 中事务同时包含 X、Y 的百分比，即概率；置信度是包含 X 的事务中同时又包含 Y 的百分比，即条件概率。

关联规则挖掘的目的就是要找出有较强关联性且有用的规则。关联规则挖掘的判定依据，可分为客观和主观两方面：客观方面主要依赖于规则的结构和发现过程中使用的数据；主观方面依赖于用户。在利用有趣度度量挖掘规则时，应同时使用主客观度量，先用客观度量提取有趣规则，再根据用户的挖掘要求应用主观度量选出规则。

5.6.2 关联规则的分类

按照关联规则中处理变量的类别、关联规则中数据的抽象层次、关联规则中涉及的数据维度等分类方式，可将关联规则进行如下分类。

1）基于关联规则中处理变量的类别

基于规则中处理变量的类别，关联规则可以分为布尔型和数值型。布尔型关联规则处理的值都是离散的、种类化的，它显示了这些变量之间的关系；而数值型关联规则可以和多维关联或多层关联规则结合起来，对数值型字段进行处理，将其进行动态分割，或者直接对原始的数据进行处理，当然数值型关联规则中也可以包含种类变量。

2）基于关联规则中数据的抽象层次

基于规则中数据的抽象层次，关联规则可以分为单层关联规则和多层关联规则。在单层关联规则中，所有的变量都没有考虑到现实的数据是具有多个不同的层次的；而在多层的关联规则中，对数据的多层性已经进行了充分的考虑。

3）基于关联规则中涉及的数据维度

基于规则中涉及的数据维度，关联规则可分为单维关联规则和多维关联规则。在单维关联规则中，只涉及数据的一个维；而在多维关联规则中，要处理的数据将会涉及多个维。单维关联规则是处理单个属性中的一些关系；多维关联规则是处理各个属性之间的某些关系。

5.6.3 关联规则挖掘过程

关联规则挖掘过程主要包含以下两个阶段。

第一阶段，先从资料集合中找出所有的高频项目组。高频的意思是指某一个项目组出现的频率相对于所有记录而言，必须达到某一水平。一个项目组出现的频率称为支持度，若该项目组的支持度大于等于所设定的最小支持度阈值，则称为高频项目组。一个满足最小支持度的 k-项目组，则称为高频 k-项目组，表示为 Large k 或 Frequent k。并从 Large k 的项目组中再产生 Large k+1，直到无法再找到更长的高频项目组为止。

第二阶段，由这些高频项目组中产生关联规则。关联规则的产生，是利用前一步骤找出的高频 k-项目组来产生规则，在最小信赖度的条件阈值下，若某一规则的信赖度高于最小信赖度，则称此规则为关联规则。

5.6.4 关联规则挖掘算法

5.6.4.1 Apriori 算法

Apriori 算法是一种最有影响力的挖掘布尔关联规则频繁项集的算法，通过使用候选项集寻找频繁项集，其核心是基于两阶段频繁项集思想的递推算法。该关联规则在分类上属于单维、单层、布尔关联规则。所有支持度大于最小支持度的项集都被称为频繁项集。

Apriori 算法的基本思想是：首先找出所有的频集，这些项集出现的频繁性至少和预定义的最小支持度一样；然后由频繁项集产生强关联规则，这些规则必须满足最小支持度和最小可信度；然后使用第 1 步找到的频繁项集产生期望的规则，产生只包含集合的项的所有规则，其中每一条规则的右部只有一项，这里采用的是中规则的定义；一旦这些规则被生成，那么只有那些大于用户给定的最小可信度的规则才被留下来。为了生成所有的频集，使用了递推的方法。

Apriori 算法存在两个固有：一是可能产生大量的候选集；二是可能需要重复扫描数据库。

5.6.4.2 基于划分的算法

基于划分的算法先把数据库从逻辑上分成几个互不相交的块，每次单独考虑一个分块并对它生成所有的频集，然后把产生的频集合并，用来生成所有可能的频集，最后计算这些项集的支持度。每个分块每个阶段只需被扫描一次。每一个可能的频繁项集至少在某一个分块中是频繁项集，这样也保证了算法的正确性。该算法是可以高度并行的，可以把每一分块分别分配给某一个处理器生成频集。产生频繁项集的每一个循环结束后，处理器之间进行通信来产生全局的候选 k-项集。

基于划分的算法存在两个制约其运行效率的瓶颈：一是通信过程中算法执行的时间；二是每个独立的处理器生成频繁项集的时间。

5.6.4.3 FP-树频繁项集算法

针对 Apriori 算法的固有缺陷，J. Han 等提出了不产生候选挖掘频繁项集的方法：FP-树频繁项集算法。此算法采用分而治之的策略，在经过第一遍扫描之后，把数据库中的频繁项集压缩进一棵频繁模式树（FP-树），同时依然保留其中的关联信息，随后再将 FP-树分化成一些条件库，每个库和一个长度为 1 的频繁项集相关，然后再对这些条件库分别进行挖掘。当原始数据量很大的时候，也可以结合划分的方法，使得一个 FP-树可以放入主存中。FP-树频繁项集算法对不同长度的规则都有很好的适应性，同时在效率上较 Apriori 算法有巨大的提高。

5.7 基于地理信息系统的可视化技术

5.7.1 Web GIS 简介

5.7.1.1 Web GIS

万维网地理信息系统（Web GIS）指基于 Internet 平台、客户端应用软件采用 www 协议运行在万维网上的地理信息系统。它是利用互联网技术来扩展和完善地理信息系统的一项新技术，其核心是在地理信息系统中嵌入 HTTP 和 TCP/IP 标准的应用体系，实现互联网环境下的空间信息管理等地理信息系统功能。Web GIS 在结构上属于分布式地理信息系统模型，通过 Internet/www 机制可有效实现分布式地理信息处理。与传统 GIS 软件相比，它具有价格低廉（除价格本身低廉外，还可省去部分数据采集、管理的费用）、维护方便（只需维护服务器端的程序即可)、多用户(客户端装有浏览器软件的互联网用户均可访问GIS站点)、开放性(通过Internet查询访问集成不同GIS站点和本地的空间数据)和支持多媒体数据等优势。

5.7.1.2 Web GIS的主要特点

1) 基于Internet/Intranet标准

Web GIS支持Internet网络通信和TCP/IP和HTTP(超文本传输协议),采用标准的HTML浏览器作为应用外壳,Web GIS能与任何地方的数据相连,不论是单位内部还是外部(表5.6)。

表5.6 Web GIS体系结构所支持的各种标准

基础技术	项目
网络通信协议	TCP/IP
文档和文件传输	HTTP
文档显示与应用程序集成	HTML
应用程序传送	
客户端集成	Plug-in, ActiveX, Java Applet
服务器端集成	CGI, 服务器API, Java
应用程序扩张	
客户端扩张	HTML, JavaScript, VBScript
服务器端扩张	CGI, 服务器API, Java

2) 分布式服务体系结构

分布式服务体系结构是在客户端和服务器端都能提供活跃的、可执行进程的体系结构,它能有效地平衡两者之间的处理负载,诸如动态提取数据子集并进行分析的进程任务。一般应当在服务器端执行,而不是在客户端,空间信息查询集的选定和按比例缩放地图则适合在客户端执行。这种在客户机与服务器之间的进程分布式处理,最大限度地发挥了现有计算机硬件资源的利用率。把数据量集中的任务放在服务器上,使得应用程序能支持其他的网络请求,分布式处理显著地降低了带宽要求并提高了系统的性能。它允许用户嵌入自己定制的GIS,GIS服务使用的数据既可以是本地的也可以是分布的数据集,从而使传统GIS向分布式GIS转变。

3) 发布速度快、范围广、维护方便

由于运用了Internet技术,Web GIS的信息更新之及时、发布速度之快、发布范围之广是其他传统地理信息系统难以比拟的。Web GIS的体系结构包括许多应用服务,如制图、查询、地理编码等。传统的地理信息系统,当用户规模有所扩大、数据有所变更之后,都需对原有系统做大量的改动。而在Web

GIS 中则只需维护服务器端的一套数据，用户端就能及时看到更新的数据。

4）数据来源丰富、分布存储

Web GIS 能充分利用已有的 GIS 数据资源和属性数据库数据，将常用的多种 GIS 数据转换成自己的空间数据格式和相应的关系数据库，保护用户的先期投资。服务器端的 GIS 数据（包括图形和属性数据）不需要全部集中在一台机器上，可以分散安装在多台机器上，这些机器可分布在空间距离很远的地方，只要通过 Internet/Intranet 相连就可以。

5）用户界面友好

Web GIS 使用标准的 Internet 浏览器作为用户的使用界面和工具，通过与用户交互可定制网页。开发工具丰富，功能强大。所开发的用户界面具有较强的多媒体效果，甚至使人获得虚拟现实的感受，并且操作简单明了，形象直观，一般用户也能使用。

6）系统建设投资少

利用 Internet 的基础设施，以较少的投资就可以建立一套覆盖整个企业或全行业甚至世界范围内的空间信息发布体系。终端用户不需要购买任何专门的 GIS 软件，就可以享受到真正的、实时的 GIS 信息服务。

7）系统安全性

有的 Web GIS 软件（如 Auto Guide）具有对数据访问的安全控制。通过口令密码可以限制访问人员的范围及可访问的内容。对于面向全社会的专业信息系统，在实际应用中，往往要求根据不同的用户（如行政首长、各级部门工作人员、一般用户等）提供相应的信息。

8）系统协同性

遍布全球的代理商可以直接为用户发布数据并提供服务。用户可以将广泛分布的数据和本地数据结合在一起，使不同地区的计算机主机协同工作。Web GIS 的用户可以在任何时间、任何地点共享和使用彼此的数据。

5.7.1.3 Web GIS 的组成部分

Web GIS 逻辑上由如下四部分组成。

（1）Web 浏览器：显示空间信息并支持客户端在线处理，如查询分析等；

（2）Web GIS 的信息代理：设定地理信息代理机制和地理信息代理协议，并提供数据访问接口，均衡网络负载，实现空间信息网络化，是实现地理信息在 Internet 发布的关键；

（3）Web GIS 服务器：回应浏览器数据请求，完成后台空间数据库的管理；

（4）Web GIS 编辑器：具有可视化、交互式、多窗口的功能，能建立 GIS 对象、模型和进行空间数据的编辑及显示。

5.7.1.4　Web GIS 的体系结构

伴随着网络技术和计算机技术的发展，网络计算模式已经从早期的单一计算模式（集中式体系结构）发展到后来的客户/服务器计算模式（两层体系结构）乃至浏览器/服务器计算模式（三层体系结构）。

1）两层体系结构

两层体系结构把 Web GIS 分成客户端和服务器两部分，形成客户/服务器计算模式（client/server，c/s）。该模式基于简单的请求/应答方式，即由客户端向服务器发送数据处理请求，服务器接受请求并进行处理，将操作结果传回给客户端，如图 5.35 所示。

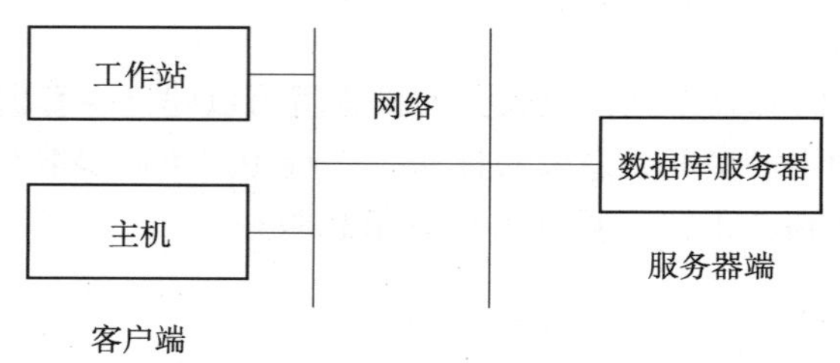

图 5.35　两层体系机构

按照负载的轻重和处理性质可以将客户/服务器结构分为两类，分别是基于客户端的 Web GIS 体系结构和基于服务器端的体系结构。前一种体系结构由客户端实现 GIS 的绝大多数功能，只有少量的 GIS 功能在服务器实现，所以又被称为瘦服务器/胖客户端模式。后一种体系结构由服务器完成 GIS 的大部分功能，客户端仅充当对用户友好的接口，服务器端的负载较重，所以被称为胖服务器/瘦客户端模式。

2）三层体系结构

三层体系结构突破了客户/服务器两层模型的限制，将 c/s 结构中的服务器端分解成应用服务器和多个数据库服务器，形成一种新的计算模式——浏览器/服务器模式（browser/server，b/s）。该模式减轻了客户端和数据库服务器的压力，而且只需随机增加中间层服务器（应用服务器），即可满足应用的需要（图 5.36）。

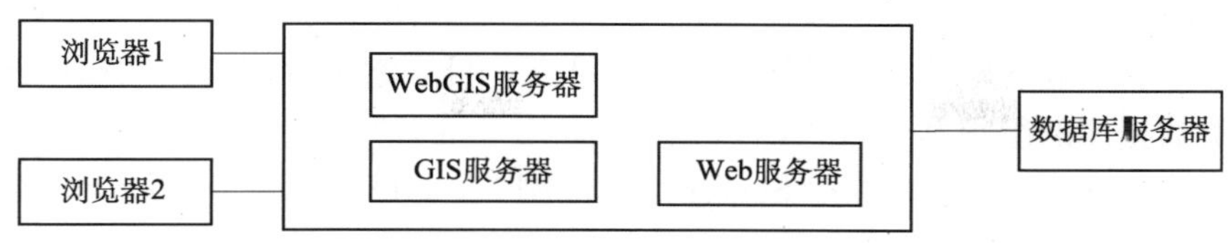

图 5.36　三层体系结构

5.7.1.5　Web GIS 的基本原理

根据主要的空间数据所处的逻辑位置不同，将 Web GIS 分为两类：服务器端和客户端两种解决方案，也有人将其分为动态式和主动式 Web GIS。其基本原理如图 5.37 所示。

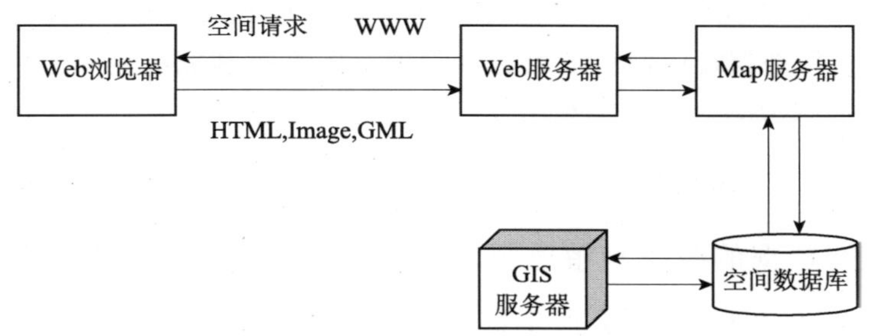

图 5.37　Web GIS 的基本原理

其中，客户端为 Web 浏览器；服务器端有 Web 服务器、Map 服务器、GIS 服务器和空间数据库。

(1) Web 浏览器是用户和 Web GIS 的交互接口，用来显示地图和实现客户端的在线查询和分析功能；

(2) Web 服务器响应来自 Web 浏览器的请求，通过通用网关接口（CGI)、Servlet 将请求传递给 Map 服务器，并从 Map 服务器得到请求结果发还给浏览器；

(3) Map 服务器是 Web GIS 的核心，它负责将 Web 服务器转发过来的用户请求分配给相应的 GIS 服务器或空间数据库，并能够实现网络的负载平衡；

(4) GIS 服务器是 Web GIS 的底层 GIS 软件，它提供了空间数据的存取、查询、分析、处理等功能；

(5) 空间数据库用来存储和管理空间数据；

(6) 浏览器和服务器之间通过超文本传输协议 HTTP 来发送请求和结果数据，数据传输的格式有基于栅格的、基于向量的和基于 XML 的。

Web GIS 是基于客户/服务器的分布式处理系统，整个系统大体分为客户层、服务层和数据层，其中服务层由 Web Server 和 GIS Server 组成，二者可以是独立的，也可以集成在一起。Web Server 负责 Web 服务；GIS Server 负责提供数据存取、地图显示、空间分析、模型管理、目录索引等服务；数据库 Server 负责数据库的组织和管理；Client 则负责用户的各种请求。Web server 作为 Client 与 GIS Server、数据库 Server 之间的网关，GIS Server 通过 Web 服务协议为用户提供地理信息服务。Client 端与 Web Server 之间基于 HTTP 协议传递用户请求和 Server 响应。Web Server 将大量 Client 端的请求发送至 GIS Server，GIS Server 根据用户请求对各个数据库 Server 进行数据存取及相关属性操作。GIS Server 是 Web GIS 的核心之一。

常见的 Web GIS 的结构体系是由数据库、应用服务器和客户端组成的三层体系结构。客户端为浏览器，服务器端由 Web 服务器、GIS 服务器和数据库构成。按浏览器和服务器端功能的多少，可以将 Web GIS 应用系统分为两大类，即基于客户端的 Web GIS 和基于服务器端的 Web GIS 两大类。基于服务器端的 Web GIS，在服务器端依赖 GIS 服务器管理 GIS 数据和完成空间分析：而基于客户端的 Web GIS，在客户端利用客户机完成 GIS 处理操作。

5.7.1.6 Web GIS 的关键技术

1）空间数据的压缩与解压缩

GIS 中海量的空间数据会产生数据传输和存储问题，即使是宽带高速网，也不能使影像在万维网上以各种比例尺任意漫游，因此空间数据的压缩就显得尤为重要。此外，空间数据的管理和使用，如影像数据库的建立（影像无缝漫游）、网上数据分发、数据通信传播等都要求对空间数据进行压缩和解压缩。目前，由于小波理论能有效地应用于空间数据的压缩和解压缩，从而成为地理信息数据压缩领域的研究热点。

2）基于 WAP 技术的 Web 浏览

由于无线互联网属于窄带网，网络环境并不是十分稳定，但本身技术含量又特别高，所以，如何减轻客户端的负荷是一个关键问题。最好的解决办法就是强化服务器端，同时研究可兼容、扩展和交互地满足客户端要求的 Web 浏览技术。

3）分布式 Web GIS 数据库管理

目前，Web GIS 数据访问技术有 CGI、Web 服务器专用 API、JDBC、Object Web 四种方法。Object Web 是最新一代的动态网页技术，主要是 Java/CORBA 和 Active X/DCOM 两种互相竞争的技术。Object Web 通过分布式对象技术，允许客户机直接调用服务器，开销小，避免了 CGI 形成的“瓶颈”。两种方式都是独立于语言的，而且是组件式的。但 Active X/DCOM 目前只能运行在

Win 95/NT 上，而 Java/CORBA 具有跨平台的特性，具有十分突出的特点。

5.7.1.7　Web GIS 的优势

与以往的桌面 GIS 相比，Web GIS 具有许多优点，如下。

(1) 全球化的客户/服务器应用。全球范围内任意 1 个 www 节点的 Internet 用户都可以访问 Web GlS 服务器提供的各种 GIS 服务，甚至还可以进行全球范围内的 GIS 数据更新，使分布式的多数据源的数据管理和合成变得更易于实现。

(2) 真正大众化的 GIS。以往的 GIS 由于成本高、技术难度大，往往成了少数专业人士拥有的专业工具，很难推广。Web GIS 则给更多的用户提供了使用 GIS 的机会。Web GIS 在客户端通常只需使用通用浏览器进行浏览和查询（有时还要加入一些免费使用的插件、Active X 控件等），从而大大降低了系统成本。

(3) 跨平台特性。在 Web GIS 以前，尽管一些 GIS 厂商已经针对不同的操作系统提供了不同的 GIS 软件版本，但是迄今为止没有 1 个 GIS 软件真正具有跨平台的特性。对于 Web GIS 而言，无论 Web GIS 服务器端使用何种操作系统的 GIS 软件，由于使用了通用的 Web 浏览器，用户都可以轻松地访问 Web GIS 数据，不存在任何困难。

(4) 良好的可扩展性。Web GIS 很容易跟 Web 中的其他信息服务进行无缝集成，可以建立灵活多样的 GIS 应用。例如，随着通信终端向多媒体和移动化方向发展，数字移动电话、PDA（个人数字助理）将成为 Web GIS 的客户端，WAP 服务器和 Web GIS 服务器将连为一体。

5.7.1.8　Web GIS 的功能

1）地理信息的空间分布式获取

Web GIS 可以在全球范围内通过各种手段获取各种地理信息。将已存在的图形数据语言通过数字化转化为 Web GIS 的基础数据，使数据的共享和传输更加方便。

2）地理信息的空间查询、检索和联机处理

利用浏览器的交互能力，Web GIS 可以实现图形及属性数据的查询检索，并通过与浏览器的交互使不同地区的客户端来操作这些数据。

3）空间模型的分析服务

在高性能的服务器端提供各种应用模型的分析与方法，通过接收用户提供的模型参数，进行快速计算与分析，即时将计算结果以图形或文字等方式返回至浏览器端。

4）互联网上资源的共享

互联网上大量的信息资源多数都具有空间分布的特征，利用 Web GIS 对这些信息进行组织管理，为用户提供基于空间分布的多种信息服务，提高资源的利用率和共享程度。

5.7.2 Web GIS 国内外研究现状与发展趋势

5.7.2.1 Web GIS 研究现状

目前，国内外对 Web GIS 软件技术的研究一般是基于 Internet，采用 Web 技术，采用 Browser/Server 体系结构或多级 Browser/Server 体系结构，利用诸如 CGI，Server API（服务器应用程序接口），Plug-Ins，CORBA 和 DCOM/Active X，Java 等技术，或者通过几种技术的综合使用来构造 Web GIS。国外的主流 Web GIS 软件有 AutoDesk 公司开发的 MapGuide、ESRI 公司开发的 ArcGIS Server、Maplnfo 公司开发的 MapXsite 和 MapXtreme 等。国内的 Web GIS 技术也有了长足的进步，发布产品如 GeoBeans，CDWebGIS 等。尽管 Web GIS 发展很快，但总的来说，各厂商提供的 Web GIS 软件产品及其技术还不够成熟，Web GIS 软件产品的研发还处于初级阶段。

5.7.2.2 Web GIS 的常用软件

ARCIMS，MapGuide，MapXtreme，GeoMedia，Web Map 是目前应用最为广泛的 Web GIS 软件。表 5.7 是常用 Web GIS 软件的性能比较。

表 5.7 常用 Web GIS 软件性能比较

产品名称	ARCIMS	MapGuide	MapXtreme
公司名称	ESRI	AutoDesk	MapInfo
最新版本	3.1	6.0	4.0
客户端需要插件或控件	不需要	需要	不需要
网络传递图形格式	JEPG/GIF（栅格）、向量	MapGuide SDF 向量或 JEPG（栅格）	JEPG（栅格）、向量
地图预出版处理	动态生成	需进行格式转换处理	动态生成
可发布的数据格式	ArcView Shape 文件、Arc/Info Coverage、SDE 地图	ArcView Shape 文件、Arc/Info Coverage、AutoDesk DWG 文件、MicroStation DCN 文件、Mapinfo MIF 文件	Mapinfo 地图文件、Oracle 8I Spatial 空间数据
服务体系结构	分布式	分布式	分布式
实现方法	CGI 通用网关接口	Plug-Ins GIS 插件法支持	Java 应用程序支持
支持 XML	自己的 ARCXML	支持	支持

续表

连接任意的 ODBC 远程数据	可以	可以	基于 XML 的特性与 XML 样式完全兼容有原型想到工具
Web 服务器	Microsoft Internet Information Server，Netscape Enterprise Server 和 Java Server，以及支持 Servers 的 Web 服务器	Microsoft NT 网络服务器，MapGuide Server 可以扩张	支持 SUN J2EE 规范，自带 Apache Tomcat 3.2
可用的操作系统	Windows NT，Windows 2000，UNIX	Windows NT，Windows 2000，UNIX，MAC®OS	任何
与数据库的连接方式	ODBC	ODBC	JDBC

MapGuide 可发布的数据格式较多，另外两种软件仅可发布本公司软件产生的数据格式。三种软件都具有分布式服务体系结构，支持 XML 且均可采用向量或栅格网络传递图形格式，但其实现方法各不相同：ARCIMS 采用 CGI，MapGuide 采用 Plug-Ins GIS 插件法，MapXtreme Java 采用 Java 应用程序法。ARCIMS 和 MapGuide 与数据库的连接方式采用 ODBC 法，MapXtreme Java 4.0 采用 JDBC 法。ARCIMS 可在 NT 及 UNIX 环境中运行，MapXtreme Java 可以在任何环境中运行。综合起来 MapGuide 功能较强，MapXtreme Java 技术较为先进，但 ARCIMS 凭借其在 GIS 软件界的龙头地位占有相对较大的用户份额。

5.7.2.3 Web GIS 的发展趋势

GIS 技术和 Internet 技术的发展推动着 Web GIS 的发展，Web GIS 的发展趋势主要表现在以下几个方面：分布式的 Web GIS、基于虚拟现实的网络 GIS、一体化的空间数据管理与分析、开放式的地理信息系统、开放的空间数据交换格式、移动地理信息系统等。特别是 Ajax 的异步刷新机制给 Web GIS 带来了更快的响应速度、更高的运行性能和更好的用户体验，采用 Ajax 技术的网络应用程序的优势已经改变了传统 Web GIS 系统的软件开发模式，基于 Ajax 模式的 Web GIS 已经成为 GIS 领域新的研究热点。

5.7.3 Web GIS 空间数据发布技术

Web GIS 是 Web 技术和 GIS 技术相结合的产物，是利用 Web 技术来扩展地理信息系统应用的一项技术。由于 HTTP 协议采用基于 c/s 的请求/应答机制，具有较强的用户交互能力，Web GIS 就是将 GIS 中的图形、图像形式的空间数据通过 Internet 传输并显示在终端浏览器上，用户通过交互操作，对空间数据进行查询分析。

Web GIS 的实现方法主要有 CGI 通用网关接口、服务器应用程序接口法（ServerAPI）、Plug-Ins GIS 插件法、Java 编程法、Active X 编程法。CGI 是为空间数据库提供专用空间数据库 Web 接口，CGI 是连接应用软件和 Web 服务器的标准技术，HTML 的功能扩展，CGI 程序与 HTML 结合实现交互动态通信。这种方法开发简单，只要在原 GIS 软件的基础上加上 CGI 程序，即可在 Internet 上运行，但其 GIS 操作均在服务器端进行，网上传递的栅格数据量大、速度慢、效率低，而且仅能给用户提供较为低级的 GIS 功能。服务器应用程序接口法只能在特定的服务器上运行，速度快于 CGI，但它依附于特定的服务器和计算机平台，网络流量高时，系统反应慢。Plug-Ins GIS 插件法是安装额外能和网络浏览器交换信息的专门 GIS 软件。这种方法提高了网络浏览器处理地理空间数据的能力，减少了网络服务器的信息流量，客户端获取空间数据相对方便。但这种方法的插件要预先安装，传统软件不同版本间的不兼容性及管理问题依然存在，用户端负担依然过重。Java 语言是由 SUN 公司提出的互联网程序语言。与 Java 相比，Active X 本身不是一种计算机语言，而是一种技术标准，它可将一个巨大的 Web GIS 软件系统分解成相对独立的组件，通过组件开发技术和 OLE 等运行 Web GIS。Active X 目前还没有解决网络安全问题。

后两种方法都可以将可执行程序从网络服务器上传到用户机器上，并直接在用户机器上执行，减少了网络信息流量，提高了运行效率。

5.7.3.1 基于服务器端的 Web 地图发布技术

基于服务器端的 Web 地图发布技术主要有 CGI，Server API 等。基于服务器端技术的 Web GIS 依赖服务器端的 GIS 系统完成 GIS 分析和结果输出工作。Web 浏览器充当前端的对用户友好的接口。互联网客户端浏览器上的用户每进行一次 GIS 操作（通过 URL 发送请求），都需要将此请求通过互联网送给服务器，服务器接受此请求，进行处理，并将处理结果返回客户端。

1）基于 CGI 的 Web GIS

CGI 是最早用来建立动态 Web 资源的技术，它是外部应用程序和 Web 服务器之间的接口标准，可让浏览器与服务器之间产生互动的关系。基于 CGI 技术的 Web GIS 系统在用户发出一个请求时，服务器把请求通过 CGI 转发给后端 GIS 应用程序。应用程序生成的结果又通过服务器传回客户端。基于 CGI 技术实现 Web GIS 的优势在于服务器软件之间的可移植性，缺陷是其浏览器的请求与生成的进程一一对应，它的进程通常都不在常驻系统内，只要有客户需求送置，服务器就要建立一个新的进程，致使多个用户同时访问时，系统资源占用过多，执行效率低。

基于 CGI 的 Web GIS，在服务器端，GIS 软件通过 CGI 与万维网的 HTTP 服务器相连。在客户端，由万维网浏览器以 HTML 建立用户界面，用户通过 HTML 表格和栅格图像输入指令，所有 GIS 操作和分析都在 GIS 服务器上完成，服务器以图像和 HTML 文件的方式反馈（图 5.38）。

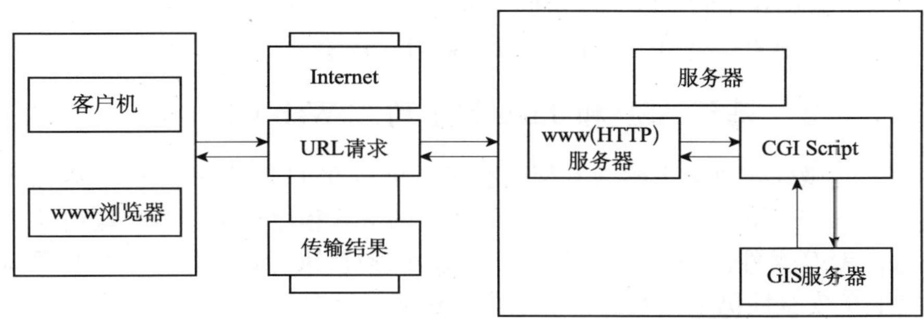

图 5.38　基于 CGI 的 Web GIS 体系结构

2）Server API 方法

Server API 技术针对 CGI 方法的低效率这一缺点进行了改进，利用动态链接库技术，以线程代替进程，提高了性能和速度。Server API 将 Web 服务器与某一应用程序接口相连（CGI 技术是与某一进程相连），Server API 将得到的结果转化为 HTML 文档并返回 Web 服务器，由 Web 服务器将得到的 HTML 文档传给浏览器（图 5.39）。

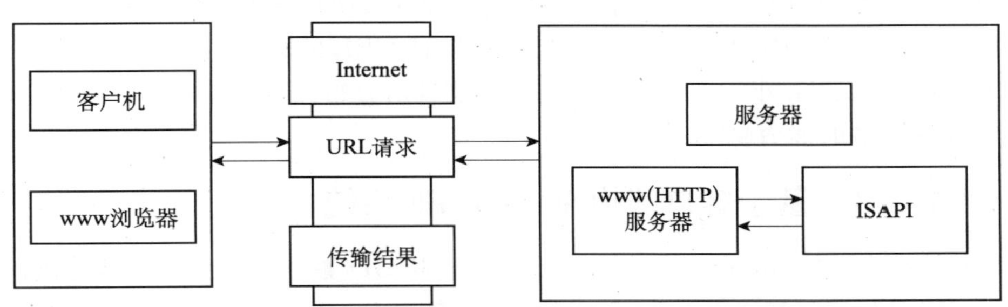

图 5.39　基于 Server API 的 Web GIS 体系结构

目前最有影响的 Server API 有 Netscape 的 NSAPI，以及 Microsoft 的 ISAPI。这些 Server API 应用程序是与 Web 服务器软件处于同一个地址空间的 DLL（动态链接库），因此所有的 HTTP 服务器进程都能够直接利用各种资源，这比调用处在同一地址空间的 CGI 程序所占用的系统时间要短。但 Server API 编程需要多线程、进程同步和直接协议编程等知识，比开发 CGI 程序复杂和困难得多。Server API 的基本原理类似于 CGI，不同之处在于 CGI 程序是可以单独运行的程序，而基于 Server API 的程序必须在特定的 Web 服务器上运行。例如，Microsoft 的 ISAPI 依附于 IIS（internet information server），只能在 windows 平台上运行，其可移植性较差。但是基于 Server API 的动态连接模块启动后会一直处于运行状态，而不像 CGI 那样每次都要重新启动，其速度较 CGI 快得多。这种方法的缺陷在于它依附于特定的服务器和计算机平台。目前，主要的 Server API 技术是 ASP，ASP. NET 和 JSP/Servlet 技术。

5.7.3.2 基于 ASP 和 Java 的主动式 Web GIS

ASP 是微软公司推出的动态网页技术，可以在 HTML 程序码中内嵌 VBScript 或 JavaScript，服务器端还需安装适当的编译程序引擎。客户端请求 ASP 网页时，ASP 文件由服务器端的 ASP Engine 解释执行，源程序不会传到浏览器，但它的安全性仍不是很好，必须随时注意微软公司的新补丁，以便更新系统。基于 ASP 的 Web GIS 还必须和 IIS 及 ActiveX 紧密相连，ADO（ActiveX Data Object）作为数据库访问控件。用它使客户端的程序通过 BC 和 OLE DB 来操纵 GIS 数据。并且 ASP 执行环境仅限于 Microsoft Internet Information Server。Microsoft Site Server 和 Personal Web Server 缺乏跨平台的特性。另外，每当客户端请求 ASP 网页时，服务器端都必须重新编译一次，在执行效率上略显不足。Java 语言正是针对 Internet 应用而开发的编程语言，也是一种面向对象、支持多线程、体系结构独立的解释型动态语言，具有高度的安全性、可移植性和代码重用性，具有“一次编译，处处运行”的效果，支持 Web 计算模式，能实现 Web 的数据分布和操作分布。Java 的特殊性质使它成为开发 Web GIS 的主流技术。它利用 URL 对象可以分布式访问具有 URL 的数据对象，通过在客户端下载 Java Applet 小程序完成 GIS 功能，实现对分布式数据的操作，但在完成大型 G1S 任务时能力受限。

5.7.3.3 基于客户端构建 Web GIS 系统

基于客户端的 Internet GIS 允许 GIS 分析和 GIS 数据处理在客户机端执行。这些 GIS 分析工具和 GIS 数据最初驻留在服务器上。用户通过浏览器向服务器发出需要 GIS 数据和 GIS 处理工具的请求；服务器将所需要的 GIS 数据和 GIS 处理工具传送给客户端。客户端接受所需要的 GIS 数据和 GIS 处理工具，按照用户的操作，进行 GIS 数据处理和分析；此时无须服务器的参与。由于所需要的 GIS 数据和 GIS 处理工具已经到客户端，所以具有操作方便、灵活、速度快等优势。基于客户端的 Web GIS 的工作方式主要有：GIS Plug-Ins，GIS Active

X 和 GIS Java Applet。其体系结构如图 5.40 所示。

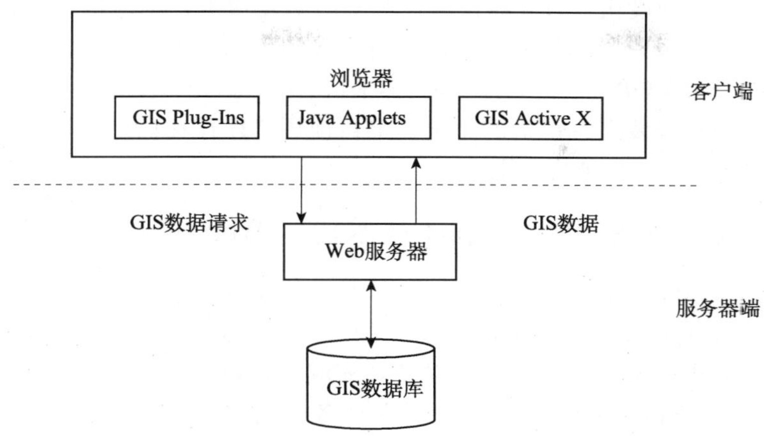

图 5.40　基于客户端的 Web GIS 体系结构

5.7.3.4　利用 GIS Plug-Ins 技术构建 Web GIS 系统

GIS Plug-Ins 是在浏览器上扩充 Web 浏览器的可执行的 GIS 软件。GIS Plug-Ins 的主要作用是使 Web 浏览器支持处理无缝 GIS 数据，并为 Web 浏览器与 GIS 数据之间的通信提供条件。GIS Plug-Ins 直接处理来自服务器的 GIS 向量数据。同时，GIS Plug-Ins 可以生成自己的数据，以供 Web 浏览器或其他 Plug-Ins 显示使用。Plug-Ins 必须安装在客户机，然后才能使用。基于 Plug-Ins 模式的 Web GIS 体系结构如图 5.41 所示。

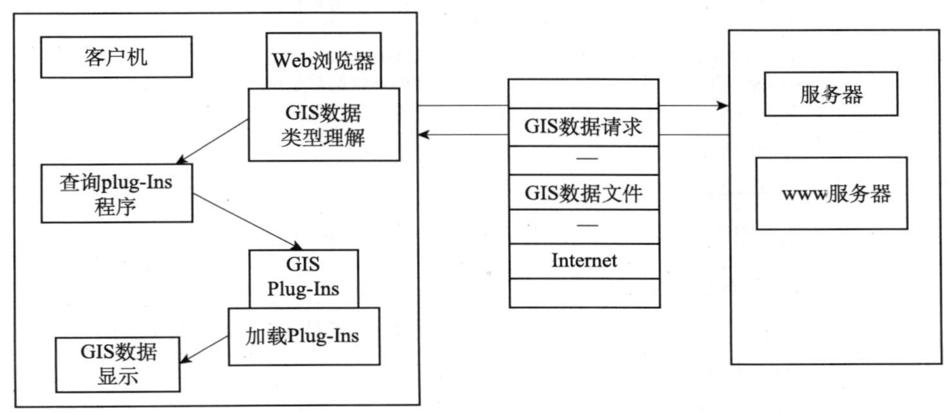

图 5.41　基于 Plug-Ins 模式的 Web GIS 体系结构

由于对每一种数据源，都需要有相应的 GIS Plug-Ins，所以 GIS Plug-Ins 能无缝支持与 GIS 数据的连接；所有的 GIS 操作都是在本地由 GIS Plug-Ins 完成的，因此运行的速度快；服务器仅需提供 GIS 数据服务，网络也只需将 GIS 数据一次性传输，服务器的任务很少，网络传输的负担轻。但这种方法有许多明显的不足之处：①GIS 插件与客户端具体平台、GIS 数据类型是密切相关的；②插件需要先下载安装在客户机的浏览器上再使用，还存在插件程序的版本升级问题；③GIS 分析操作能力有限。

5.7.3.5 利用 Java Applet 技术构建 Web GIS 系统

GIS Java Applet 是在程序运行时，从服务器下载到客户端运行的可执行代码。GIS Java Applet 是由面向对象的语言 Java 开发的小应用程序，与 Web 浏览器紧密结合，以扩展 Web 浏览器的功能，完成 GIS 数据操作和 GIS 处理。

GIS Java Applet 最初为驻留在 Web 服务器端的可执行代码。在通常情况下，GIS Java Applet 包容在 HTML 代码中，并通过 Applet 参考标签来获取和引发。它能完成 GIS 数据解释和 GIS 分析功能。但是，对于处理大型的 GIS 分析任务（如叠置、资源分配等）的能力，无法与 CGI 模式相比；GIS 数据的保存、分析结果的存储和网络资源的使用能力受到限制。基于 Java Applet 模式的 Web GIS 体系结构如图 5.42 所示。

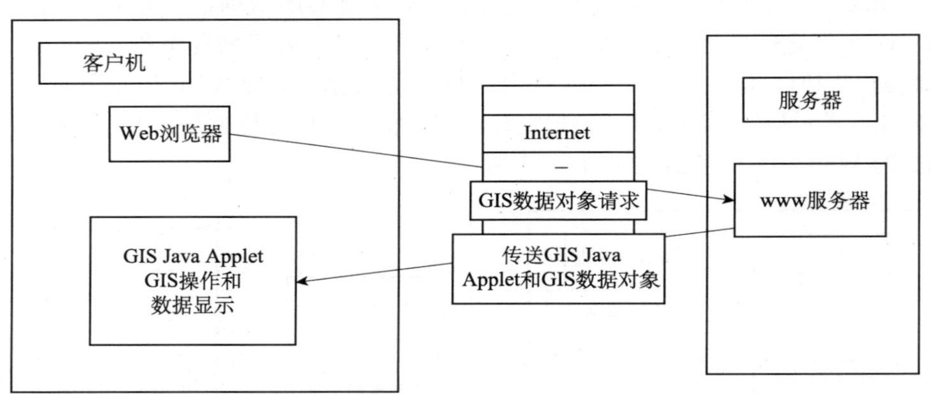

图 5.42 基于 Java Applet 模式的 Web GIS 体系结构

JavaApplet 具有以下优点：

（1）体系结构中立，与平台和操作系统无关。在具有 Java 虚拟机的 Web 浏览器上运行。写一次，可到处运行。

（2）动态运行，无须在用户端预先安装。由于 GIS Java Applet 是在运行时从 Web 服务器动态下载的，所以当服务器端的 GIS Java Applet 更新后，客户端总是可以使用最新的版本。

(3) GIS 操作速度快。所有的 GIS 操作都是在本地由 GIS Java Applet 完成的，因此运行的速度快。

(4) 服务器和网络传输的负担轻。服务器仅需提供 GIS 数据服务，网络也只需将 GIS 数据一次性传输。服务器的负担很小，网络传输的负担轻。

不足之处是使用已有的 GIS 操作分析资源的能力弱，处理大型 GIS 分析的能力有限，GIS 数据的保存、分析结果的存储和网络资源的使用能力有限。

5.7.3.6 利用 GIS Active X 技术构建 Web GIS 系统

Active X 是 Microsoft 为适应互联网而发展的标准。Active X 是建立在 OLE (object linking and embedding) 标准之上，为扩展 Microsoft Web 浏览器 Internet Explorer 功能而提供的公共框架。Active X 控件是用于完成具体任务和信息通信的软件模块。GIS Active X 控件用于处理 GIS 数据和完成 GIS 分析。

Active X 控件和 Plug-Ins 非常相似，是为了扩展 Web 浏览器的动态模块。所不同的是，Active X 能被支持 OLE 标准的任何程序语言或应用系统所使用；相反，Plug-Ins 只能在某一具体的浏览器中使用。

基于 GIS Active X 控件的 Web GIS 是依赖 GIS Active X 来完成 GIS 数据的处理和显示的。GIS Active X 控件与 Web 浏览器灵活无缝地结合在一起。在通常情况下，GIS Active X 控件包含在 HTML 代码中，并通过 Object 参考标签来获取。基于 GIS Active X 模式的 Web GIS 体系结构如图 5.43 所示。

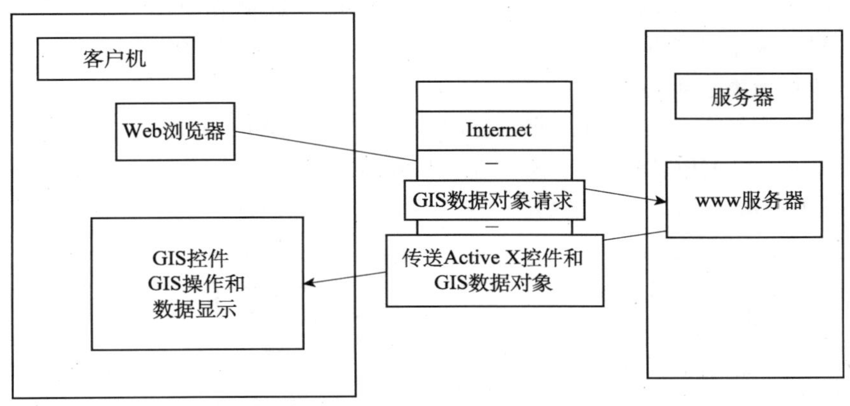

图 5.43 基于 GIS Active X 模式的 Web GIS 体系结构

GIS Active X 的工作原理：Web 浏览器发出 GIS 数据显示操作请求；Web 服务器接收到用户的请求，进行处理，并将用户所要的 GIS 数据和 GIS Active X 控件传送给 Web 浏览器；客户端接收到 Web 服务器传来的 GIS 数据和 GIS Active X 控件，启动 GIS Active X 控件，对 GIS 数据进行处理，完成 GIS 操作。

基于 GIS Active X 模式的 Web GIS 体系结构具有 GIS Plug-Ins 模式的所有优点。同时，Active X 能被支持 OLE 标准的任何程序语言或应用系统所使用，比 GIS P1ug-Ins 模式更灵活，使用方便。但这种方法有如下不足之处：

（1）需要下载，占用客户端机器的磁盘空间；

（2）对于不同的平台，必须提供不同的 GIS Active X 控件；

（3）GIS Active X 控件最初只适用于 Microsoft Web 浏览器。在其他浏览器使用时，需增加特殊的 Plug-Ins 予以支持；

（4）使用已有的 GIS 操作分析资源的能力弱，处理大型 GIS 分析的能力有限。

5.7.3.7　基于服务器端和客户端的混合技术

单纯的客户端模式和服务器模式都存在着明显的不足：对于服务器模式，当需要频繁地传输数据时，系统的执行效率将会受带宽和网络流量的制约；对于客户端模式，需将数据下载到本地机进行处理，这种方式处理较小数据量的向量地图速度快、效果好，但是随着数据量增加到一定程度（含有影像数据），其性能将会急剧下降。数据下载到本地机，同时会带来安全性的问题。因此，将两种模式的优点结合在一起可以发挥服务器和客户端的优势和潜力。

混合模式的特点在于，当需要执行大数据的处理和分析时，可以在高性能的服务器上执行；当需要由用户来控制处理任务时，则可在客户端执行。在这种混合模式下，客户端和服务器共享彼此的功能，数据和应用程序可以根据需要由客户端来不断地请求，或者在客户端执行，或者在服务器端执行，从而使系统的执行效率达到最优化。

目前，市场上主要采用这种混合模式的产品有 ESRI 公司的 ArcIMS，国内的 GeoBeans 和 MBGIS。基于客户端和服务器的混合模式的 Web GIS 体系结构如图 5.44 所示。

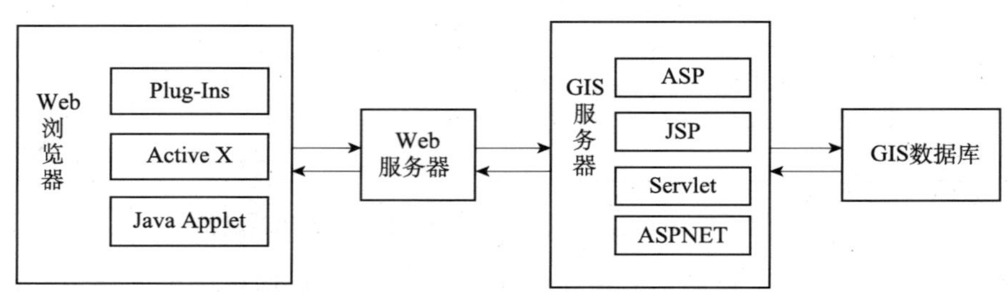

图 5.44　基于客户端和服务器的混合模式的 Web GIS 体系结构

5.7.3.8 Web GIS系统构建模式的优缺点

从基于服务器端构建Web GIS系统和基于客户端构建Web GIS系统的不同技术方法进行分析，可以得到Web GIS系统构建模式的优缺点，如表5.8所示。

表5.8 Web GIS系统构建模式的优缺点

类型	工作模式	实例	优点	缺陷
基于CGI的Web GIS	CGI	IMS，ProServer	客户端很小；充分利用服务器资源	JPEG和GIF是客户端操作的唯一形式；互联网和服务器负担重，CGI应用程序一般是可执行程序
基于Server API的Web GIS	Server API	GeoBeans，IMS	客户端很小；充分利用服务器资源，以动态链接库的形式存在	JPEG和GIF是客户端操作的唯一形式；互联网和服务器的负担重
基于Plug-Ins的Web GIS	Plug-Ins	Map Guide	具有动态代码模块；比HTML更灵活，可直接操作GIS数据	与平台和操作系统相关；不同的GIS数据需要不同的Plug-Ins支持；必须安装在客户机的硬盘上
基于Java Applet的Web GIS	Java Applet	ActiveMap，GeoBeans	在支持Java的互联网浏览器上运行，与平台和操作系统无关，完成GIS数据解释、分析功能	处理较大的GIS分析任务的能力有限；GIS数据的保存、分析结果的存储和网络资源的使用能力有限
基于Active X的Web GIS	Active X	GeoMedia，Web Map	具有动态代码模块；通过OLE与其他程序、模块和互联网通信；是一种通用的部件	需要下载安装，占有硬盘空间；与平台和操作系统相关；不同的GIS数据需要不同的Active X控件支持

5.7.3.9 Web GIS系统构建模式评价

从Web GIS系统构建模式优缺点对照表，对Web GIS系统构建模式从执行能力、相互作用、移植性、安全性等方面作出以下评价，如表5.9所示。

表5.9 Web GIS系统构建模式评价

模式	基于CGI	基于Server API	基于Plug-Ins	基于Java Applet	基于Active X
客户机	很好	很好	好	好	好
服务器	差到好	好	好	很好	很好
网络	差	好	好	好	好
总体	一般	好	好	好到很好	好到很好

续表

模式	基于 CGI	基于 Server API	基于 Plug-Ins	基于 Java Applet	基于 Active X
用户界面	差	好	好	很好	很好
功能支持	一般	好	好	很好	很好
本地数据支持	否	否	是	否	是
移植性	很好	很好	差	好	一般
安全性	很好	很好	一般	好	一般

5.7.4 Web GIS 空间数据的管理

5.7.4.1 空间数据的特征

地理实体具有三个基本特征。

(1) 属性特征。用以描述事物或现象的特性，即用来说明“是什么”，如事物或现象的类别、等级、数量、名称等。

(2) 空间特征。用以描述事物或现象的地理位置及空间相互关系，又称几何特征和拓扑特征，前者如界桩的经纬度，后者如中国、印度接壤。

(3) 时间特征。用以描述事物或现象随时间的变化。

根据地理实体的特征，可以把它的数据归纳为三类。

(1) 属性数据。描述空间实体的属性特征的数据，也称非几何数据，即说明“是什么”，如类型、等级、名称、状态等。描述时间特征的数据也可放入这一类。

(2) 几何数据。描述空间实体的空间特征的数据，也称位置数据、定位数据，即说明“在哪里”，如用 (X，Y) 坐标来表示。

(3) 关系数据。描述空间实体之间的空间关系的数据，如空间实体的邻接、关联、包含等，主要是指拓扑关系。拓扑关系是一种对空间关系进行明确定义的数学方法。

5.7.4.2 空间数据的结构

空间数据结构：是指空间数据适合于计算机存储、管理、处理的逻辑结构。换句话说，是指空间数据以什么形式在计算机中存储和处理。空间数据结构分为基于向量的数据结构和基于栅格的数据结构两种。

1) 向量数据结构

向量数据结构是通过坐标值来精确地表示点、线、面等地理实体的。

点：以一对 (X，Y) 坐标表示。

线：以一串有序的（X，Y）坐标对表示。

面：以一串或几串有序的且首尾坐标相同的（X，Y）坐标对及面标志表示。

向量数据结构可以表示现实世界中各种复杂的实体，当问题可描述成线和边界时特别有效。向量数据冗余度低，结构紧凑，并具有空间实体的拓扑信息，便于深层次分析。向量数据的输出质量好、精度高。

点、线、面的描述如图 5.45 所示。

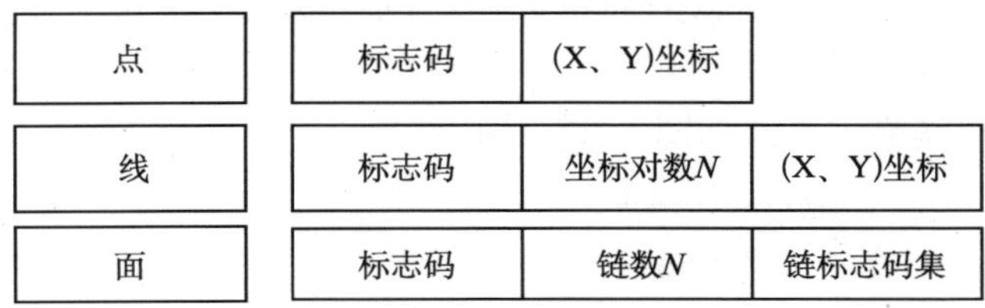

图 5.45　向量数据结构

2）栅格数据结构

栅格数据结构。以规则的像元阵列来表示空间地物或现象的分布的数据结构，其阵列中的每个数据表示地物或现象的属性特征。换句话说，栅格数据结构就是像元阵列，用每个像元的行列号来确定位置，用每个像元的值表示实体的类型、等级等属性编码。栅格数据结构的表示如图 5.46、图 5.47 所示。

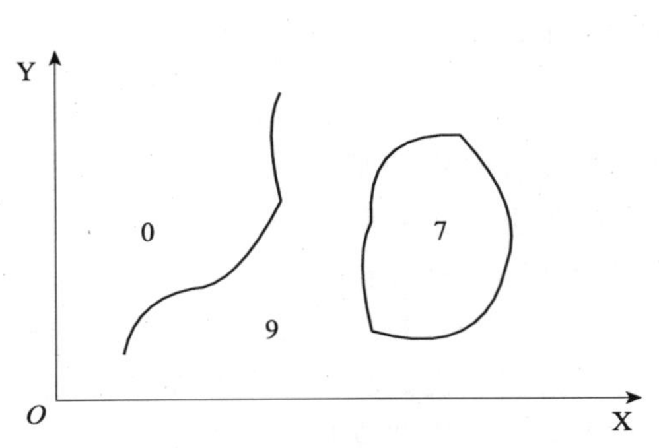

图 5.46　点、线、面数据

0	0	0	0	9	0	0	0
0	0	0	9	0	0	0	0
0	0	0	9	0	7	7	0
0	0	0	9	0	7	7	0
0	0	9	9	7	7	7	0
0	9	0	0	7	7	7	0
0	9	0	0	7	7	7	0
9	0	0	0	0	0	0	0

图 5.47　栅格结构

栅格数据记录的是属性数据本身，而位置数据可以由属性数据对应的行列号转换为相应的坐标来表示。栅格数据的阵列方式很容易为计算机存储和操作，小但很直观，而且易于维护和修改。由于栅格数据的数据结构简单，定位存取性能好，因而在 GIS 中可与影像数据和 DEM 数据进行联合空间分析。

根据目前的 Web GIS 架构，栅格数据结构主要分为两种：

(1) 图片式的 Web GIS，也叫作栅格地图，也可以形成向量地图，目前主要通过 VML；

(2) 基于控件的向量地图（Active X，Java Applet）。

5.7.4.3 空间数据的系统需求

Web GIS 的空间数据不仅包括准确、丰富、实时的向量数据，而且还将反映直观、真实的物理世界呈现给客户端。Web GIS 系统在客户端发布的数据既可以是带属性信息和坐标信息的向量数据，也可以是反映真实世界的影像图片（卫星数据、航空照片等）。

系统的客户端显示方式如图 5.48 所示。

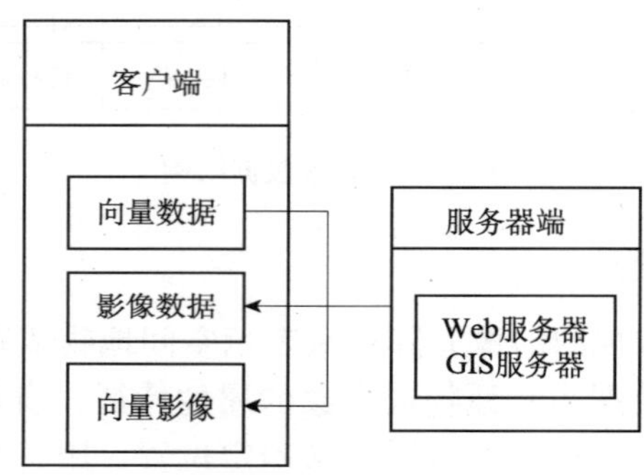

图 5.48 客户端结构

5.7.4.4 空间数据的组织和管理

空间数据管理方式发展到今天，经历了从基于文件的管理方式到文件与数据库混合管理方式到扩展关系数据库的管理方式再到基于空间数据库的管理方式的变化。它们从不同程度上实现了空间数据的独立和共享。基于空间数据库的管理方式，是以一定的空间数据模型为基础，直接包括了结合几何和属性信息的框架，提供并支持空间数据的类型、查询语言和接口、高效的空间索引和空间联合等。构建用来存储和管理空间数据和属性数据的空间数据库系统来管理数据，它包含结合几何和属性信息的框架，提供并支持空间数据的类型、查询语言和接口、高效的空间索引和空间联合等。空间数据库直接支持空间对象的存储和管理，为空间数据提供了高效的查询和检索机制。

5.7.5 Web GIS 的实现技术：ArcGIS Server

Web GIS 的建立涉及方方面面的技术，目前 Web GIS 的技术实现方法通常有：公共网关接口法 CGI，服务器应用程序接口 Server API，插件 Plug-Ins 法，动态服务器端页面 Active Server Page，Active X Control 客户端控件，Java，以及 .NET 等。而 ArcGIS Server 则是 Web GIS 开发平台中的翘楚。

ArcGIS Server 包含两个主要部件：GIS 服务器，以及 NET 与 Java 的 Web 应用开发框架（ADF）。GIS 服务器 ArcObjacts 是对象的宿主，供 web 应用和企业应用使用。它包含核心的 ArcObjects 库，并为 ArcObjects 能在一个集中的、共享的服务器中运行提供一个灵活的环境。

5.7.5.1 服务器 GIS（Server GIS）

GIS 软件可以被集中地管理在应用服务器和网络服务器上。通过网络，向任意数量的用户提供各种 GIS 功能。企业 GIS 用户可以使用传统的高级的 GIS 桌面软件、网络浏览器、定制的应用、移动计算设备及数字设备等连接到中央 GIS 服务器，获得 GIS 服务。这些服务器 GIS 能够提供丰富的功能。例如，管理大型 GIS 数据库；通过 Internet 提供地理信息；维护中心 GIS 网络门户以提供数据挖掘和使用；集中提供各种高级 GIS 功能给一个机构内部的多用户访问；企业 GIS 数据库的后台处理；分布式 GIS 计算（如分布式 GIS 数据管理和分析）；通过 Internet 提供丰富的 GIS 功能。

ArcGIS 包含三种服务端产品，分别是 ArcSDE、ArcIMS 和 ArcGIS Server。

1）ArcSDE

ArcSDE 是 ArcGIS 与关系数据库之间的 GIS 通道。它允许用户在多种数据管理系统中管理地理信息，并使所有的 ArcGIS 应用程序都能够使用这些数据。

ArcSDE 是 ArcGIS 软件系统的一个关键部件，它是一个先进的空间数据服务器软件。通过 ArcSDE 的桥接作用，用户可以很方便地在多种数据库平台上存储、管理和使用地理信息。ArcSDE 为 DBMS 提供了一个开放的接口。它为任意的客户端应用，如 ArcIMS 或 ArcGIS Desktop，提供了一个在 DBMS 中存储、管理和使用空间数据的通道。这些 DBMS 平台包括 Oracle，Oracle with Spatial/Locator，Microsoft SQL Server，IBM DB2，以及 Informix 等。

2）ArcIMS

ArcIMS 是一个可伸缩的网络地图服务器软件。它被广泛地用于向大量的网络用户发布网络 GIS 地图、数据和元数据。

ArcIMS 使网站能够提供 GIS 数据、交互式地图、元数据目录及特定的 GIS 应用。通常，ArcIMS 用户通过他们的 Web 浏览器，借助 ArcIMS 内含的 HTML 或 Java 应用程序来访问这些 GIS 服务。此外，ArcIMS 服务还能够被更多的客户端访问，如 ArcGIS Desktop、ArcGIS Engine 应用、ArcReader、ArcPad、

ArcGIS Server 节点、MapObjects for Java 应用，以及各种使用 HTTP 和 XML 进行网络通信的无线设备。

当 ArcIMS 的客户端给服务器发送一个请求时，ArcIMS 服务器根据请求进行处理并将处理结果发给客户端。通常的 ArcIMS 请求包括地图生成、提取特定范围的地理数据，或者元数据搜索。ArcIMS 提供一系列的 GIS 网络传输服务。最常见的 ArcIMS 服务是，给各种类型的客户端提供交互式地图。

ArcIMS 网络发布功能主要有：影像渲染、要素流功能、数据查询、数据提取、地理编码、元数据目录服务、元数据目录浏览和搜索应用、ArcMap Server、网络地图应用、可选 ArcIMS 扩展、Data Delivery 扩展、GIS Portal 扩展、Route Server 等。

3）ArcGIS Server

ArcGIS Server 是一个中心应用服务器，它包含一个可共享的 GIS 软件对象库，能在企业和 Web 计算框架中建立服务器端的 GIS 应用。ArcGIS Server 提供给企业和网络应用开发者的是一个具有丰富 GIS 功能的服务器 GIS 产品。

ArcGIS Server 主要用来构建分布式的、多层的企业信息系统配置。它可以让开发者和系统设计员实现一个集中的 GIS，支持多用户访问。集中的 GIS 应用（如 Web 应用）能够减少在每台机器上安装和管理桌面应用的费用。ArcGIS Server 提供 Web 服务的能力，也使得 GIS 能够与其他的 IT 系统有效集成，如关系数据库、Web 服务器及企业应用服务器。

5.7.5.2 ArcGIS Server 框架

ArcGIS Server 是一个用于高级 GIS 应用的集中管理的 GIS，它可以让开发者和系统设计员制造出一个集中的 GIS，支持多用户访问。集中的 GIS 应用（如 Web 应用）能够减少在每台机器上安装和管理桌面应用的费用。ArcGIS Server 的提供 Web 服务的能力，使得 GIS 能够与其他的 IT 系统有效集成，如关系数据库、Web 服务器，以及企业应用服务器。ArcGIS Server 提供了：基于浏览器的 GIS 访问，集中的、多用户的 geodatabase 编辑；分布式的数据管理，基于服务器的空间处理，发布 GIS Web 服务的能力；GIS 与 IT 的集成。

ArcGIS Server 为 NET 和 Java 的开发者提供了 Web 应用开发框架（ADF），方便了基于浏览器的 GIS 应用的开发。ArcGIS Server 也提供了一系列的 Web 控件和应用程序模板，用于创建自定义的应用。

ArcGIS Server 包含了一个 SOAP 工具包，用来创建和宿留通过 XML API 来处理请求的 web 服务。开发者可以将 ArcObjects 中的 GIS 功能以 SOAP Web 服务的形式发布，并且通过 Internet 的分布式计算框架来访问这些 Web 服务。

ArcGIS Server 是一个与主流 IT 技术相兼容的软件产品。它支持许多计算技术标准，能够保证与其他的企业信息技术很好地协同工作。ArcGIS Server 支持多层计算结构；支持 DBMS 访问和使用；支持企业应用服务器，如 NET 和 J2EE；提供多种用来开发和集成 GIS 功能到其他的企业技术中去的 API（C++，COM，NET，Java，SOAP）。

5.7.5.3　ArcGIS Server 的体系结构

ArcGIS Server 是一个由客户端部件、服务器端部件和数据管理部件组成的分布式系统。客户经过 Internet 或 Intranet 服务器向 ArcGIS Server 中的服务器对象管理器发出请求信息，ArcGIS Server 服务器就根据要求产生一个地图，该地图服务通过图像的方式或向量流的方式把地图发送到客户端浏览器。ArcGIS Server 系统由 GIS Server、Web 服务器、Web 浏览器和桌面应用组成。ArcGIS Server 体系结构如图 5.49 所示。

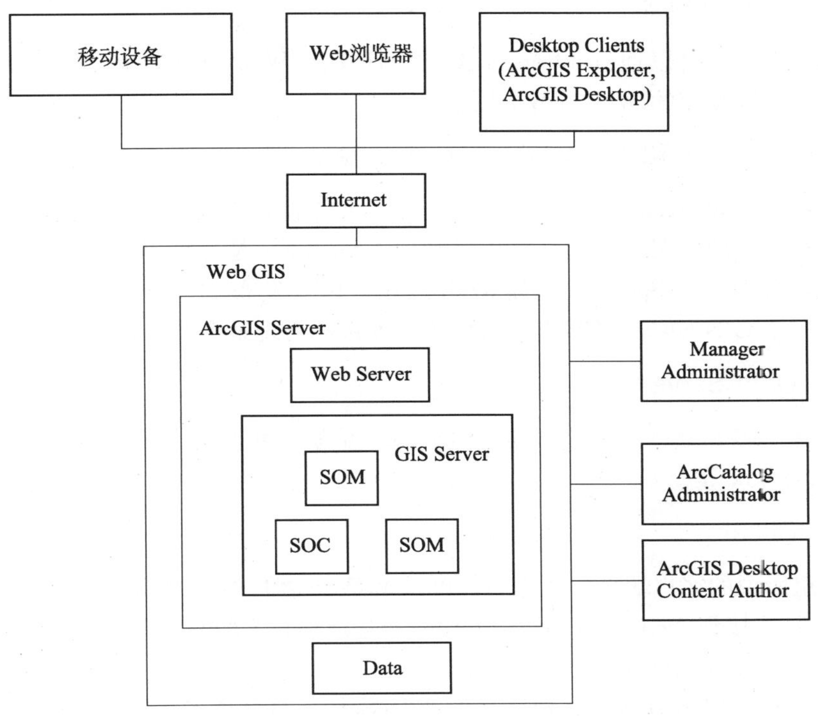

图 5.49　ArcGIS Server 体系结构

1) GIS Server

GIS Server 本身包含了两个部分，一个服务器对象管理器（server object

manager，SOM）和多个服务器容器（server object container，SOC），SOM 管理运行在服务器上的服务，当客户端请求一个服务的时候，SOM 负责分配一个服务给客户端使用，SOM 起到一个负载均衡的作用，一个管理服务的作用。SOM 连接着一个或多个 SOC，真正的服务都是在 SOC 的机器上运行着的，也就是说，SOC 才是真的服务的宿主，所有的客户端的请求通过 SOM 分配以后都是由某个 SOC 来负责完成的。

2）Web 服务器

Web 服务器用于管理基于 ArcGIS Server 应用程序接口构建的 Web 应用与 Web 服务，这些应用服务通过 ArcGIS Server 应用程序接口连接到 SOM 上，调用服务对象，实现 Web 服务和 Web 应用。这些 Web 应用和 Web 服务可以通过 ADF 来编写实现。通过 ArcGIS Server 建立的网络服务和网络应用运行在 Web 服务器上，通过 Web 服务器访问 GIS 服务器。

3）Web 浏览器

客户端用户可以通过 Internet 浏览器连接到 Web 服务器上，使用 ArcGIS Server 开发和发布的 Web GIS 应用。

4）Manager 和 ArcCatalog Administrator

Manager 和 ArcCatalog 是 ArcGIS Server 的管理工具，可以使用这两个工具来进行服务的发布、开始、停止等操作。Manager 是一个 Web 应用，支持发布服务，管理 GIS Server，创建 Web 应用，以及发布 3D 服务等。ArcCatalog 包含了一个 GIS Server 的节点，可以用来连接和管理某个 GIS Server。

5）Data Server

包含 GIS Server 上所发布服务的 GIS 资源，可以是 mxd 文档、geodatabase、toolbox 等。

6）Clients

这里所说的客户端是多样化的，可以是 Web 客户端、Mobile 移动设备、通过 HTTP 连接到 ArcGIS Server Internet 服务或通过 LAN/WAN 连接到 ArcGIS Server Local Services 的 ArcGIS 桌面应用。

与过去的 Web GIS 产品相比，ArcGIS Server 具有很多优势：除了发布地图服务的功能外，还能提供灵活的编辑和强大的分析功能；集中式管理带来成本的降低；支持大量的并发访问，利用 ArcGIS Server 定制适合自身需要的 Web GIS。

5.7.5.4 ArcGIS Server 的特点

ArcGIS Server 允许开发人员在一个服务器环境中访问完全的 ArcGIS 功能。以下是 ArcGIS Server 的一些关键特征。

1）标准的 GIS 框架

ArcGIS Server 提供了一个标准的框架用于开发 GIS 服务器应用。ArcGIS Desktop（ArcView、ArcEditor 和 ArcInfo），以及 ArcGIS Engine，都是基于同一个软件对象构建的。ArcGIS Server 是可扩展的。它丰富的功能让开发人员能够集中精力实现他们的 GIS 应用，而不需要从零开始实现各种 GIS 的功能。

2）集中管理的 GIS

ArcGIS Server 支持集中管理的企业级 GIS，如运行在服务器上的支持多用户的 Web 应用。Web 服务器应用可以运行在多种 Web 服务器上，支持任何数量的用户访问。

3）Web 控件

ArcGIS Server 提供了一套 Web 控件。这些 Web 控件简化了将 GIS 功能（如交互式制图）内嵌到 Web 应用中的编程模型，并且允许开发人员添加其他高级的 GIS 功能到它们的 Web 应用中。

4）跨平台功能

ArcGIS Server 支持 Windows、Sun Solaris 和 Linux，并且支持多种 Web 服务器。ArcGIS Server ADF 支持在 Windows 服务器平台上的 NET 和 Java Web 应用开发，以及在 Sun Solaris 和 Linux 服务器上的 Java 开发。

5）支持标准的开发语言

ArcGIS Server 支持多种开发语言，包括：

（1）NET 和 Java，用于构建 Web 应用和 Web 服务；

（2）COM 和 NET，用于扩展 GIS 服务器；

（3）COM，NET，Java 和 C++，用于构建桌面客户端应用。

这样就允许开发人员使用多种开发工具选择自己熟悉的编程语言进行开发。

6）Spatial 扩展

ArcGIS Server 的 Spatial 扩展提供了一套强大的功能，用以创建、查询和分析基于像元的栅格数据。在 GIS 服务器中可以使用 Spatial 扩展从数据中获得信息、识别空间关系、寻找合适位置、计算旅行代价表面，以及执行大量其他的栅格空间处理操作。

7）3D 扩展

ArcGIS Server 3D 扩展提供了一套 3D GIS 功能用来创建和分析地表。

5.7.5.5 ArcGIS Server 开发架构

1）Web 应用开发

ArcGIS Server 为 Web 应用开发提供了一系列的开发方式，在 Visual Studio 2005 中可以直接使用 Web Mapping Application template 建立应用，也可以在 Common API 的基础上，使用各种通用的 functionality，通过各种 data source 类型来定制 Web ADF。假如想使用 Common API，并且需要通过 Common API 调用 specificAPI 来定制 Web ADF。

2）Web Service 开发

ArcGIS 提供了两种类型的 Web Service 创建方法：GIS Web Service 和 Application Web Server。

GIS Web Service 提供了一种将 ArcGIS Server Object（Local data source）发布为 ArcGIS Server Web Service（Internet data source）的 ESRI 标准，GIS Web Service 不用于开发，通常用来发布信息和提供资源，ArcMap 就可以直接使用 GIS Web Service 的资源而不用进行任何开发。另外，Web ADF 控件和 Common API 也可以使用 GIS Web Service 资源。因为 GIS Web Service 基于标准 Web Service，它可以作为传统 Web Service 来使用，ArcGIS Server 提供了 SOAP API 进行相关的开发。

Application Web Service 是基于标准 Web service 建立的应用，使用一种 ESRI 的 data source 进行开发。Web Service 可充分利用 ESRI 提供的各种 data source specific API 的所有 functionality。

3）移动应用开发

移动应用和 Web 应用、Web Services 比较类似，但它们是为某一个特定的客户端环境而设计的，如 Pocket PC。Mobile ADF 是为移动应用定制的开发框架，可以充分利用 ArcGIS Server Web Services 和 SOAP API 提供的功能。

4）基础类

和 ArcGIS Desktop，ArcGIS Engine 一样，ArcGIS Server 基于 GIS 基础类 ArcObject。ArcObject 类包含了很多综合 API 函数，这些函数有很多对象模，如 Java，C++，NET。

5.7.6　基于 WebGIS 的国际科技资源监测地理信息系统

利用 WebGIS 技术、数据库技术和 .NET 技术，构建世界科技信息地理空间数据库和可视化软件系统“国际科技资源监测地理信息系统”，实现对世界科技信息的直观展示、查询和统计分析，方便相关领导和决策部门快速获取世界科技信息，把握全球科技态势和进展，为科技评价和创新管理等研究提供基础软件平台。

国际科技资源监测地理信息系统的基本原则是简单、直观、实用、稳定可靠、用好已有数据、便于后续数据维护和系统升级。

开发工具主要包括 ArcGIS Server 9.3，Visual Studio 2008 和 SQL Server 2005 数据库，运行环境为 Windows2003 或 Windows Server 2008 操作系统。

ArcGIS Server 9.3 主要用于基于全球地图的科研信息可视化；Visual Studio 2008 主要利用其中的 C 语言、Crystal Reports 及功能强大的数据库连接工具 ADO.NET；SQL Server 2005 数据库用于存储数百万条科研领域、技术领域和行业领域的论文专利和企业等各种信息的记录。

国际科技资源监测地理信息系统将一流机构、一流人才、一流技术在地图上进行可视化显示，使用户能够更直观地掌握科技信息的分布情况。系统的默认主界面如图 5.50 所示。

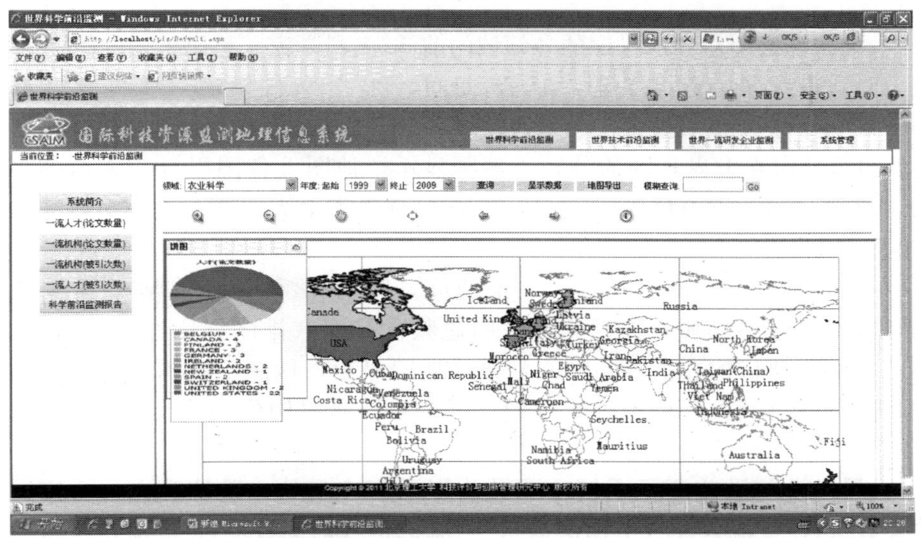

图 5.50　图际科技资源监测地理信息系统启动后的默认主界面

5.7.6.1 世界科学前沿监测子系统

世界科学前沿监测子系统的数据来源于ESI数据库，ESI从引文分析的角度，针对22个专业领域，分别对国家、研究机构、期刊、论文及科学家进行统计分析和排序。

世界科学前沿监测子系统是在1999～2009年，根据发表的论文总数、被引总频次进行排序，遴选出前50名的科学家和研究机构，界定世界“一流科学家”和“一流机构”，并在世界地图上进行高亮度突出显示。

其具体功能包括：

——按照论文数排序的各领域的前50名科学家、科研机构的国别分布

(1) 1999-1-1～2009-8-31，10年期间，22个学科领域（学科领域选择框），在每个学科领域按照论文数量排序（排序指标选择框），排名前50名的科学家在世界各国的分布（地图显示各国科学家姓名，地图上各国以分布人数的多少进行颜色标度），点击科学家姓名，可查看科学家个人代表论文（5篇）的基本信息。

(2) 1999-1-1～2009-8-31，10年期间，22个学科领域（学科领域选择框），在每个学科领域，按照论文数量排序（排序指标选择框），排名前50名的科研机构在世界各国的分布（地图显示各国机构名称，地图上各国以分布机构的多少进行颜色标度），点击科研机构，可查看各科研机构代表论文（5篇）的基本信息。

——按照被引总频次排序的各领域的前50名科学家、科研机构的国别分布

(1) 1999-1-1～2009-8-31，10年期间，22个学科领域（学科领域选择框），在每个学科领域按照论文被引总频次排序（排序指标选择框），排名前50名的科学家在世界各国的分布（地图显示，地图上各国以分布人数的多少进行颜色标度），点击科学家姓名，可查看科学家个人代表论文（5篇）的基本信息。

(2) 1999-1-1～2009-8-31，十年期间，22个学科领域（学科领域选择框），在每个学科领域，按照论文被引总频次排序（排序指标选择框），排名前50名的科研机构在世界各国的分布（地图显示，地图上各国以分布机构的多少进行颜色标度），点击科研机构，可查看科研机构代表论文（5篇）的基本信息。

世界科学前沿监测子系统主要分为以下五个模块：系统简介、一流人才（论文数量）、一流人才（引用次数）、一流机构（论文数量）、一流机构（引用次数），如图5.51所示。

图 5.51　世界科学前沿监测主界面

5.7.6.2　世界技术前沿监测子系统

世界技术前沿监测子系统以 NBER 确定的美国专利技术分类作为领域划分的依据，将 2004～2008 年 USPTO 公布的专利信息划分为化学制品（除药品外），计算机与通信，药品与医疗，电气与电子学，机械，其他六大领域 29 个小类，并对这些领域内的“一流技术”“一流人才”“一流机构”开展动态监测。

世界技术前沿监测子系统根据专利被引总频次进行排序，遴选出各领域各年份前 100 名的机构和专利发明人，并在世界地图上进行高亮度突出显示。

其具体功能包括：

——按照专利被引总频次排序的各领域、各年份的前 100 名机构的国别分布

2004～2008 年，各年份（年度选择框），六大领域 29 个分支技术领域（技术领域选择框），在每个分支技术领域，按照专利被引总频次排序，排名前 100 名的机构在世界各国的分布（地图显示，地图上各国以分布机构数的多少进行颜色标度），点击机构名称，可查看各机构的专利基本信息（专利统计信息和专利信息与监测系统原数据保持一致）。

——按照专利被引总频次排序的各领域、各年份的前 100 名专利发明人的国别分布

2004～2008 年，各年份（年度选择框），六大领域 29 个分支技术领域（技

术领域选择框），在每个分支技术领域，按照专利被引总频次排序，排名前100名的专利发明人在世界各国的分布（地图显示，地图上各国以专利发明人的多少进行颜色标度），点击专利发明人名称，可查看各发明人的专利基本信息（包括：所属国家，专利权人机构名称，专利统计信息和具体专利信息，与监测系统原数据保持一致）。

世界技术前沿监测子系统分为如下三个模块：系统简介、一流人才（专利）、一流机构（专利）。本子系统以专利数的多少为度量标准，对一流人才和一流机构进行地图化显示。主要功能包括条件性查询（选择“领域”和“年份”）、矩形框查询、地图导出，如图5.52所示。

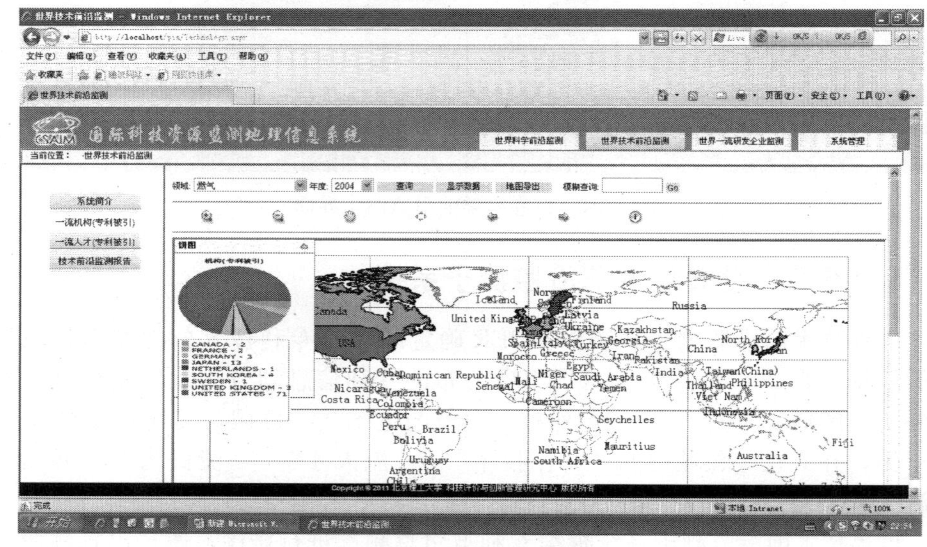

图5.52 世界技术前沿监测界面

5.7.6.3 世界一流研发企业监测子系统

世界一流研发企业监测子系统的数据来源于英国贸工部2001～2008年公布的企业研发排行榜（《The R&D Scoreboard 2001 - 2008》）。本模块选取《2008年度企业研发排行榜》中全球1400家企业为研究对象，将它们作为世界一流研发企业进行专利监测。这1400家企业分布在航空航天与国防等41个领域。

世界一流研发企业监测子系统是把来自2008年度企业研发排行榜的1400家企业作为研究对象，在世界地图上显示各年份、各领域和所有年份、各领域的世界一流研发企业的专利信息。

具体功能包括：

——各年份、各领域，世界一流研发企业专利信息按国别的导航与展示

选择年份和领域，在世界地图上显示各年份、各领域的世界一流研发企业的国别分布（地图上显示各国的企业个数，地图上各国以企业数量的多少进行颜色标度），点击各国家，进入企业清单及企业研发投资统计信息，再点击每个企业，进入企业简介信息。

——所有年份（2004～2008 年）、各领域，世界一流研发企业专利信息按国别的导航与展示

选择各领域，选择所有年份选项（因为现在系统中各年份数据没有处理好，分年度数据无显示），在世界地图上显示各领域、所有年份的世界一流研发企业的国别分布（地图上显示各国的企业个数，地图上各国以企业数量的多少进行颜色标度），点击各国家，进入企业专利统计信息，再点击每个企业，进入各企业的专利信息数据库。

世界一流研发企业子系统分为以下三个模块：系统简介、企业（单年份查询）、企业（2004～2008 年）（图 5.53）。

图 5.53　世界一流研发企业监测子系统界面

6 国际科技合作资源监测系统简介

6.1　系统简介

国际科技合作资源监测系统总体上分为五个子系统，即世界科学前沿监测子系统、世界技术前沿监测子系统、世界一流研发企业监测子系统、中美科技合作监测子系统和世界著名科学家监测子系统。本系统实现了各类数据发布、数据查询及统计分析等功能，同时实现了管理员对基础数据的维护。本系统侧重于数据之间关系的建立，所提供的数据均为英文格式，系统主界面为方便用户查询可为中文界面，但数据显示均为英文格式。

6.2　系统功能

6.2.1　功能结构图

国际科技合作资源监测系统功能结构如图 6.1 所示。

国际科技合作资源监测系统
世界科学前沿监测子系统
说明简介
一流科学家
一流机构
国家 / 机构排名
高引频论文
热点论文
世界技术前沿监测子系统
说明简介
一流机构
一流人才
一流技术
合作授权专利分析
世界一流研发企业监测子系统
说明简介
企业研发投资基本信息
企业专利基本信息
各企业专利统计分析
一流技术
一流人才
企业的合作分析
Aureka 定题发布
中美科技合作监测子系统
说明简介
各年度合作论文数
各学科合作论文数
各学科合作机构
各学科合作科学家
各学科第三方国家参与情况
各学科合作资助计划或机构
各学科合作高被引频次论文
世界著名科学家监测子系统
说明简介
国际权威科技奖励科学家
国际科学组织
国际权威科学院院士

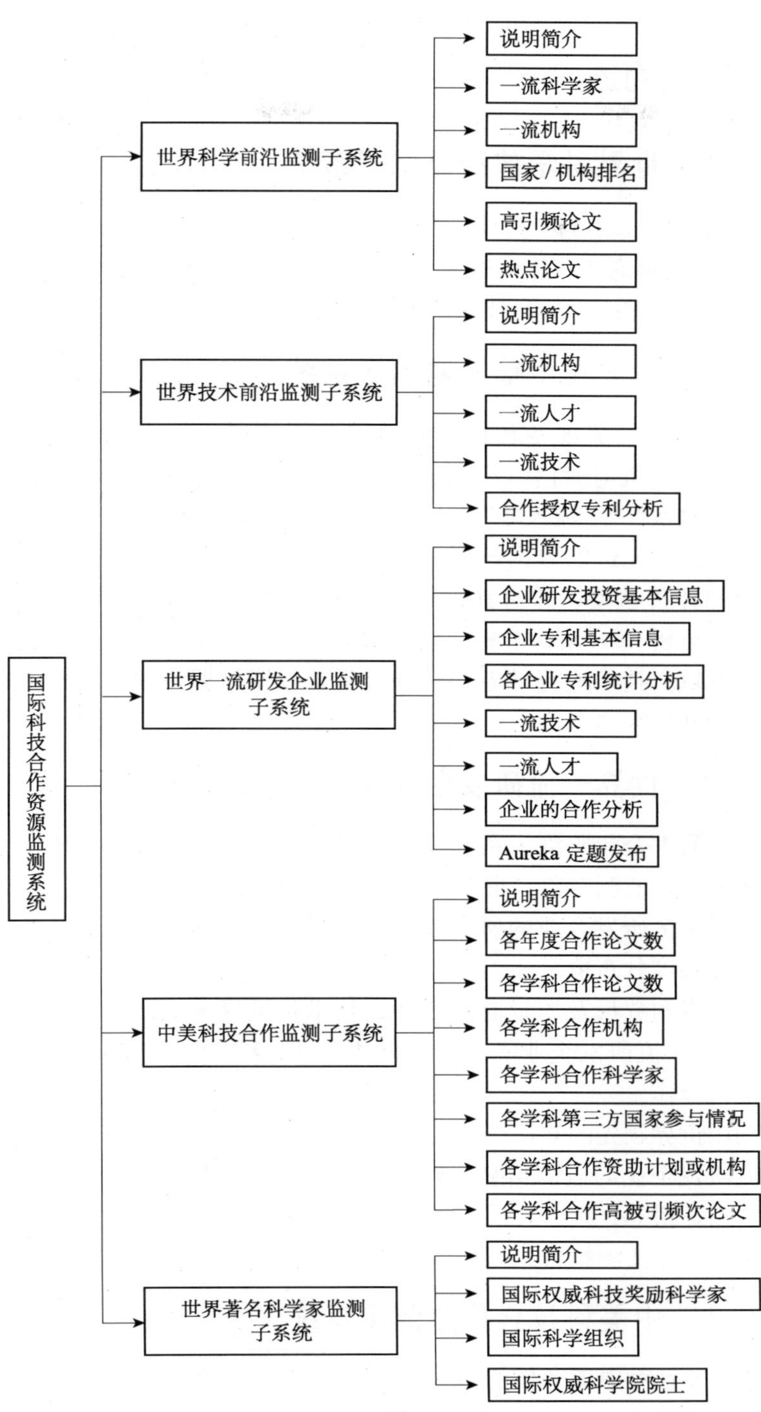

图 6.1　功能结构图

6.2.2 功能简述

6.2.2.1 世界科学前沿监测子系统

本子系统将学科划分为22个领域，分别对“一流科学家、一流机构、国家/地区排名、高引频论文和热点论文”进行文献统计分析和排序，可作为科学评价的标杆数据，为进一步的科技评价工作提供依据。

6.2.2.2 世界技术前沿监测子系统

以NBER确定的美国专利技术分类作为领域划分的依据，针对化学制品(除药品外)，计算机与通信，药品与医疗，电气与电子学，机械，其他六大领域内的“一流技术”“一流人才”“一流机构”开展动态监测。

本子系统利用先进的数据挖掘、专利分析等技术和手段，确定了“三个一流”的内涵和评价模型，并对其进行了动态监测分析，实现了统计信息分析、合作授权专利分析、Aureka分析、监测报告分析等功能。用户可根据自身需求对某一特定领域、技术进行动态跟踪和分析，以期掌握该领域、技术的发展动态、技术前沿和研究热点。

6.2.2.3 世界一流研发企业监测子系统

世界一流研发企业监测子系统将英国贸工部公布的全球一流研发企业作为世界一流研发企业监测对象，重点监测以下主要内容：

(1) 世界一流研发企业的研发投资强度和趋势，以及各领域及各国家（地区）研发投资强度分布情况。

(2) 通过专利数量及质量监测出什么技术是世界一流研发企业的“一流技术”、谁是世界一流研发企业的“一流人才”，以及世界一流研发企业与哪些企业或机构进行合作。

(3) 利用世界领先的知识产权管理和分析平台Aureka，根据不同的主题发布世界一流研发企业的监测信息，如世界一流研发企业的可视化专利地图、高被引专利的引证树等。

(4) 定期发布监测报告。

6.2.2.4 中美科技合作监测子系统

本模块主要针对中美合作的SCI论文情况进行监测，通过对SCI中美科技合作论文检索结果进行数据挖掘，分析近五年来中美科技合作的参与国家、机构、期刊、学科领域和高质量论文的情况及发展趋势。具体的功能包括数据的信息发布、统计、查询和数据维护，方便用户按特定目的从各个方面了解中美科技合作，系统主要注重实用性和所反馈信息的有效性。

6.2.2.5 世界著名科学家监测子系统

针对非结构化数据进行监测，拟为最终用户提供世界著名科学家的资料等信息的综合发布，从而为最终用户在国际科技合作中选择合作伙伴提供参考。

6.3 操作指南

6.3.1 登录系统

输入系统访问地址，打开登录界面，如图 6.2 所示，输入用户名及密码，以及页面显示的验证码，按“登录”按钮（或 Enter 键），此时系统将检查输入的“登录账号”和“登录密码”是否正确，通过验证，将进入系统。

图 6.2 登录系统界面

6.3.2 界面说明

登录系统后，系统内部界面参见图 6.3。界面上侧横向展开的是系统的一级菜单，界面左侧是系统二级菜单，中部为主操作界面。界面的右上角是密码维护键及系统退出按钮。

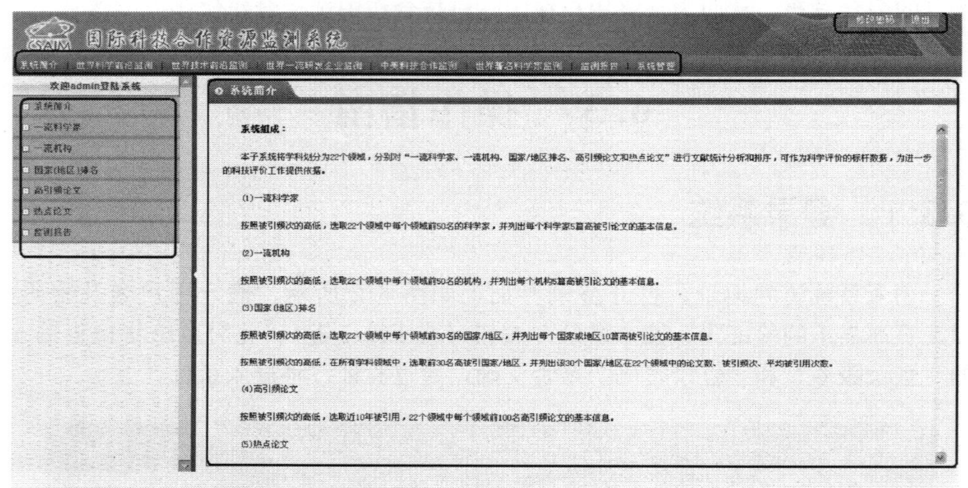

图 6.3 系统内部界面

系统将此 5 个子系统划分为系统一级菜单（包括世界科学前沿监测、世界技术前沿监测、世界一流研发企业监测、中美科技合作监测、世界著名科学家监测），用户点击一级菜单的名称后，出现关联的二级菜单，再进行具体查询。

二级菜单首项一般为该子系统的简介，用户操作时，可参考界面“系统简介”。

点击二级菜单名称（或其子项名称），在主界面出现操作界面。用户可进行具体的监测查询。

6.3.3 世界科学前沿监测

点击一级菜单“世界科学前沿监测”，出现二级菜单区，如图 6.4 所示。

在主界面区，可见该子系统简介。用户操作时，通过点击左侧子菜单名称，切换操作的主界面。

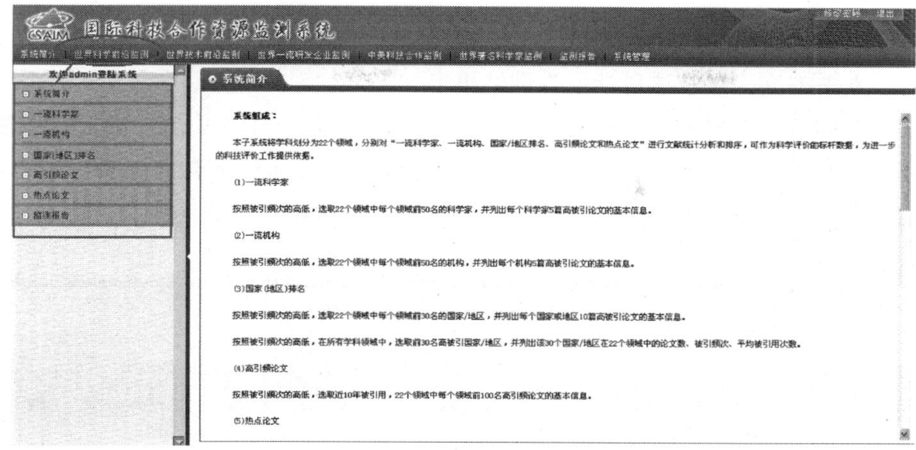

图 6.4 “世界科学前沿监测”主界面

6.3.3.1 一流科学家

按照被引频次的高低，可监测 22 个领域中每个领域前 50 名的科学家，并列出每个科学家 5 篇高被引论文的基本信息。

点击子菜单中“一流科学家”，如图 6.5 所示。

学科领域：AGRICULTURAL SCIENCES　指标：论文数　科学家：　查询

序号	科学家	机构	国家	论文数	被引总频次	平均被引频次	查看
1	MCCLEMENTS, DJ	Univ Massachusetts	USA	181	2409	13.31	查看
2	SINGH, H			168	1457	8.67	查看
3	SHAHIDI, F	Mem Univ Newfoundland Canada	Canada	167	2420	14.49	查看
4	SKIBSTED, LH			163	1474	9.04	查看
5	WANG, J	Canadian Food Inspect Agcy	Canada	155	1127	7.27	查看
6	DELCOUR, JA	Katholieke Univ Leuven	Belgium	133	1392	10.47	查看
7	DECKER, EA	Univ Massachusetts	USA	125	1823	14.58	查看
8	BEUCHAT, LR	Univ Georgia	USA	122	1729	14.17	查看
9	KELLY, AL			118	1209	10.25	查看
10	SUN, DW			118	1186	10.05	查看
11	HO, CT	Rutgers State Univ	USA	116	1342	11.57	查看

图 6.5 “一流科学家”主界面

在主界面中，显示了查询区和结果列表。系统默认显示第一个学科领域、按论文指标排序的科学家。

用户监测查询时，选择“学科”，限定查询范围；选择“指标”，作为排序依据；点击查询，列表显示查询结果。

在系统显示列表中，点击“查看”，可见该科学家 5 篇高被引论文的基本信息。

如需查询某一科学家信息，则在查询条件“科学家”处，追加输入科学家姓名，点击查询，显示该科学家查询结果。

在查询结果的列表上侧，提供了翻页、导出功能。用户可点击 或 进行翻页，或者在 到 页 处输入页码，点击 进行跳转。对于查询结果，用户可点击 导出 ，将列表结果导出至 Excel 表保存（图 6.6）。

图 6.6　“翻页、导出功能”界面

因系统多处提供了翻页、导出功能，操作方法相同，后文将不再对此进行赘述。

6.3.3.2　一流机构

按照被引频次的高低，可监测 22 个领域中每个领域前 50 名的机构，并列出每个机构 5 篇高被引论文的基本信息。

点击子菜单中“一流机构”，进入主界面，如图 6.7 所示。

一流机构

学科领域： AGRICULTURAL SCIENCES　指标： 论文数　机构：　查 询

共5页 到 页　页码：1/5　导出

序号	机构	国家	论文数	被引总频次	平均被引频次	查看
1	USDA	USA	7712	65874	8.54	查看
2	INRA	France	3254	34200	10.51	查看
3	CSIC	Spain	3177	28778	9.06	查看
4	WAGENINGEN UNIV	Netherlands	2420	24593	10.16	查看
5	AGR&AGRIFOOD CANADA	Canada	2016	15410	7.64	查看
6	UNIV CALIF DAVIS	USA	1983	22116	11.15	查看
7	CSIRO	Australia	1589	13931	8.77	查看
8	UNIV FLORIDA	USA	1587	10410	6.56	查看
9	CORNELL UNIV	USA	1518	17144	11.29	查看
10	UNIV GEORGIA	USA	1463	12098	8.27	查看
11	UNIV WISCONSIN	USA	1420	14026	9.88	查看

图 6.7　“一流机构”主界面

基本操作同一流科学家。用户在监测时，可选择学科领域、指标，点击“查询”按钮。列表显示该领域前 50 名机构。

点击列表中“查看”按钮，可见该机构5篇高被引论文的基本信息。

查询某一机构信息时，在查询条件“机构”处，追加输入机构名称，点击查询，显示该机构查询结果。

6.3.3.3　国家（地区）排名

按照被引频次的高低，监测所有学科领域中前30名高被引国家/地区，或22个领域中某个领域前30名的国家/地区，并列出该30个国家/地区在22个领域中的论文数、被引频次、平均被引用次数。

点击子菜单中“国家（地区）排名”，进入主界面，如图6.8所示。

国家(地区)排名

学科领域：所有领域　指标：论文数　国家(地区)：

查询

共3页 到 页　页码：1/3　导出

序号	国家(地区)	论文数	被引总频次	平均被引频次
1	USA	2974344	44669056	15.02
2	JAPAN	788650	7602742	9.64
3	GERMANY	766162	9406841	12.28
4	ENGLAND	682018	9399334	13.78
5	PEOPLES R CHINA	649689	3404466	5.24
6	FRANCE	548046	6304141	11.50
7	CANADA	424562	5233211	12.33
8	ITALY	403588	4417871	10.95
9	SPAIN	305430	2942425	9.63
10	AUSTRALIA	276622	3067686	11.09
11	RUSSIA	273189	1199538	4.39

图6.8　“国家（地区）排名”主界面

系统默认显示各个国家（地区）的所有领域集合的论文数、被引总频次、平均被引频次。

（1）监测各个国家/地区，所有学科领域集合的论文排名。

在“学科领域”选择“所有领域”，选择“指标”，点击“查询”按钮。

结果按选取指标显示排名前30名的国家/地区，点击国家/地区名称，显示该国家各个领域论文统计数据。

（2）监测某领域国家/地区排名。

在“学科领域”选择学科，选定排序指标，点击“查询”。

结果显示该领域该指标排名前30名的国家/地区，点击列表中“查看”，显示该国家/地区被引频次最高的10篇论文（图6.9）。

（3）如需查询某一国家/地区的论文情况，前两种情况的查询条件下，在“国家/地区”处追加输入名称，点击查询，显示该国家/地区的查询结果。

国家（地区）排名

学科领域： AGRICULTURAL SCIENCES　指标： 论文数　国家(地区)：　查询

共3页 到 页　页码：1/3　导出

序号	国家(地区)	论文数	被引总频次	平均被引频次	查看
1	USA	41913	369454	8.81	查看
2	SPAIN	12085	90163	7.46	查看
3	JAPAN	12075	59363	4.92	查看
4	GERMANY	11007	70420	6.40	查看
5	INDIA	10871	28654	2.64	查看
6	BRAZIL	9121	24538	2.69	查看
7	FRANCE	8923	76933	8.62	查看
8	CANADA	7945	65170	8.20	查看
9	ENGLAND	7835	80709	10.30	查看
10	AUSTRALIA	7594	54687	7.20	查看

图 6.9　某领域“国家（地区）排名”查询界面

6.3.3.4　高引频论文

按照被引频次的高低，监测近 10 年被引用的 22 个领域中每个领域前 100 名高引频论文的基本信息。

点击子菜单中“高引频论文”，进入主界面，如图 6.10 所示。

高引频论文

学科领域： AGRICULTURAL SCIENCES　论文标题：　查询

共10页 到 页　页码：1/10　导出

序号	论文标题	作者	来源	被引频次
1	DIETARY INTAKE AND BIOAVAILABILITY OF POLYPHENOLS	SCALBERT A; WILLIAMSON G	J NUTR 130 (8): 2073S-2085S Suppl. S AUG 2000	568
2	ANTIOXIDANT ACTIVITY OF PLANT EXTRACTS CONTAINING PHENOLIC COMPOUNDS	KAHKONEN MP; HOPIA AI; VUORELA HJ; RAUHA JP; PIHLAJA K; KUJALA TS; HEINONEN M	J AGR FOOD CHEM 47 (10): 3954-3962 OCT 1999	515
3	ANALYSIS OF ACRYLAMIDE, A CARCINOGEN FORMED IN HEATED FOODSTUFFS	TAREKE E; RYDBERG P; KARLSSON P; ERIKSSON S; TORNQVIST M	J AGR FOOD CHEM 50 (17): 4998-5006 AUG 14 2002	452
4	ACRYLAMIDE IS FORMED IN THE MAILLARD REACTION	MOTTRAM DS; WEDZICHA BL; DODSON AT	NATURE 419 (6906): 448-449 OCT 3 2002	426
5	ESSENTIAL OILS: THEIR ANTIBACTERIAL PROPERTIES AND . . .	BURT S	INT J FOOD MICROBIOL 94 (3): 223-253 AUG 1 2004	394
6	ACRYLAMIDE FROM MAILLARD	STADLER RH; BLANK I; VARGA N; [illegible]	[illegible]	[illegible]

图 6.10　“高引频论文”主界面

选择学科领域，点击“查询”，结果显示该领域前 100 名高引频论文的基本信息。

若查询该领域某一论文的具体情况，可在“论文标题”处输入论文名称，点击“查询”查看结果。

6.3.3.5 热点论文

按照被引频次的高低，监测近 2 年发表的近 2 个月被引用的 22 个领域中每个领域前 100 名高引频论文的基本信息。

点击子菜单中“热点论文”，进入主界面，如图 6.11 所示。

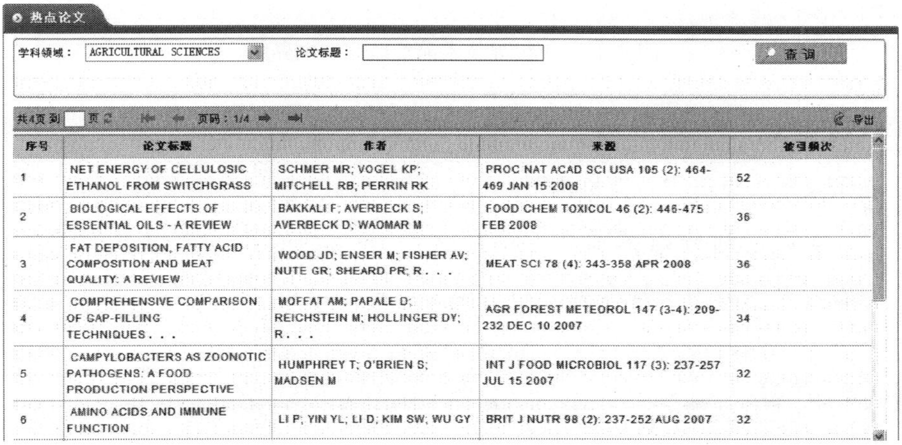

热点论文

学科领域： AGRICULTURAL SCIENCES 论文标题： 查询

共4页 到 页 页码：1/4 导出

序号	论文标题	作者	来源	被引频次
1	NET ENERGY OF CELLULOSIC ETHANOL FROM SWITCHGRASS	SCHMER MR; VOGEL KP; MITCHELL RB; PERRIN RK	PROC NAT ACAD SCI USA 105 (2): 464-469 JAN 15 2008	52
2	BIOLOGICAL EFFECTS OF ESSENTIAL OILS - A REVIEW	BAKKALI F; AVERBECK S; AVERBECK D; WAOMAR M	FOOD CHEM TOXICOL 46 (2): 446-475 FEB 2008	36
3	FAT DEPOSITION, FATTY ACID COMPOSITION AND MEAT QUALITY: A REVIEW	WOOD JD; ENSER M; FISHER AV; NUTE GR; SHEARD PR; R. . .	MEAT SCI 78 (4): 343-358 APR 2008	36
4	COMPREHENSIVE COMPARISON OF GAP-FILLING TECHNIQUES. . .	MOFFAT AM; PAPALE D; REICHSTEIN M; HOLLINGER DY; R. . .	AGR FOREST METEOROL 147 (3-4): 209-232 DEC 10 2007	34
5	CAMPYLOBACTERS AS ZOONOTIC PATHOGENS: A FOOD PRODUCTION PERSPECTIVE	HUMPHREY T; O'BRIEN S; MADSEN M	INT J FOOD MICROBIOL 117 (3): 237-257 JUL 15 2007	32
6	AMINO ACIDS AND IMMUNE FUNCTION	LI P; YIN YL; LI D; KIM SW; WU GY	BRIT J NUTR 98 (2): 237-252 AUG 2007	32

图 6.11 “热点论文”主界面

选择领域，点击“查询”，可见该领域近 2 年发表的近 2 个月被引用的前 100 名论文。

若查看某一论文名称，可在“论文标题”处输入论文名称，点击“查询”，如果该论文在排名前 100 名中，将显示该论文的基本信息。

6.3.3.6 监测报告

此时显示可用监测报告，用户点击监测报告名称，可查看报告内容。

6.3.4 世界技术前沿监测

针对化学制品（除药品外），计算机与通信，药品与医疗，电气与电子学，机械，其他六大领域内的“一流技术”“一流人才”“一流机构”开展动态监测。

点击一级菜单“世界技术前沿监测”，出现二级纵向菜单，主界面显示本子系统简介，如图 6.12 所示。

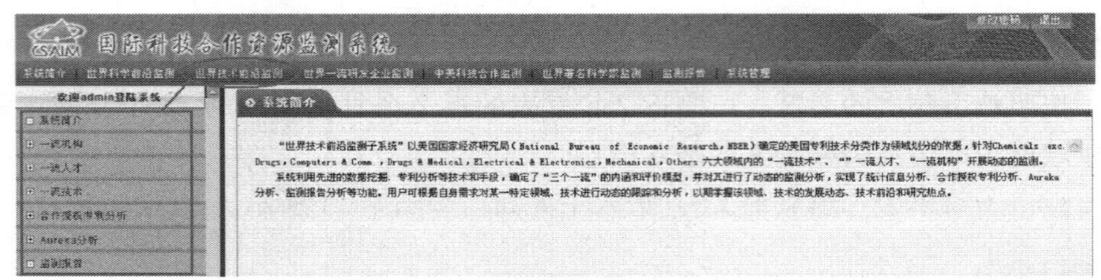

图 6.12 “世界技术前沿监测”主界面

6.3.4.1 一流机构

在子菜单中点击“一流机构”。

1）监测专利分布情况

查看六大领域内机构专利分布情况。点击子菜单“专利分布情况”，如图 6.13 所示

一流机构专利分布

领域：Coating　年份：2005　查 询

共10页 到 页　页码：1/10　导出

序号	专利授权人	专利数	被引总频次	平均被引频次
1	Applied Materials Inc.	125	697	5
2	None	274	512	1
3	Seiko Epson Corporation	54	392	7
4	Micron Technology Inc.	79	339	4
5	Tokyo Electron Limited	115	322	2
6	Halliburton Energy Services Inc.	35	292	8
7	Canon Kabushiki Kaisha	77	253	3
8	Headway Technologies Inc.	27	219	8
9	Eastman Kodak Company	61	176	2
10	Matsushita Electric Industrial Co. Ltd.	68	169	2
11	3M Innovative Properties Company	67	162	2

图 6.13 “一流机构专利分布”主界面

选择领域，点击按钮，在显示的领域中点击选中，然后在年份列表选中查询年份，点击“查询”按钮，在下面的列表可见查询结果，其中点击“专利数”一列具体数字，可见具体专利信息。

2）监测专利统计分析

按不同指标统计专利，基本操作同上。在选择查询条件时，增加“分析方式”作为统计指标。结果按统计指标类型对应显示，存在多种结果显示时，通过点击标签名称切换，如图 6.14：点击“图片”或“列表”切换结果显示界面。

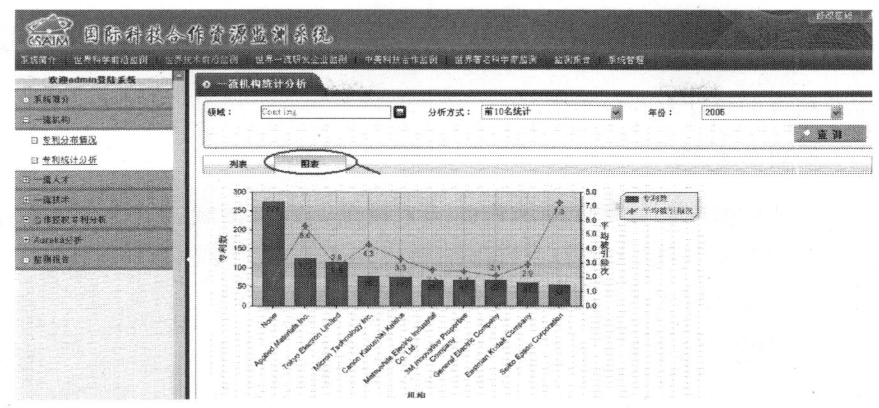

图 6.14 “一流机构统计分析”主界面

6.3.4.2 一流人才

按专利发明人查询统计专利情况。在子菜单中点击“一流人才”。

1) 监测专利分布情况

查看六大领域内发明人专利分布。点击子菜单“专利分布情况”。选择领域，点击▦按钮，在显示的领域中点击选中，然后在年份列表中选中查询年份，点击“查询”按钮，在下面的列表可见查询结果，其中点击“专利数”一列具体数字，可见具体专利信息。

2) 监测专利统计分析

选择“领域”“分析方式”“年度”作为统计指标，结果提供列表和饼状图，点击“图片”或“列表”切换结果显示界面（图 6.15）。

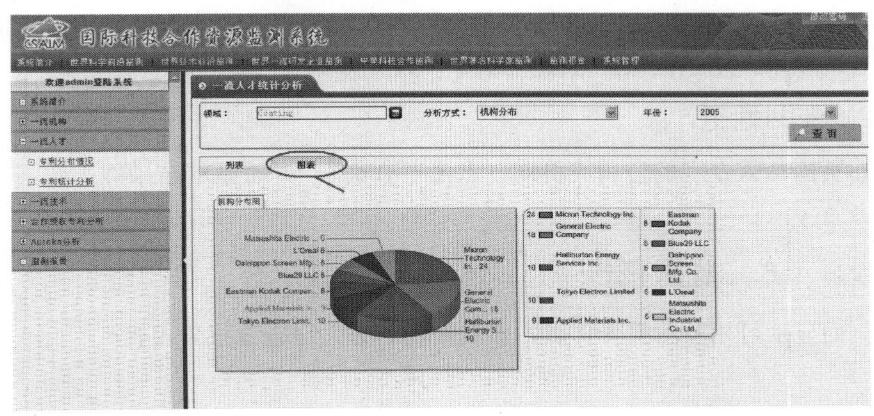

图 6.15 “一流人才统计分析”主界面

6.3.4.3 一流技术

按专利查询统计专利分布情况。

1）专利分布情况

根据本地数据库，分析该领域内的技术情况，选择领域、年份，查出在该领域内的一流技术（核心专利），数据结果为列表表格。专利号字段提供链接，点击可显示该一流技术的专利基本信息。

2）专利统计分析

按不同指标统计专利，基本操作同“一流人才”。结果提供列表表格。

6.3.4.4 合作授权专利分析

按照年度和国别字段分析机构间的合作情况。

1）按照年度分析合作授权专利情况

选择领域，以及专利开始、结束年份，点击“查询”，统计该领域非单独机构专利情况。结果显示为列表表格。

2）按照国别分析合作授权专利情况

选择领域、年份后，点击“查询”，结果显示该领域年度内各国家（地区）合作专利数。

6.3.4.5 Aureka 分析

1）引文分析

点击“引文分析”，在主界面，输入专利名称，点击“查询”按钮，页面下可见查询结果，结果提供静态图，如图 6.16 所示。

2）专利地图

在页面输入专利的公司或机构，点击“查询”，页面显示结果静态图，如图 6.17 所示。

6.3.4.6 监测报告

页面显示可用监测报告，点击监测报告名称，可查看报告内容。

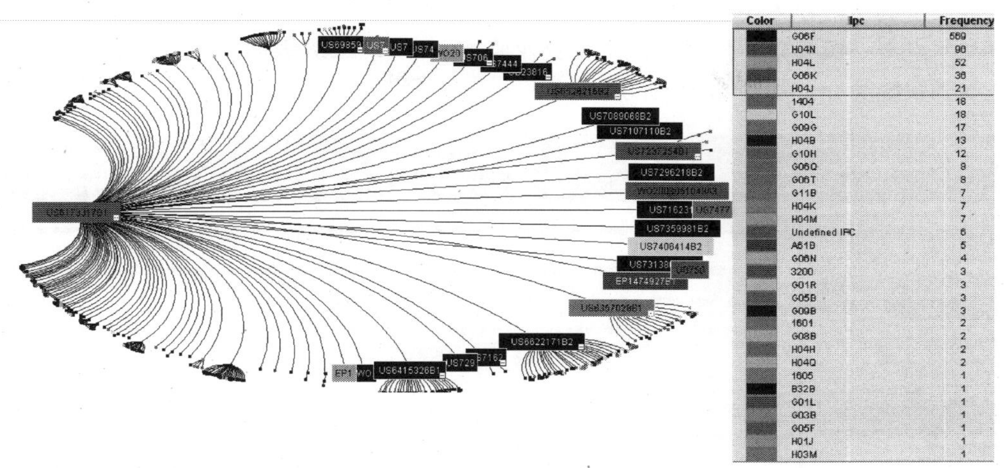

图 6.16 “引文分析”专利查询结果静态图

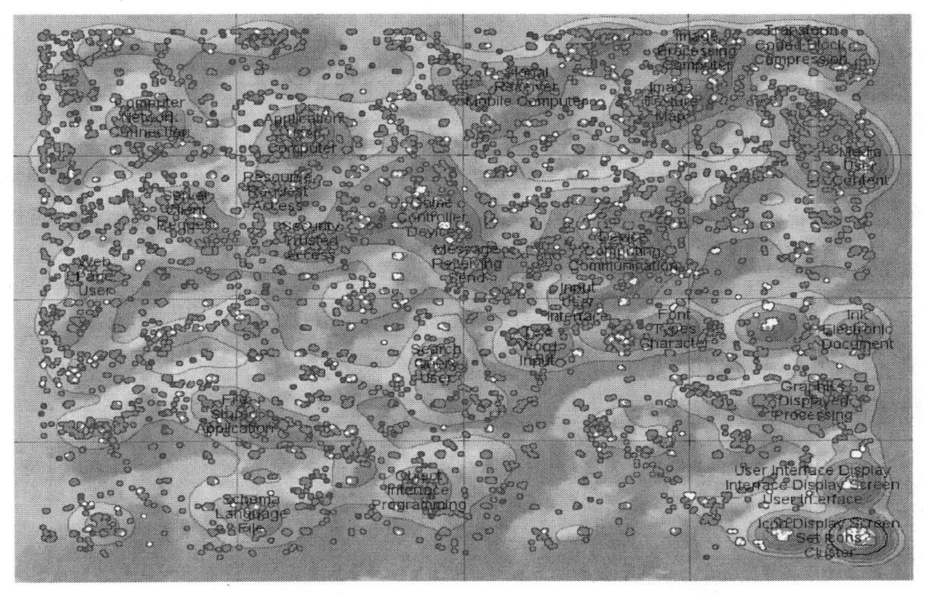

图 6.17 “专利地图”专利公司（机构）查询结果静态图

6.3.5 世界一流研发企业监测

世界一流研发企业监测子系统共分为九个模块，分别为：系统简介、企业研发投资基本信息、企业专利基本信息、各企业专利统计分析、一流技术、一流人才、企业的合作分析、Aureka 定题发布、监测报告。其中，系统简介提供

了文字说明，作为用户登录系统后的操作参考。

点击一级菜单“世界一流研发企业监测”，出现二级纵向菜单，主界面显示本子系统简介，如图 6.18 所示。

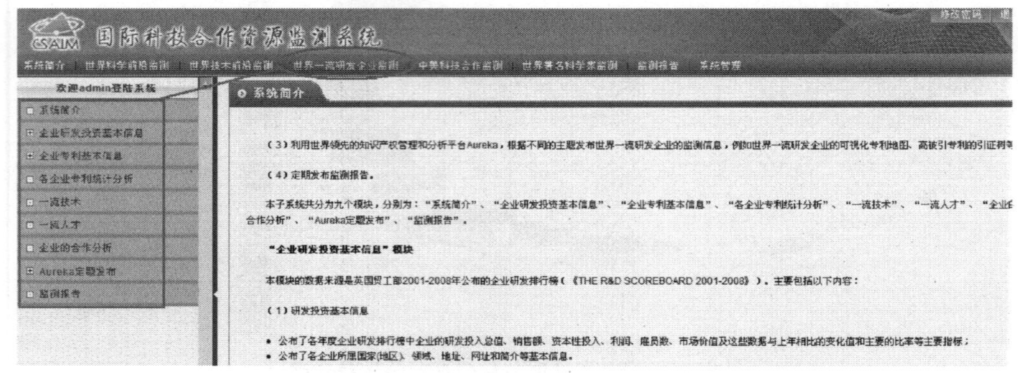

图 6.18 “世界一流研发企业监测”主界面

6.3.5.1 企业研发投资基本信息

1）研发投资信息

选择领域、年份，点击“查询”，结果显示企业的研发投资信息，点击列表中的每个企业可查看该企业的详细介绍。

2）基本统计分析

分析方式可选领域和国家，选择按照领域统计及年份，点击“查询”，系统依据“Top 1000 Global Investors in R&D”中的领域分组统计所属领域的企业个数，结果以列表显示。

选择按照国别统计及年份后，系统依据“Top 1000 Global Investors in R&D”中的国家进行分组统计，结果以列表显示的字段为国家名称、该国家 R&D 投资占所有投资的百分比、该国家进入千强企业的个数占千强企业总个数的百分比，图形显示为柱状图。

6.3.5.2 企业专利基本信息

1）专利基本信息

显示研发千强企业专利基本情况。选择年份及领域，点击“查询”，结果以列表显示企业专利情况，点击专利数，可查看专利具体信息（图 6.19）。

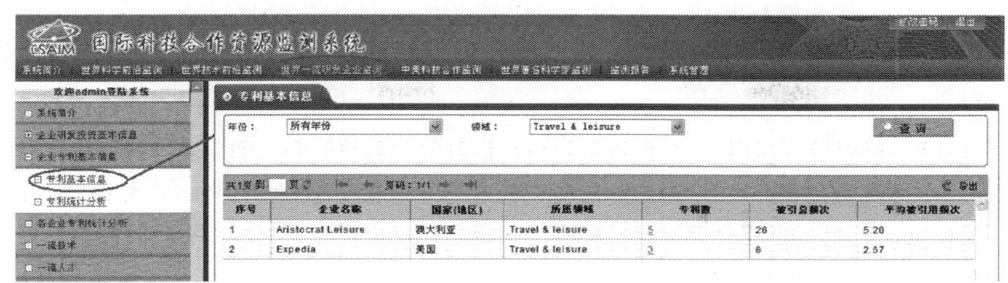

图 6.19 “专利基本信息”主界面

2）专利统计分析

统计方式中系统提供了领域、国家、年度三种，在主界面选择统计方式，点击“查询”，可见结果。

选择按领域统计企业的专利数时，系统统计 41 个领域的每个企业的专利数，结果以列表显示。按国别统计时，系统统计同一个国家的专利号（PN）计数之和，结果提供列表和饼状图。按年度统计时，系统按照公开日期（PD）中的年统计专利号计数之和，结果提供列表。

6.3.5.3 各企业专利统计分析

查看各企业专利统计分析情况，系统提供从领域或从国家搜索某一个具体企业，各企业的专利统计分析都是基于具体企业，统计时可以选择三种方式进行分析。

首先进入操作主界面，点击“企业”处按钮，在出现的查询页，可通过设定领域、国家找到所要统计的企业，选中后，点击“确定”按钮，此时，在企业框中可见选中企业名，然后设置统计方式，如图 6.20 所示。

图 6.20 “各企业专利统计分析”主界面

（1）年度专利授权情况，是指2004～2008年的专利授权情况。系统按照年信息统计专利号计数之和，结果提供列表和柱状图，用户点击“列表”或“图表”标签，可切换查看结果。

（2）依据IPC（专利分类）的优势技术领域统计分析。选定一个年份，点击“查询”，系统根据I4分组统计专利号的个数。其统计结果提供了列表和柱状图。

（3）依据IPC的优势技术领域统计分析。选定一个年份，点击“查询”，统计结果提供了列表和柱状图。

6.3.5.4 一流技术

按照领域或国家进入某一个具体公司后，查看该公司的一流技术情况。

进入主界面，点击“企业选择”按钮，在查询页面，选定领域和国家搜索范围，点击“检索”，在结果列表中选中企业，点击“确定”按钮。在企业框中可见选中企业名，选择“年份”，点击“查询”，结果以列表显示。

6.3.5.5 一流人才

根据评价指标，包括拥有多项授权专利、被引专利频次较高、平均被引频次较高的发明人，查询时，用户可先选择限定企业，再选择指标、年度，点击“查询”，结果以列表显示，点击某一具体发明人，可查看该发明人的专利信息列表。

6.3.5.6 企业的合作分析

查询某一具体企业的合作机构专利情况，在企业选择框，选择欲查询企业，查询时可通过领域、国家检索，选中企业后，点击“确认”返回主界面。在企业框中，可见所选企业名称，点击“查询”按钮，结果以列表显示，可见该企业合作机构及专利数。

6.3.5.7 Aureka定题发布

查看引文分析及专利地图，此处只做静态发布。

1）引文分析

进入引文分析主界面，录入专利号，点击“查找”，结果以列表显示，点击列表中“浏览”，可查看该专利引文分析（图6.21）。

2）专利地图

进入专利地图主界面，录入公司或机构名称，点击“查找”，结果以列表显示，点击列表中“浏览”，可见专利地图（图6.22）。

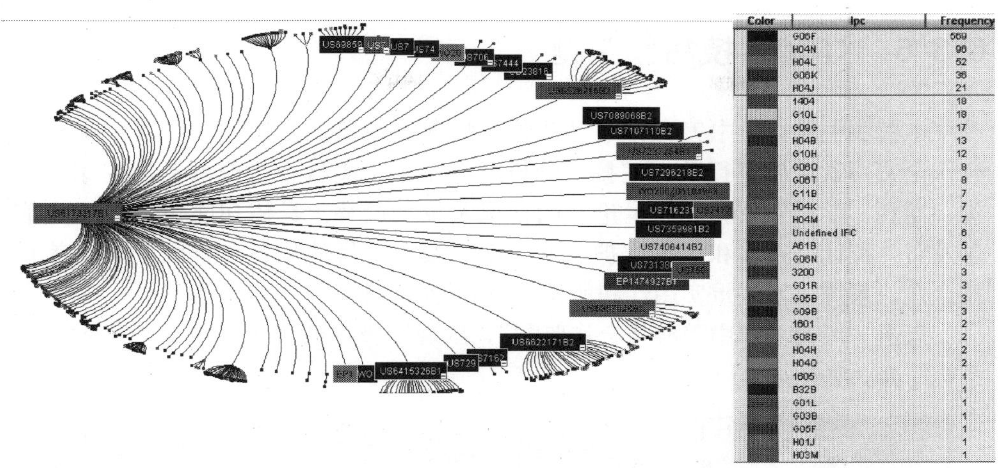

Color	Ipc	Frequency
	G06F	569
	H04N	96
	H04L	52
	G06K	36
	H04J	21
	1404	18
	G10L	18
	G09G	17
	H04B	13
	G10H	12
	G06Q	8
	G06T	8
	G11B	7
	H04K	7
	H04M	7
	Undefined IPC	6
	A61B	5
	G06N	4
	3200	3
	G01R	3
	G05B	3
	G09B	3
	1601	2
	G08B	2
	H04H	2
	H04Q	2
	1605	1
	B32B	1
	G01L	1
	G03B	1
	G05F	1
	H01J	1
	H03M	1

图 6.21 “引文分析”专利查询结果

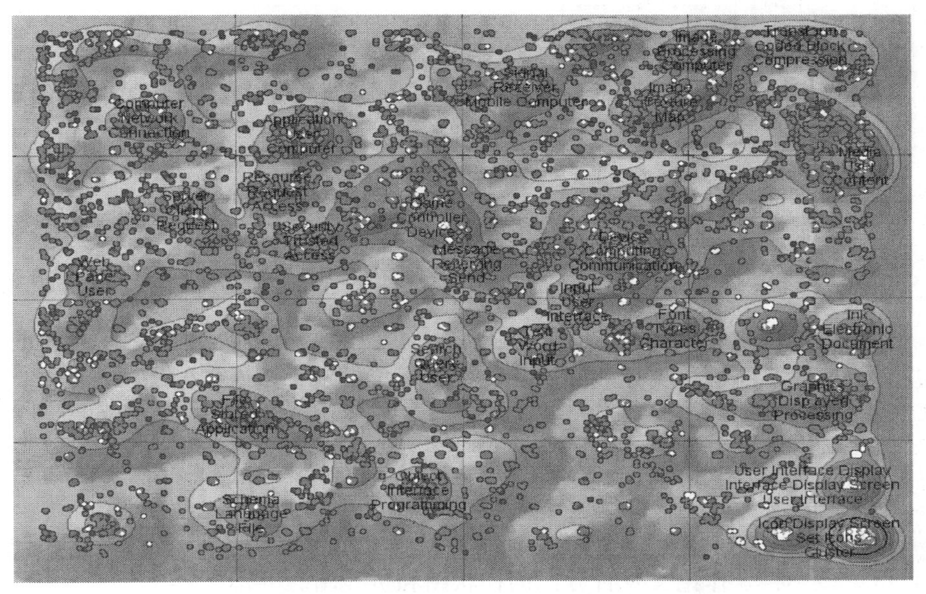

图 6.22 “专利地图”专利公司或机构查询结果

6.3.5.8 监测报告

页面显示可用监测报告，点击监测报告名称，可查看报告内容。

6.3.6 中美科技合作监测

本模块主要针对中美合作的 SCI 论文情况进行监测，通过对 SCI 中美科技合作论文检索结果进行数据挖掘，分析近五年来中美科技合作的参与国家、机构、期刊、学科领域和高质量论文的情况及发展趋势。具体功能包括数据的信息发布、统计、查询和数据维护，方便用户按特定目的从各个方面了解中美科技合作，系统主要注重实用性和所反馈信息的有效性。

点击一级菜单“中美科技合作监测”，出现二级纵向菜单，主界面显示本子系统简介，如图 6.23 所示。

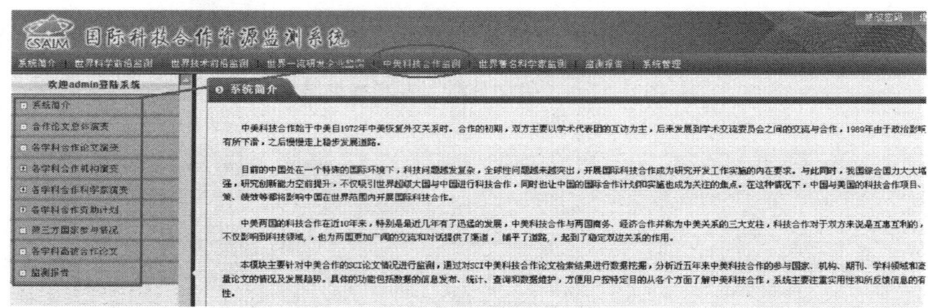

图 6.23 “中美科技合作监测”主界面

6.3.6.1 合作论文总体演变

点击子菜单名称，进入合作论文总体演变主界面，可见合作论文总体演变情况的介绍，系统提供了列表和柱状图，显示年份及合作论文数。

6.3.6.2 各学科合作论文演变

点击子菜单名称，进入各学科合作论文演变主界面，选择年份，点击“查询”，可见该年度各学科合作论文数及百分比，系统提供了列表，点击学科名称，可见该学科合作论文及百分比的柱状图和折线图。

6.3.6.3 各学科合作机构演变

1）一维分析

选择某一年份及学科，点击“查询”，结果数据以列表显示。点击列表中机构名称，可查看论文、百分比柱状图和折线图。

2）矩阵分析

选择年度、学科，点击“查询”，结果显示二维表，显示具体数字，矩阵二维表的首行、列为合计数据。

3）合作网络图

点击子菜单名称，进入合作网络图主界面，选择材料、年份，点击“查询”，系统提供静态图。

6.3.6.4 各学科合作科学家的演变

1）一维分析

选择年份和一级学科领域后，点击“查询”，显示该领域内科学家及其参加合作论文的数量。

2）中美科学家合作网络

选择年份和学科领域后，点击“查询”，出现二维矩阵图表，首行、列为论文总和，各行列交点显示两科学家合作数。

6.3.6.5 各学科合作资助计划

1）一维分析

系统中，只对2008年的资助计划和机构情况进行分学科领域分析。选择某一个具体的学科，点击“查询”，可以查看合作资助计划或机构情况。

2）矩阵分析

只对2008年的资助计划和机构情况进行分析，选择学科领域后，点击“查询”，显示静态二维图标，表的首行、列为合计数据，各行列交点为机构合作数。

6.3.6.6 第三方国家参与情况

点击菜单名称，进入第三方国家参与情况主界面，选择年份、某一个具体学科，点击“查询”，即可以列表形式显示该学科第三方国家参与情况。

6.3.6.7 各学科高被引合作论文

点击菜单名，进入主界面，选择具体的年份及某一具体的学科后，点击“查询”，显示该学科的合作高被引频次论文情况。高被引的标准为“总被引频次”为10次。结果以列表显示。

6.3.6.8 监测报告

页面显示可用监测报告，点击监测报告名称，可查看报告内容。

6.3.7 世界著名科学家监测

提供对世界著名科学家的监测，包括资料等信息的综合发布，从而为用户在国际科技合作中选择合作伙伴提供参考。

世界著名科学家是指在国际上相关科学领域具有权威性的学者，本子系统将世界著名科学家界定为国际权威奖励的获奖者，奖项包括诺贝尔科学奖、拉斯克医学奖、加纳德奖、伍尔夫奖、菲尔兹数学奖、图灵奖等；国际权威科学院的院士、学者包括美国国家科学院、美国医学研究院、美国工程院、英国皇家学会、法国科学院、加拿大皇家学会的本国会员及外籍会员等；国际科学组织包括国际纯粹与应用物理学联盟、亚洲流体力学委员会、国际计算力学协会、国际断裂学会、国际光学委员会、国际光学工程学会等 200 多个国际性科学组织，按照地球科学、工程科学、海洋科学、化学、空间科学、力学、农学、能源科学、生物科学、数学、天文学、物理学、心理学、信息科学、医学、资源与环境科学及综合类等进行分类，共分为十七大类。

点击一级菜单“世界著名科学家监测”，出现二级纵向菜单，主界面显示本子系统简介，如图 6.24 所示。

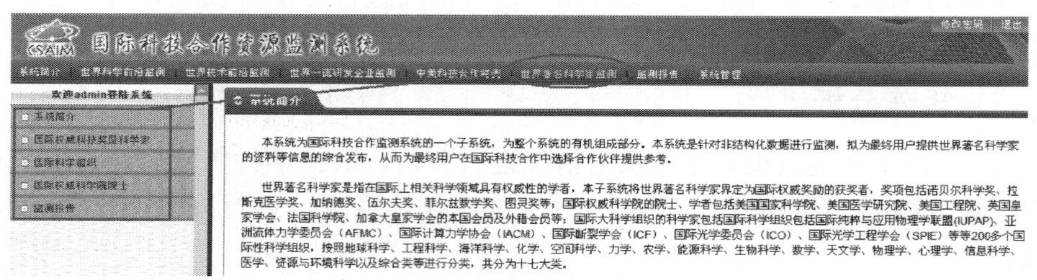

图 6.24 “世界著名科学监测”主界面

6.3.7.1 国际权威科技奖励科学家

国际权威科技奖励包括诺贝尔科学奖、鲁斯卡基础医学奖、加纳德奖、伍尔夫奖、菲尔兹数学奖、图灵奖等。

点击子菜单名，进入国际权威科技奖励科学家主界面后，选择奖项并录入其他查询条件，点击“查询”按钮，结果以列表选择，点击科学家名称，可见该科学家的介绍。

6.3.7.2 国际科学组织

按学科分类显示各科学组织的基本信息，分类信息以地球科学、工程科学、海洋科学、化学、空间科学、力学、农学、能源科学、生物科学、数学、天文学、物理学、心理学、信息科学、医学、资源与环境科学及综合类等进行分类，共分为十七大类。

点击子菜单名，进入国际科学组织主界面，选择学科，系统根据所属学科的不同，列表显示该分类科学组织名称及其内容（图 6.25）。

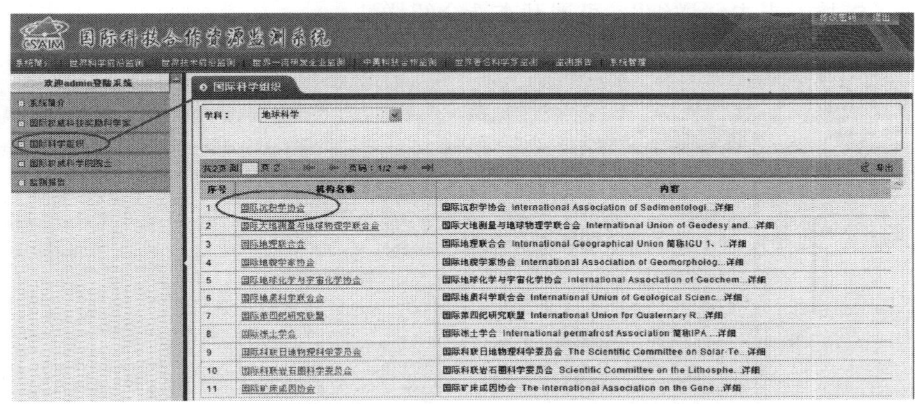

学科： 地球科学

共2页 到 页 页码：1/2 导出

序号	机构名称	内容
1	国际沉积学协会	国际沉积学协会 International Association of Sedimentologi...详细
2	国际大地测量与地球物理学联合会	国际大地测量与地球物理学联合会 International Union of Geodesy and...详细
3	国际地理联合会	国际地理联合会 International Geographical Union 简称IGU 1、...详细
4	国际地貌学家协会	国际地貌学家协会 International Association of Geomorpholog...详细
5	国际地球化学与宇宙化学协会	国际地球化学与宇宙化学协会 International Association of Geochem...详细
6	国际地质科学联合会	国际地质科学联合会 International Union of Geological Scienc...详细
7	国际第四纪研究联盟	国际第四纪研究联盟 International Union for Quaternary R...详细
8	国际冻土学会	国际冻土学会 International permafrost Association 简称IPA ...详细
9	国际科联日地物理科学委员会	国际科联日地物理科学委员会 The Scientific Committee on Solar-Te...详细
10	国际科联岩石圈科学委员会	国际科联岩石圈科学委员会 Scientific Committee on the Lithosphe...详细
11	国际矿床成因协会	国际矿床成因协会 The International Association on the Gene...详细

图 6.25 “国际科学组织”主界面

列表中机构名称和内容提供了链接，点击机构名称，显示该组织机构科学家的列表，如图 6.26 所示。用户可通过名称或国家，检索该机构的某一科学家，检索时录入姓名或国家，点击“查询”按钮，可见查询结果。点击“返回”按钮，返回主界面。

科学组织人员信息

姓名： 国家(地区)： 查询 返回

共1页 到 页 页码：1/1

序号	姓名	个人简介	国家(地区)	所属组织	擅长领域	主要贡献
1	Finn Surlyk	PRESIDENT Finn Surlyk University of Copenhagen D...详细		国际沉积学协会		
2	Judith A. McKenzie	PAST PRESIDENT Judith A. McKenzie Geological Insti...详细		国际沉积学协会		
3	Maria Mutti	VICE PRESIDENT Maria Mutti Dept. of Geosciences ...详细		国际沉积学协会		
4	José Pedro Calvo Sorando	GENERAL SECRETARY José Pedro Calvo Sorando Insti...详细		国际沉积学协会		

图 6.26 “科学组织人员信息”主界面

如果点击主界面“内容”一列中的“详细”链接，可查看该科学组织机构的介绍。

6.3.7.3 国际权威科学院院士

此处国际权威科学院院士特指美国国家科学院、美国医学研究院、美国工程院、英国皇家学会、法国科学院、加拿大皇家学会的本国会员及外籍会员。

点击子菜单，进入主界面，如图 6.27 所示，选择科学院，可追加录入院士姓名和国家检索条件，点击“查询”，结果以列表显示院士信息，其中个人简介提供了链接，点击“详细”，可展开查看介绍详情。

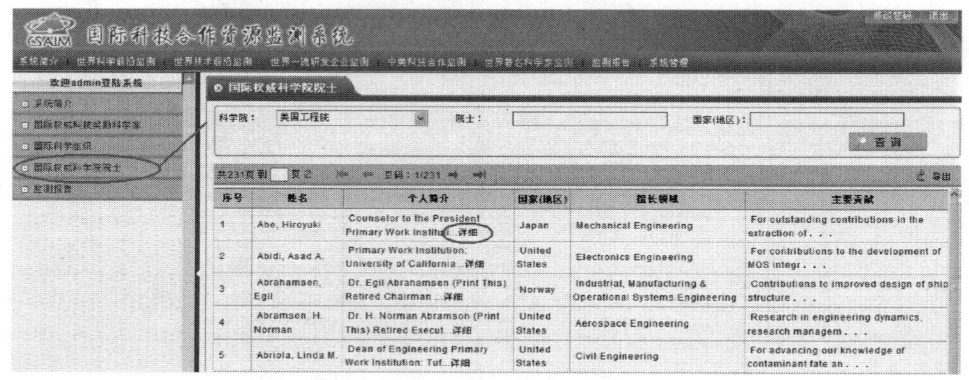

图 6.27 “国际权威科学院院士”主界面

6.3.7.4 监测报告

页面显示可用监测报告，点击监测报告名称，可查看报告内容。

6.3.8 监测报告

点击“监测报告”菜单，进入主界面，可见监测报告，点击监测报告名称，可查看报告内容。

6.3.9 系统管理

主要对用户使用系统涉及的数据和人员等内容设置管理。

点击一级菜单“系统管理”，出现二级纵向菜单，主界面显示本子系统简介，如图 6.28 所示。

图 6.28　“系统管理”主界面

6.3.9.1　权限管理

多用户使用系统时，管理员可创建用户，并为用户分配角色。每个角色可指定系统使用权限，具有该角色的用户拥有相应权限。添加用户前一般先创建系统具有的各种角色。

1）角色管理

点击子菜单“角色管理”，如图 6.29 所示，点击添加按钮，进入角色设置页。

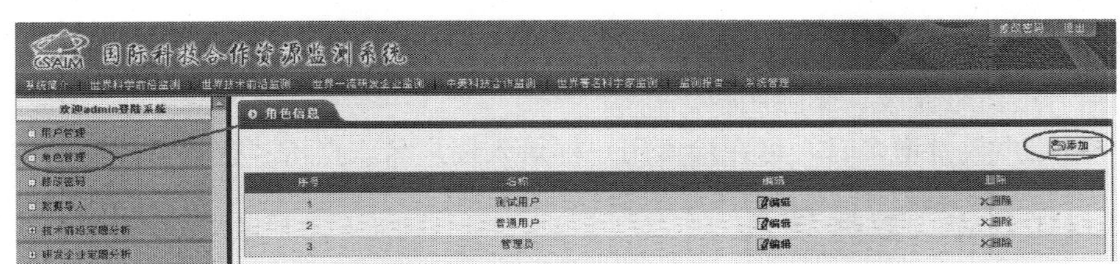

图 6.29　“角色信息”主界面

进入角色添加页面，如图 6.30 所示，在角色名称处录入新增角色名称，在权限勾选处，选择分配给该角色的系统功能。其中，各子系统名称项为全选项，如图 6.30 中所标“世界科学前沿监测”。

设置完成后，点击“保存”按钮，返回用户管理主界面。新增用户显示在主界面列表中。角色变更时，可点击列表中“编辑”按钮，进行修改。废止角色可点击“删除”按钮。

2）用户管理

点击子菜单“用户管理”，如图 6.31 所示。

点击“添加”按钮，进入新增用户页面，录入用户名及密码，选择用户角色，点击“提交用户信息”返回，新增用户进入用户列表。点击列表中“编辑”

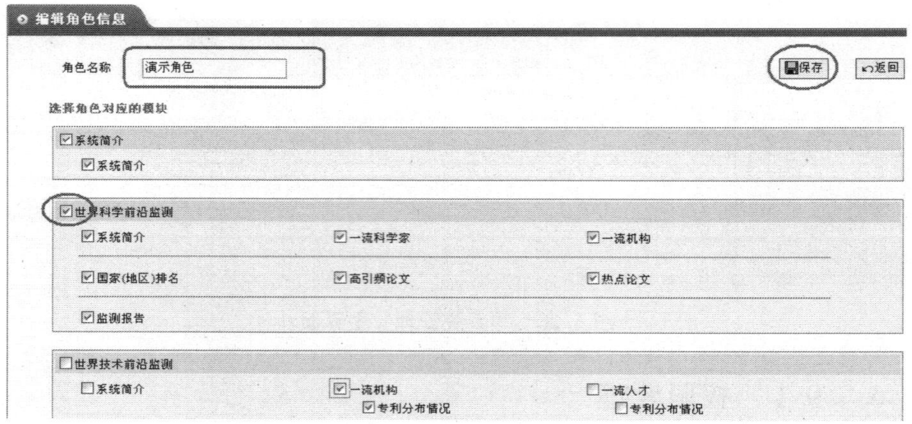

图 6.30　“编辑角色信息”主界面

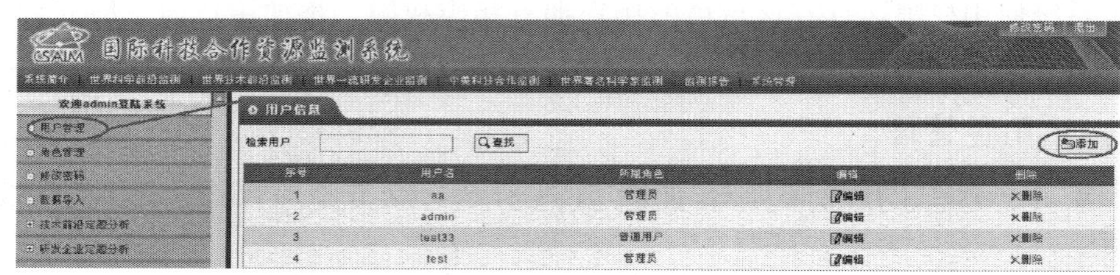

图 6.31　“用户信息”主界面

“删除”按钮可修改、删除用户。

当用户数量增多时，可在检索用户框录入用户名，点击“查找”进行检索。

6.3.9.2　数据导入

为系统中使用的数据提供批量导入。

提供导入的表包括的内容如表 6.1 所示。

表 6.1　数据导入表

所属子系统	表格
世界科学前沿监测	一流科学家排名表
	一流科学家论文表
	一流机构排名表
	一流机构论文表
	各国家/地区排名表
	各国家/地区论文表
	所有国家/地区排名表
	所有国家/地区论文表
	高引频论文表
	热点论文表

续表

所属子系统	表格
世界技术前沿监测	专利信息表
	专利授权人关联表
	专利发明人关联表
	专利 IPC4 分类关联表
世界一流研发企业监测	一流研发投资表
	企业简介表
	企业专利表
	专利授权人关联表
	专利发明人关联表
	专利 IPC4 分类关联表
	专利美国分类关联表
中美科技合作监测	每年中美合作论文数表
	每一年第三方国家参与合作论文表
	每一年机构参与论文表
	每一年学科内论文表
	每一年高被引频次论文表
	每个学科内合作机构参与论文表
	各学科第三方国家参与情况表
	科学家参与合作论文表
	每一年每个一级学科内论文表
	每个学科领域内的高被引频次论文表
	各个学科领域内主要的基金资助机构和计划论文表
世界著名科学家监测	国际权威院士表
	获奖者简介表
	国际科学组织表
	国际科学组织科学家表

具体导入操作可见数据导入说明文档。

6.3.9.3 技术前沿定题分析

用于维护“世界技术前沿监测”中定题分析的引文和专利地图。

1）引文分析

点击子菜单“技术前沿定题分析”中的“引文分析”，进入主界面，如图6.32所示。添加引文分析时，点击“添加”按钮，在添加页面录入专利号和内容，点击“保存”按钮，返回主界面。新增内容显示在列表中，用户可点击列表“浏览”按钮查看新增内容，点击“编辑”“删除”按钮调整记录。

记录较多时，在主界面录入专利号，点击“查询”，可检索对应记录。

2）专利地图

点击子菜单“技术前沿定题分析”中的“专利地图”，进入主界面，如图，

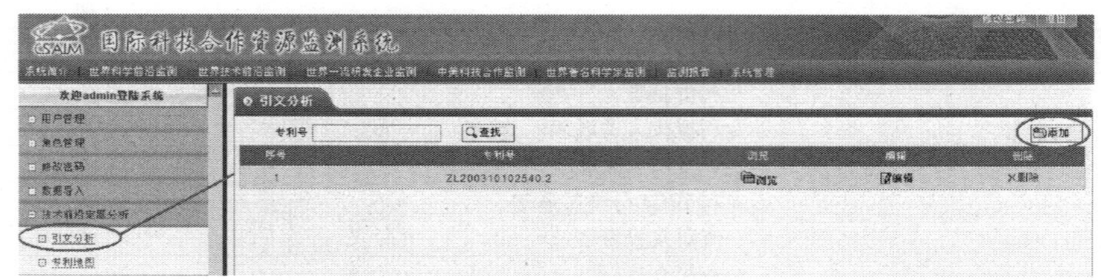

图 6.32　“引文分析”主界面

添加地图时，点击“添加”按钮，录入公司或机构名称，并在编辑框内粘贴地图，点击“保存”按钮，返回主界面。新增内容显示在列表中，用户可点击列表中“编辑”“删除”按钮调整记录。

记录较多时，在主界面录入公司或机构名称，点击“查询”，可检索对应记录。

6.3.9.4　研发企业定题分析

用于维护“世界一流研发企业监测”中定题分析的引文和专利地图。

基本操作同上。

6.3.9.5　中美科技合作

用于维护“中美科技合作监测”中的矩阵网络图。

点击子菜单矩阵网络图名称，进入相应主界面，此处以添加“各学科合作机构矩阵”为例进行说明。

如图 6.33 所示，点击菜单“各学科合作机构矩阵”，出现主界面，点击“添加”按钮，出现新增页面，如图 6.34 所示，将做好的 Excel 矩阵拷贝粘贴至编辑框，录入对应年份并选择学科。点击“保存”，返回。

图 6.33　“各学科合作机构”主界面

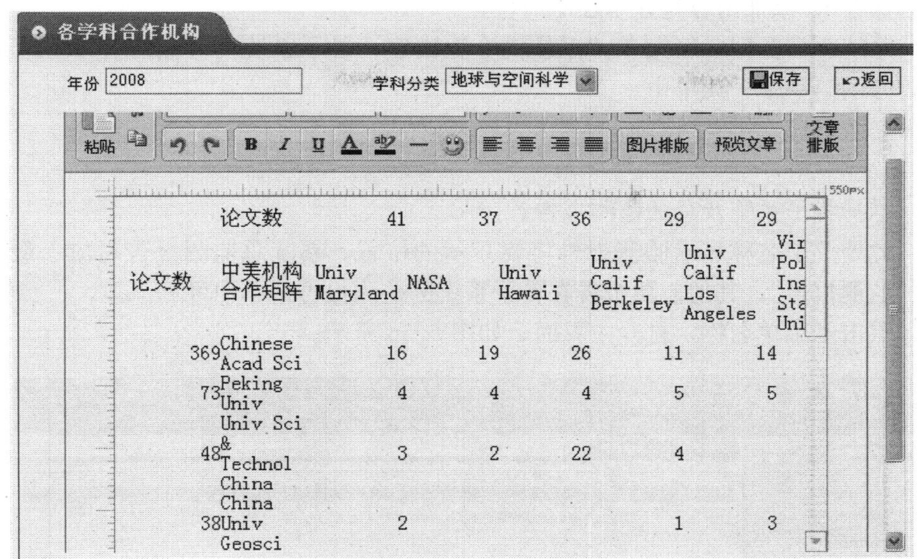

图 6.34　“添加”页面

6.3.9.6　系统简介

录入系统总体及各子系统简介。“系统简介”主界面如图 6.35 所示。

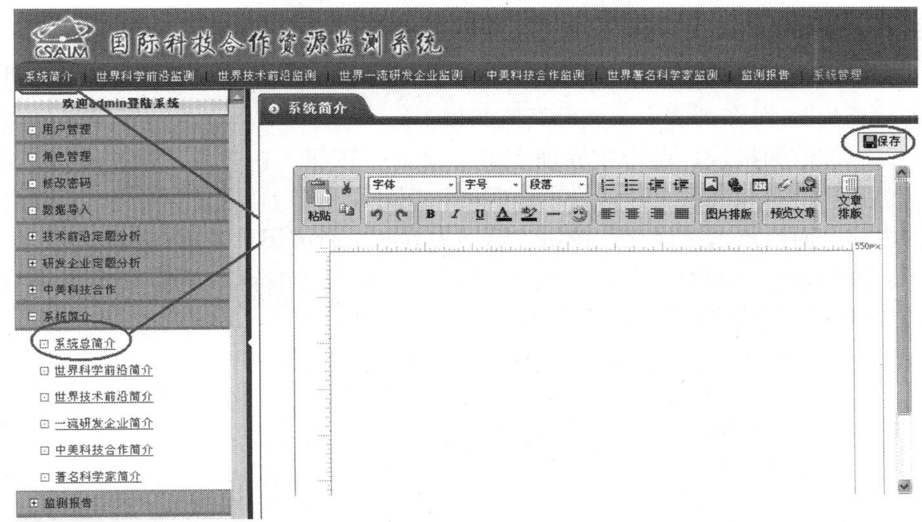

图 6.35　“系统简介”主界面

编辑简介时，点击菜单名，在主界面出现编辑框，录入系统简介内容，点击“保存”，添加内容将显示在对应位置。

系统总简介即一级菜单“系统简介”内容；各子系统简介内容显示在子系统打开的第一个子菜单中。

6.3.9.7 监测报告

维护各子系统及总的监测报告。

此处菜单名称显示监测报告将要显示的位置，系统总监测报告对应一级菜单“监测报告”，其他监测报告在各子系统的监测报告菜单中可见。

点击子菜单名称，打开主界面，如图 6.36 所示。

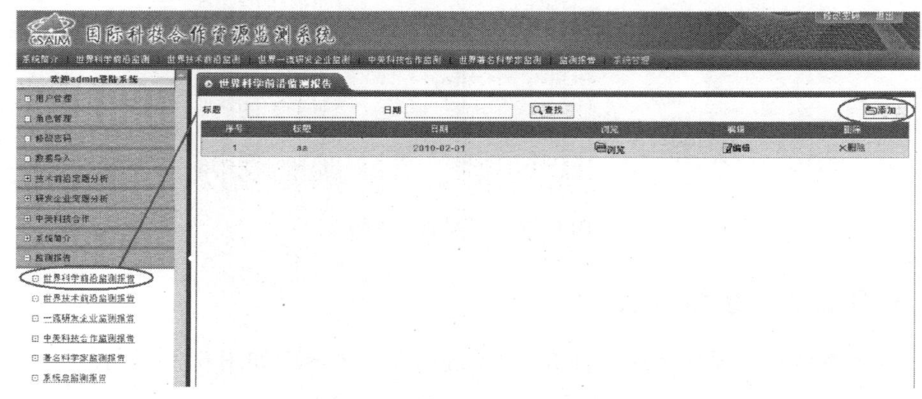

图 6.36 “世界科学前沿监测报告”主界面

主界面最上侧是检索条件区，下部列表是已有监测报告。（录入检索条件，点击“查找”，可在列表中查找已有监测报告）

欲添加监测报告，点击主界面上的“添加”按钮，在打开的新页中录入报告标题和日期时间（系统默认为当前时间，用户可修改），在编辑框粘贴或编辑报告内容，而后点击“保存”按钮，返回主界面，新增记录显示在列表中。

通过列表中“浏览”按钮，可查看报告，点击“编辑”可修改报告内容，点击“删除”按钮将从系统中清除此报告。

7 国际科技资源监测地理信息系统简介

7.1 启动登录界面

在 IE 地址栏输入 http：//localhost/gis/web/logon. aspx，输入用户名和密码（如图 7.1 皆为 user1），输入验证码（如图 7.1 为 7618），再直接回车或者单击“确定”按钮即可。

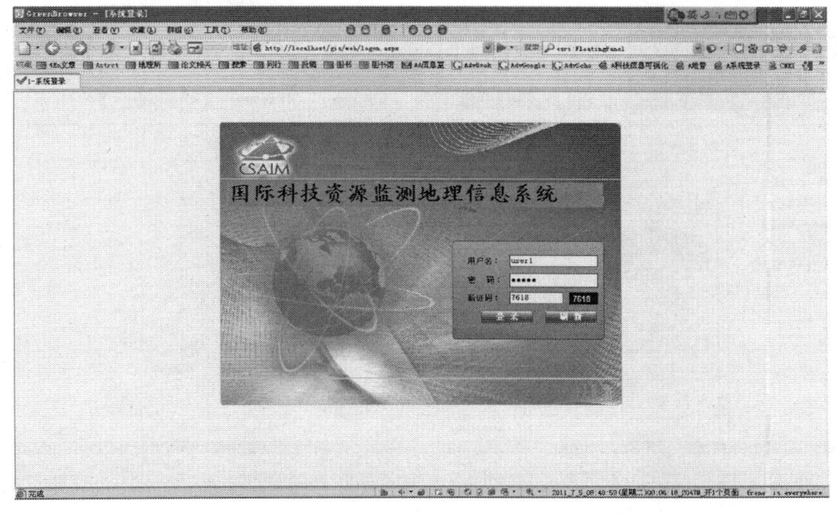

图 7.1 国际科技资源监测地理信息系统启动后的登录界面

由于系统有时反应可能比较慢，不要连续用鼠标点击“确定”按钮。

本系统的用户名和密码存储在后台的 SQL Server 2005 数据库中，如果数据库程序未启动，登录时就会出现图 7.2 的错误提示。

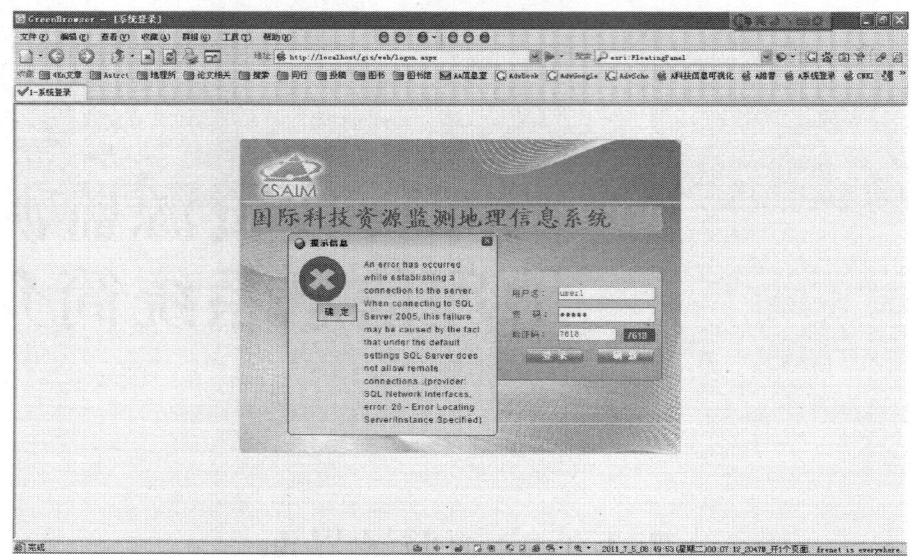

图 7.2　国际科技资源监测地理信息系统登录出现的错误提示

在保证后台程序（如 SQL Server 2005 数据库、ArcGIS Server 9.3）正确运行的前提下，输入正确的用户名和密码后，系统启动后的主界面见图 7.3。

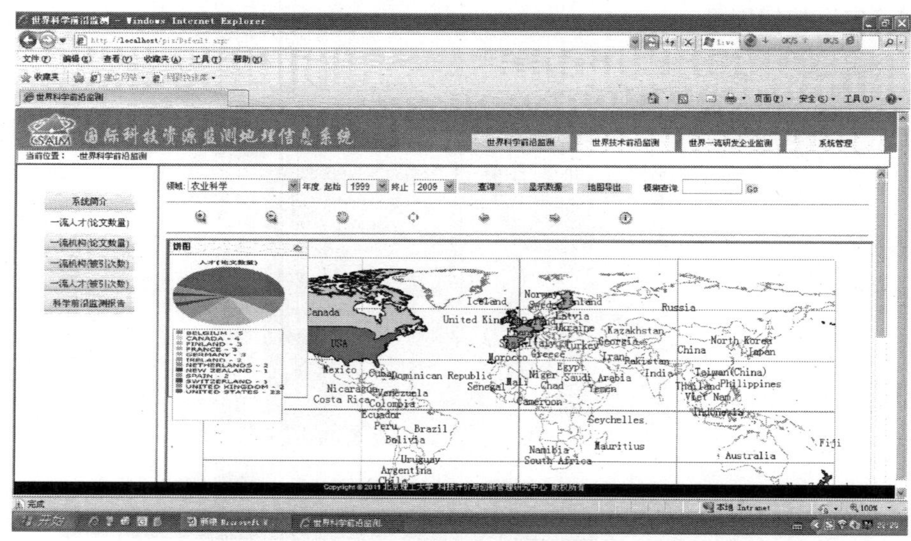

图 7.3　国际科技资源监测地理信息系统启动后的默认主界面

7.2　主要功能

国际科技资源监测地理信息系统分为四个模块：世界科学前沿监测模块、世界技术前沿监测模块、世界一流研发企业监测模块、系统管理。

1）世界科学前沿监测模块

按论文数/被引总频次排序的各领域的前 50 名科学家的国别分布；按论文数/被引总频次排序的各领域的前 50 名机构的国别分布。

2）世界技术前沿监测模块

按被引总频次排序的各年份、各领域的前 100 名机构/专利发明人的国别分布。

3）世界一流研发企业监测模块

各年份、各领域世界一流研发企业专利信息的国别分布；所有年份、各领域一流研发企业专利信息的国别分布。

4）系统管理

功能结构图如图 7.4 所示。

国际科技资源监测地理信息系统将一流机构、一流人才、一流技术在地图上进行可视化显示，使用户能够更直观地掌握科技信息的分布情况，最后生成监测报告。

国际科技资源监测地理信息系统主要包括以下四个部分：①世界科学前沿监测；②世界技术前沿监测；③世界一流研发企业监测；④系统管理。实现的功能有世界地理空间数据的漫游、放大、缩小、回退、前进、查询、地图导出等功能。

如图 7.5 所示，窗口右上方（1 位置）是世界科学前沿监测、世界技术前沿监测，世界一流研发企业监测、系统管理四模块；2 位置实现查询功能，包括选择“领域”和“年度”查询、模糊查询、属性查询等；3 位置是导航工具条；4 位置显示该监测子系统的各功能模块；5 位置是以饼状图的形式显示排名国家及相应国家的专利数；6 位置是世界地图显示，用不同的颜色代表各个国家不同的数量。

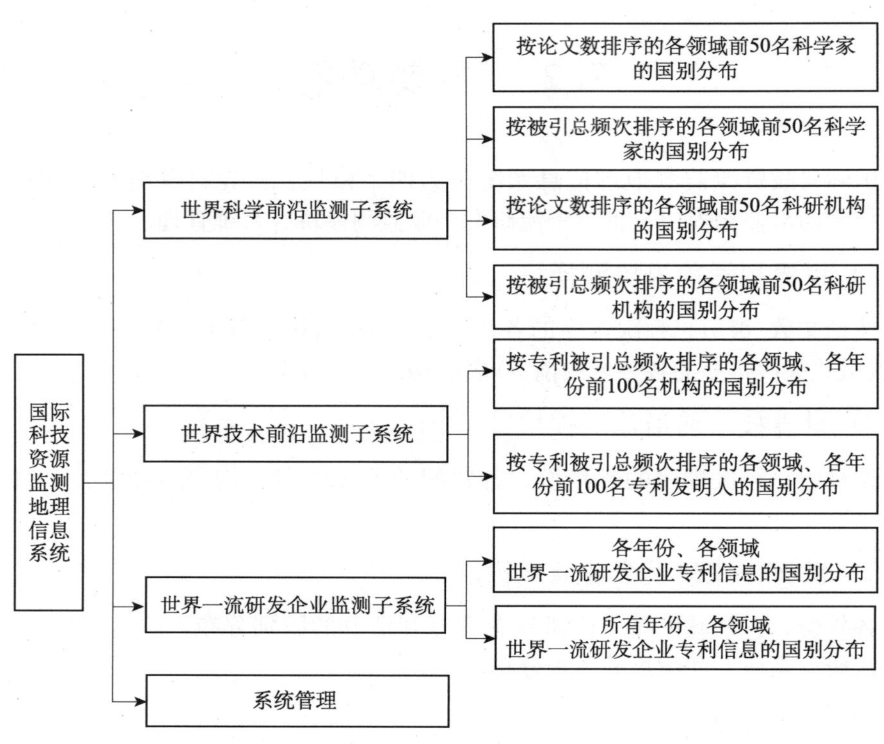

图 7.4　国际科技资源监测地理信息系统的功能结构图

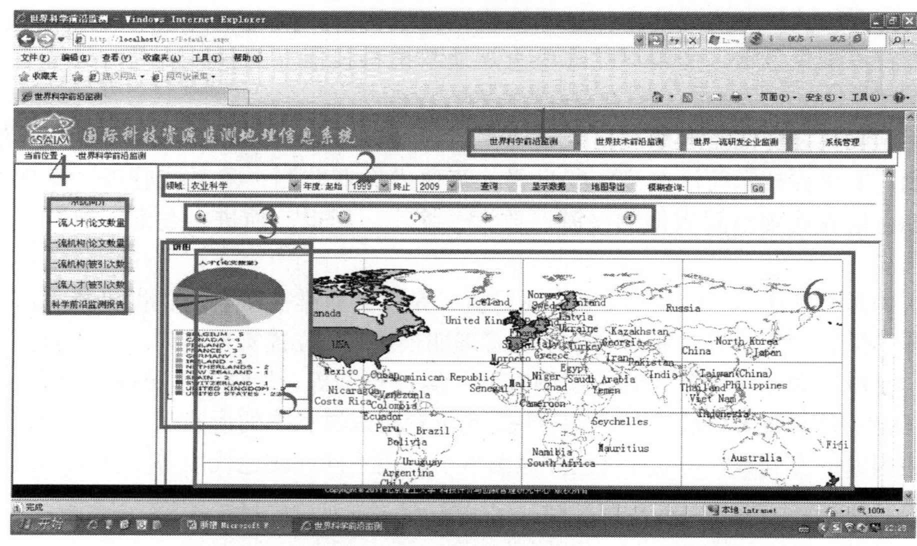

图 7.5　国际科技资源监测地理信息系统的功能分区界面

7.3 导航功能

地图导航工具条包括：①放大；②缩小；③漫游；④全景；⑤视图退后；⑥视图前进（图 7.6）。以放大功能为例进行简要说明。

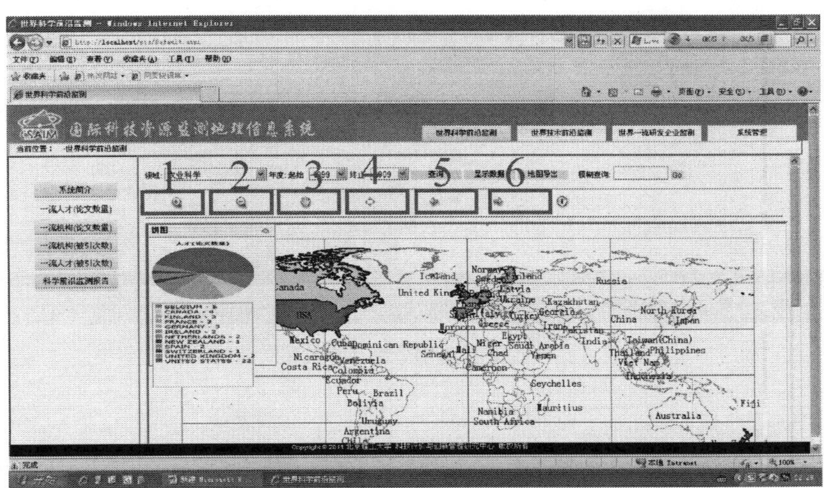

图 7.6 地图导航工具条

放大操作如图 7.7，点击图 7.7 中的标记 1，然后在地图中如标记 2 一样进行矩形框选择。放大后的效果如图 7.8 所示。

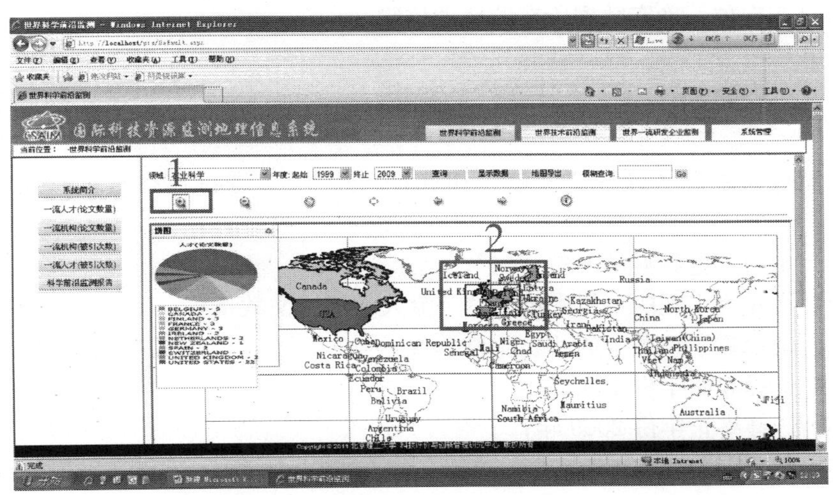

图 7.7 地图放大功能与操作

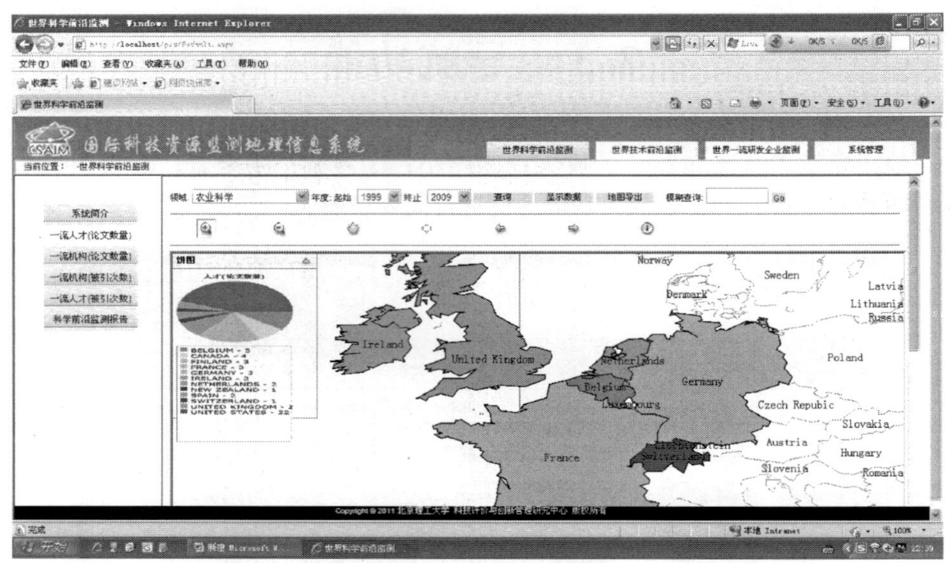

图 7.8　地图放大后的效果

7.4　查询功能

地图查询、快速定位的功能是根据坐标、模糊查询或者输入一定的关键字对世界科技信息地理空间数据库的数据进行模糊匹配查找，查找到的记录可直接进行迅速定位，确定数据所在的地理位置。

7.4.1　“领域”和“年度”查询

通过查询条件（选择“领域”和选择“年度”）进行选择查询，如图 7.9 所示：

（1）单击“世界科学前沿监测”；

（2）在左侧出现的列栏中单击“一流人才（论文数量）”；

（3）选中科学领域中的“农业科学”；

（4）选择起始年份 1999 年；

（5）选择终止年份 2009 年；

（6）最后点击“查询”。

类似地，将科学领域的下拉框的学科名称更改为“生物学与生物化学”，便

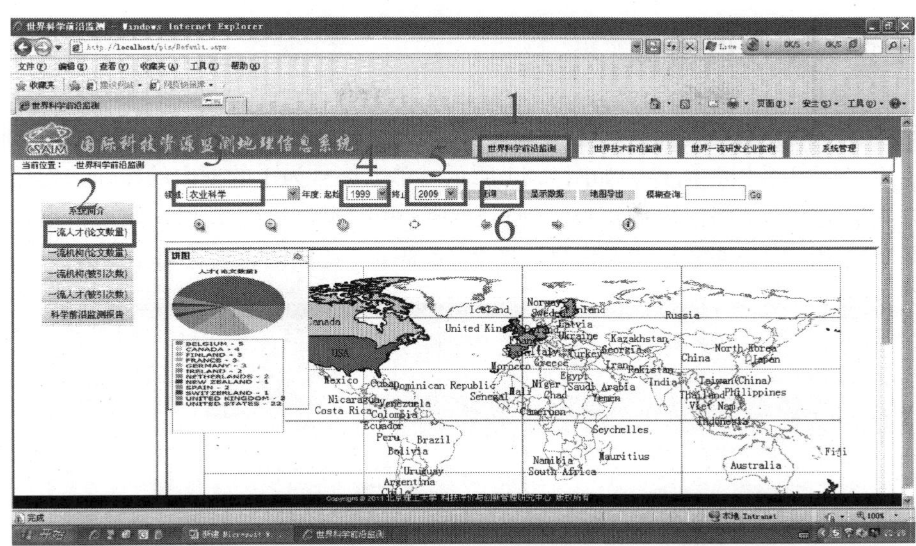

图 7.9 选择“领域”和“年度”进行查询

可以得到“生物学与生物化学”1999～2009 年的一流人才（基于论文总数）空间分布图，见图 7.10。

图 7.10 “生物学与生物化学”1999～2009 年的一流人才（基于论文总数）空间分布图

7.4.2 矩形框查询

选择导航工具条最后一个工具，进行矩形框选择，然后将鼠标放在某个国家上面，便显示相关信息。如图 7.11 所示，单击编号为 1 的框内的按钮，然后画一个类似编号为 2 的框内的矩形，即可选中一些国家，见图 7.12，如果将鼠标放在某个国家上面，便显示相关信息，图 7.12 显示了德国国家名称 Germany。

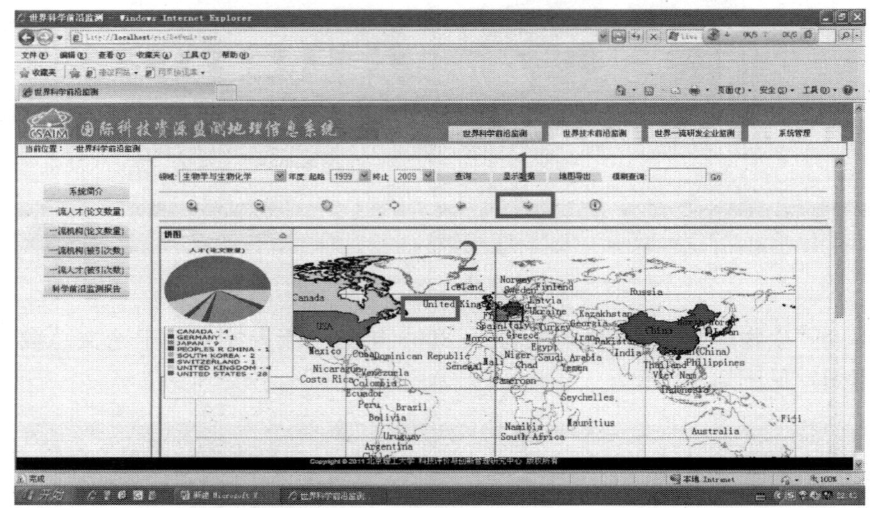

图 7.11 矩形框查询与操作步骤

图 7.12 查询显示德国国家名称 Germany

7.4.3 属性查询

首先单击要素查询按钮，见图 7.13，然后选择国家（如 Canada），再单击“显示数据”按钮（图 7.14），即可弹出该国的相关属性信息（图 7.14），选择某个科学家名称（SHAHIDI，F），即可得到该科学家（SHAHIDI，F）的相关信息（图 7.15）。

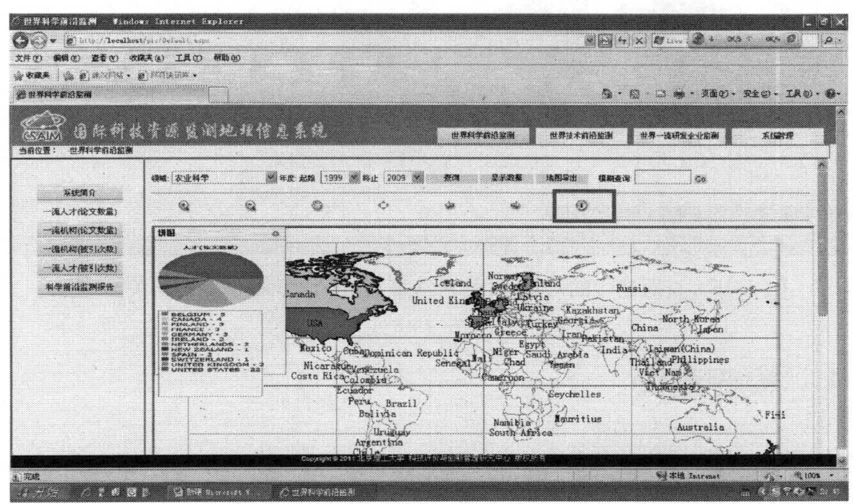

图 7.13 国家（要素）选择（选择了 Canada）

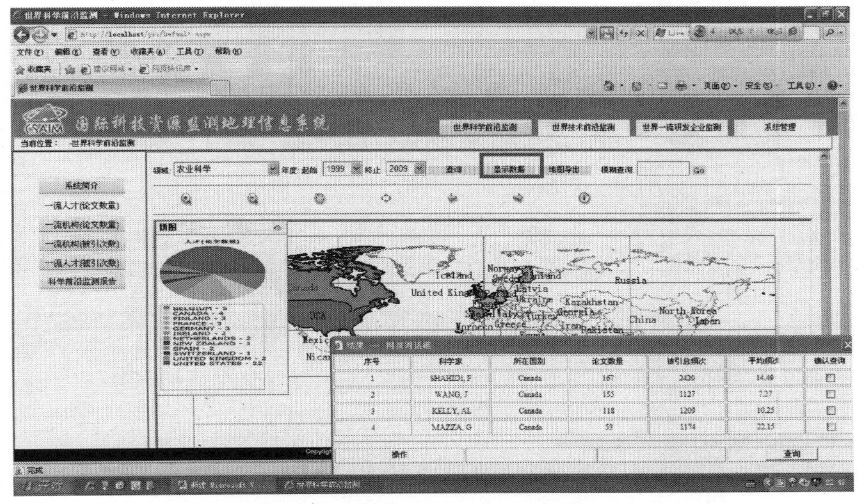

图 7.14 查看选中的 Canada 的相关属性

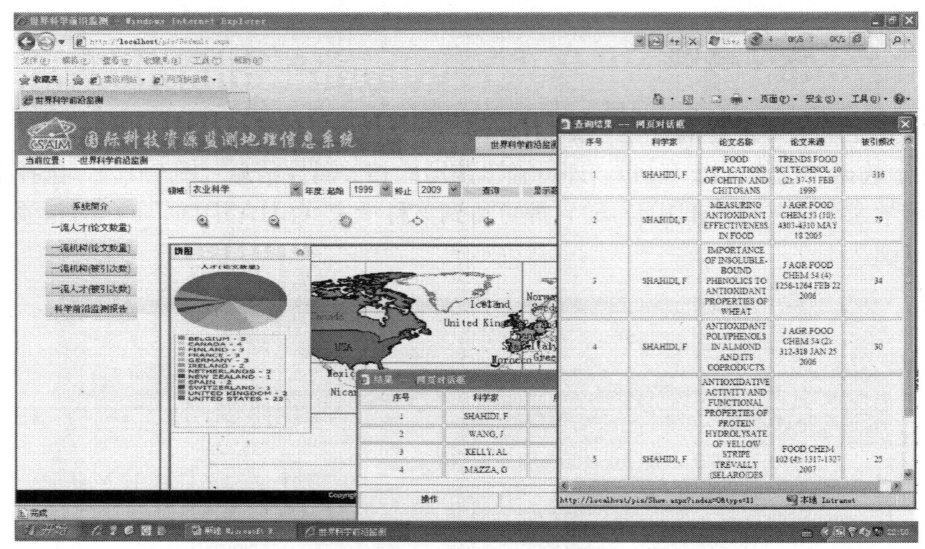

图 7.15　查看选中的 Canada 的科学家“SHAHIDI，F”的相关文章

7.4.4　模糊查询

在“模糊查询”的编辑框中输入国家名称“Spain”，即可搜索得到 Spain 国家的相关信息（图 7.16）。

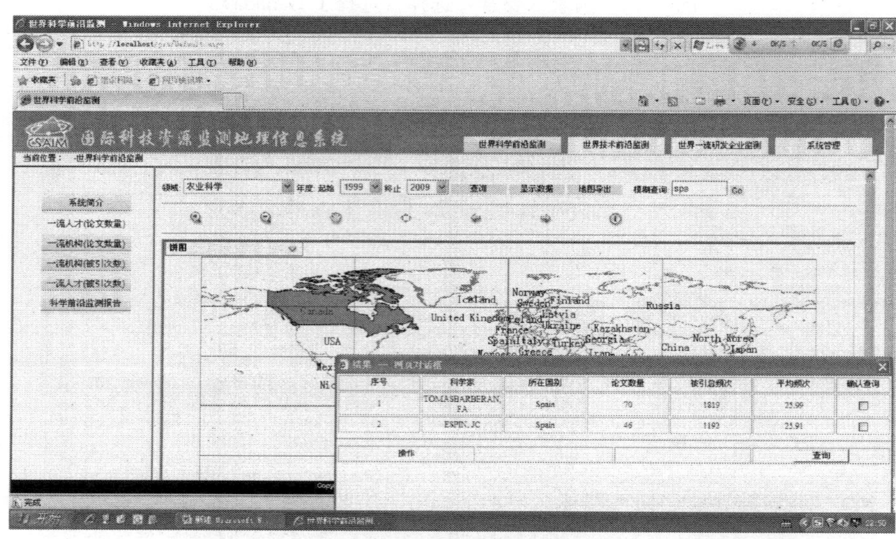

图 7.16　对国家进行模糊查询的结果

7.5 制图输出功能

单击主界面中的“地图导出”按钮（图 7.17），可得到地图输出的 jpg 网页（图 7.18），右键单击该 jpg 网页，可以将地图另存为图片（图 7.19）。

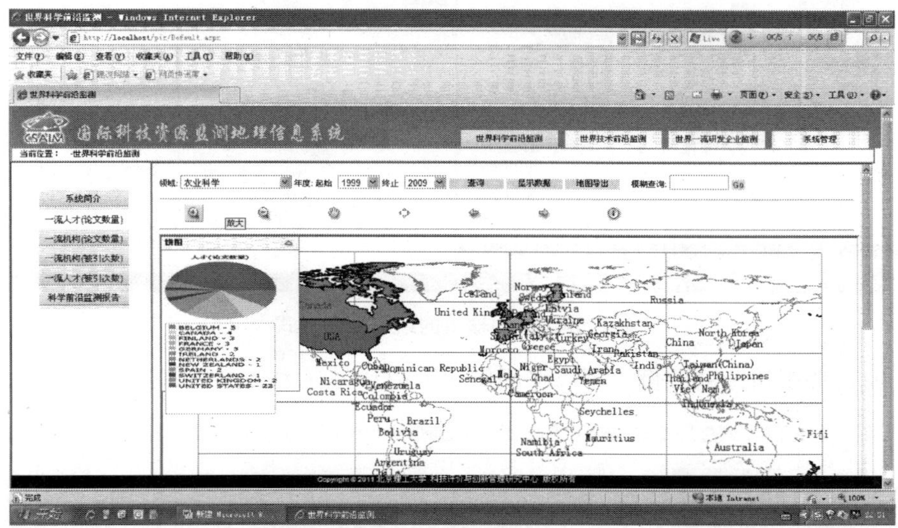

图 7.17 地图输出的功能按钮

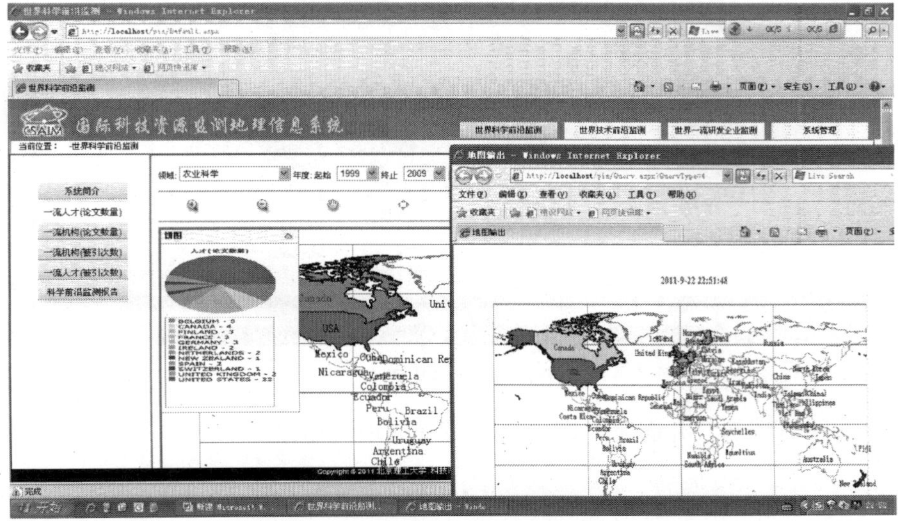

图 7.18 地图导出的生成的网页

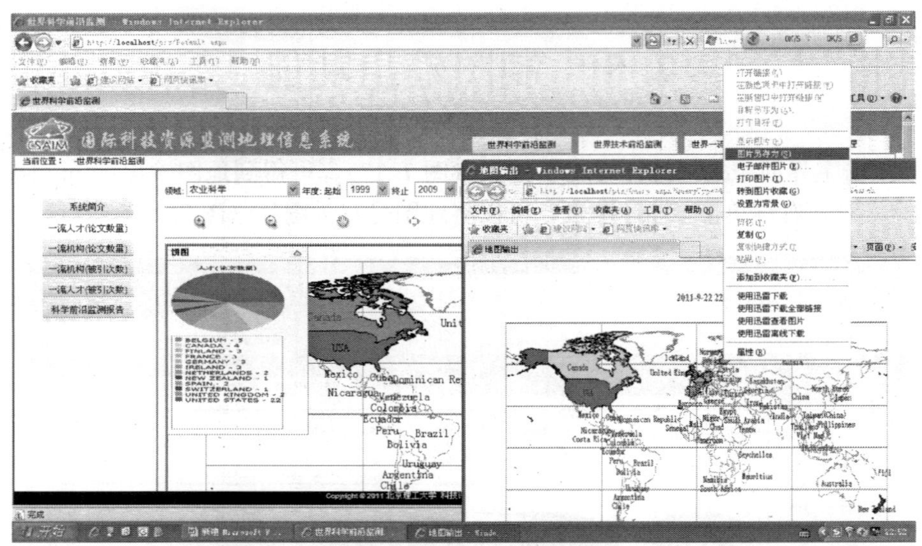

图 7.19　地图输出的结果保存方式

右键单击饼图的图例，可以将图例作为图片另存为（图 7.20）。

图 7.20　输出图例

将地图与图例合并起来，即可得到最好的地图输出结果（图 7.21）。

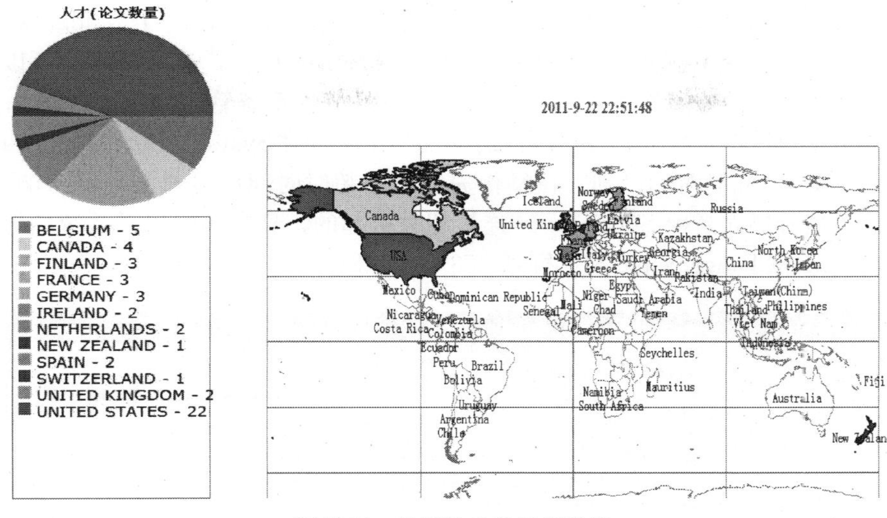

图 7.21　地图输出的最后结果

7.6　系统管理功能

图 7.22 是系统管理子模块，对系统的功能进行管理，主要包括设置查询的时间段（起始时间和结束时间）、清除 IE 缓存内容，以及避免“地图导出”时出现错误。

图 7.22　系统管理子模块

另外，国际科技资源监测地理信息系统在其根目录下还会生成 log. txt 文件，记录着用户使用该系统的过程中系统出现错误的日志，查看该日志可以大概判断系统哪些地方可能出了一些问题，这也是一种系统管理功能。从图 7.23 可以看出，系统在 2011-9-19 14：12：47 时出现了“System. Data. SqlClient. SqlException：超时时间已到。在操作完成之前超时时间已过或服务器未响应”的错误，这种错误是由 SQL Server 连接超时引起的，日志还给出了系统的错误发生在“MapChange. aspx. cs：行号 358”这个地方。

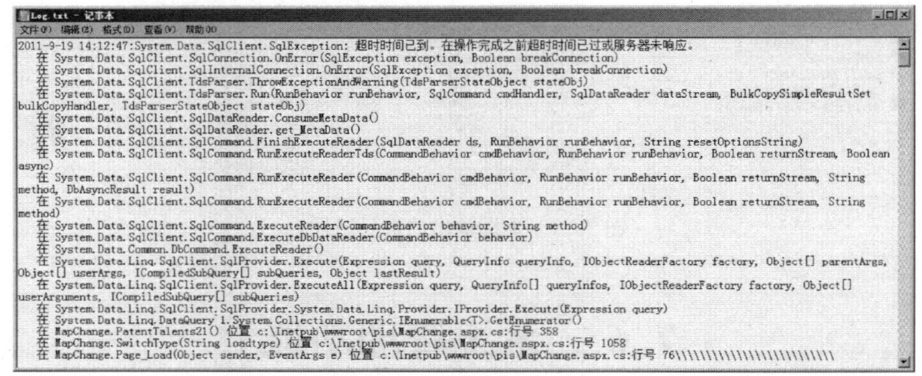

图 7.23　系统运行日志

参考文献

曹雪涛. 2009. 免疫学研究的发展趋势及我国免疫学研究的现状与展望. 中国免疫学杂志，25 (1):10 - 23.

陈华亮. 2009. 基于平源平台下的 Web GIS 原理研究与应用. 长安大学.

崔雷，胡海荣，李纪宾. 2000. 文献计量学共引分析系统设计与开发. 情报学报，19 (6)：308 - 312.

崔雷，王孝宁. 2009. 学科主题演变的深度挖掘分析——以普通外科学为例. 医学信息学杂志，(8)：5 - 10.

崔杏园，钱桦. 2006. 虚拟现实及其演变发展. 机械工程师，(2)：22 - 24.

邓军. 2009. 整体网络分析讲义：UCINET 软件实用指南. 上海：上海人民出版社：34 - 55.

龚斌伟. 2008. 基于 Web GIS 的网络拓扑管理系统的研究与实现. 中南大学.

洪侃. 2008. 基于 WEB GIS 的遥感影像共享系统的研究与应用. 贵州师范大学.

黄江涛，刘自伟，黄晓芳. 2005. 用于数据挖掘的多维数据可视化技术. 兵工自动化，24 (3)：52 - 53.

黄俐军，宋强，仇亚萍. 2007. 虚拟现实综述. 科技经济市场，(4)：11 - 13.

纪蔚蔚. 2006. 基于词频分析的我国 2004 年科学学发展动向研究. 科研管理，27 (3)：81 - 89.

李红涛. 2005. 基于 GIS 的城市公交网络服务水平聚类分析. 西安建筑科技大学.

李宁宁. 2004. 基于 GIS 的空间位置关系聚类研究与应用. 微机发展，16 (4).

梁立明，李小宁. 2003. SPRU 科研选题的词频分析与计量研究. 科研管理，24 (3)：97 - 108.

梁立明，谢彩霞. 2003. 词频分析法用于我国纳米科技研究动向分析. 科学学研究，21 (2)：138 - 142.

林颂坚. 2004. 以自组织映射图技术探勘计算语言学研究发展之趋势. 2004 年现代资讯组织与检索研讨会：95 - 110.

刘军. 2006. 法村社会支持网络的整体结构研究块模型及其应用. 社会，26 (3)：69 - 80.

刘宁宁，毕然. 2007. 融合复杂网络理论的科技监测研究. 电子测量技术，(4)：1 - 4.

刘天祯，童恒庆. 2005. 基于投影寻踪和聚类分析的多维数据可视化. 福建电脑，(8)：113 - 114.

马费成，张勤. 2006. 国内外知识管理研究热点——基于词频的统计分析. 情报学报，25 (2)：163 - 171.

任永功，于戈. 2005. 一种支持可视化数据挖掘的图形后处理方法. 小型微型计算机系统，26 (11):1955 - 1959.

邵一川，申德容，马也，等. 2008. 多角度可交互的多维数据可视化方法. 软件技术与数据库，34 (5)：85 - 88.

谭勇. 2004. 一种基于 DBSCAN 聚类算法的研究和实现. 计算机工程，30 (17)：119 - 121.

王绍敏，孙晓静，王克峰. 2004. 应用平行坐标系进行可视化优化设计. 计算机与应用化学，24 (1):11 - 15.

魏瑞斌. 2006. 基于关键词的情报学研究主题分析. 情报科学，24（9）：1400－1404.
邬伦，张晶，唐大仕，等. 2001. 基于 WebGIS 的体系结构研究. 地理学与国土研究，（4）：3－8.
薛为民，陆玉昌. 2005. 文本挖掘技术研究. 北京联合大学学报，19（4）：59－63.
易志. 2008. 基于 WEBGIS 的贵州省空间数据共享系统的研究与应用. 贵州师范大学.
张玢，许培扬，王敏. 2009. GoPubMed 与 Web of Knowledge 分析工具 Analyze Results 的比较研究. 中华医学图书情报杂志，18（5）：64－68.
张娴，高利丹，唐川. 2007. 专利地图分析方法及应用研究. 情报杂志，（11）：22－25.
张雁，彭珺. 2007. 基于词频分析的我国 2005 年科学学发展动向探析. 世界科技研究与发展，29（2）：3－100.
赵党志. 1993. 共引分析——研究学科及其文献结构和特点的一种有效方法. 情报杂志，（5）：36－38.
赵沁平. 2009. 虚拟现实综述. 中国科学 F 辑：信息科学，39（1）：2－46.
周东华. 2006. 数据挖掘中聚类分析的研究和应用. 天津大学.
周晓峥，刘勘，孟波. 2002. 多维数据集的平行坐标表示及聚簇分析. 计算机工程，28（1）：94－143.
朱东华，袁军鹏. 2003. 技术监测指标研究及其实证分析. 科学学研究，（4）：419－422.
朱东华，袁军鹏. 2004. 基于数据挖掘的科技监测方法研究. 管理工程学报，18（4）：135－139.
朱东华，袁军鹏，李石柱. 2003. 面向科研立项评估的技术监测和技术机会分析研究. 科研管理，（2）：9－15.
朱凌. 2002. Web GIS 及其常用软件比较. 测绘通报，（9）：1－2.
Alan L P，Michael J D. 1995. Technology opportunities analysis. Technological Forecasting and Social Change，（49）：237－255.
Ashton S. 1988. Using patent information in technology business planning. Research Technology Management，31（6）：42－46.
Atlanta H D G. 2004. Global research competition affects US output，school of public policy. Georgia Institute of Technology Atlanta，（11）.
Bouskila F D. 1999. The role of semantic locality in hierarchical distributed dynamic indexing and information retrieval. Dissertation of master of science in electrical engineering in the university of Illionis art Urbana-Champaign.
Bragge J，Storgrds J. 2007. Profiling academic research on digital games using text mining tools. Proceedings of the Digital Games Research Association's DiGRA 2007 Conference：24－28.
Callon M，Courtial J P，Laville F. 1991. Co-word analysis as a tool for describing the network of interactions between basic and technological research：the case of polymer chemistry. Scientometrics，22（1）：155－205.
Callon M，Law J，Rip A. 1986. Mapping the Dinamics of Science and Technolog：Sociology of Science in the Real World. Macmillan Publishing Co.
Chen C M. 2003. Mapping Scientific Frontiers：the Quest for Knowledge Visualization. London：Springer-verlag：138－139.
Chen C M. 2006. CiteSpace II：detecting and visualizing emerging trends and transient patterns in scientific literature . Journal of the American Society for Information Science and Technol-

ogy, 57 (3): 359 - 377.

Courtial J P, Gourdon LA. 1997. Scientometric approach to autism based on translation sociology. Scientometrics, 40 (2): 333 - 355.

Courtial J P, Michelet A. 1997 Mathematical model of development in a research field. Scientometrics. 19 (1/2): 127 - 141.

Dalp R, Gauthier E, Ippersiel M P. 1997. The State of Nanotechnology Research: Report to the National Research Council of Canada. 5.

de Olivera M C F, Levkowitz H. 2003. From visual data exploration to visual data mining: a survey. IEEE Transaction and Computer Graphic, 9 (3): 378 - 394.

Dzwinel W, Blasiak J. 1999. Method of particles in visual clustering of multi-dimensional and large data sets. Future Generation Computer Systems, (15): 365 - 379.

Furnas G W, Buja A. 1994. Prosection views: dimensional inference through sections and projections. Journal of Computational and Graphical Statistics, 3 (4): 363 - 367.

Garfied E. 1994. Research fronts. Current Contents, (41): 3 - 7.

Hall B H, Jaffe A, Trajtenberg M. 2000. Market value and patent citation: a first look. NBER Working Paper, 74 (35).

Havre S, Hetzler B, Nowell L. 2006. ThemeRiverTM: in search of trends, patterns, and relationships. http: //infoviz. pnl. gov/pdf/themeriver99. pdf.

Healey P, Rothman H, Paul K H. 2006. An experiment in science mapping for research planning. Research Policy, (15): 233 - 251.

Hoang L M. 2006. Emerging trend detection from scientific online documents. http: //www. jaist. ac. jp/library/thesis/ks-doctor-2006/paper/hoangle/paper. pdf.

Huisman M, van Duijn M A J. 2005. Software for social network analysis//Carrington P J, Scott J, Wasserman S. Models and Methods in Social Network Analysis. New York: Cambridge University Press: 270 - 316

Keim D A. 2000. Designing pixel-oriented visualization techniques: theory and applications. IEEE Transaction on Visualization and Computer Graphics, 6 (1): 59 - 78.

Keim D A. 2002. Information visualization and visual data mining. IEEE Transaction and Computer Graphic, 8 (1): 1 - 8.

Kessler M M. 1996. Bibliographic coupling between scientific papers. American Documentation, (14): 10 - 25.

Klenberg J. 2002. Bursty and hierarchical structure in streams. Proceedings of the 8th ACM SIGKDD International Conference on knowledge Discovery and Data Mining: 1 - 25.

Kontostathis A, Leon M G, William M, et al. 2003. A Survey of Emerging Trend Detection in Textual Data Mining. London: Springer - Verlag.

Kopanakis I, Theodoulidis B. 2003. Visual data mining modeling techniques for the visualization of mining outcomes. Journal of Visual Languages and Computing, (14): 543 - 589.

Kostoff R N. 1997. Database Tomography for information retrieval. Journal of Information Science, 23 (4): 301 - 311.

Kostoff R N, Eberhart H J, Toothman D R, et al. 1997. Database Tomography for technical intelligence: comparative roadmaps of the research impact assessment literature and the Journal of the American Chemical Society. Scientiometrics, 40 (1): 103 – 138.

Kostoff R N, et al. 2007. Literature-related discovery (LRD). Arlington: Office of Naval Research: 7 – 61,100 – 146.

Kostoff R N, Miles D L, Eberhart H J. 1995. System and method for database tomography. US Patent Number 5440481, 8.

Laender A, Ribeior-Neto B, da Silva A, et al. 2002. A brief survey of web data extraction tools. ACM SIGMOD Record, 31 (2): 84 – 93.

Law J, Bauin S, Courtial J P, et al. 1988. Policy and the mapping of scientific change: a co-word analysis of research into environmental acidification. Scientometrics, 14 (3/4): 251 – 264.

Law J, Whittaker J. 1992. Mapping acidification research a test of the co-word method. Scientometrics, 23 (3): 417 – 461.

Lee M D, Butavicius M A, Reilly R E. 2003. Visualizations of binary data: a comparative evaluation. Int. J. Human-Computer Studies, (59): 569 – 602.

Lent B, Agrawal R, Srikant R. 1997. Discovering trends in text database. Proceedings of KDD97: 227 – 230.

Leydesdorff L. 1989. Words and co-words as indicators of intellectual organization. Research Policy, (18).

Leydesdorff L A. 1992. Validation-study of leximappe. Scientometrics, 25 (2): 295 – 312.

Loet L. 1997. Why words and co-words cannot map the development of the sciences. Journal of the American Society for Information Science, 48 (5): 418 – 427.

Morris S, Yen G, Wu Z, et al. 2003. Timeline visualization of research fronts. Journal of American Society for Information Science and Technology, 54 (5): 413.

Persson O. 1994. The intellectual base and research fronts of JASIS 1986 – 1990. Journal of the American Society for Information Science, 45 (1): 31 – 38.

Porter A L, Kongthon A, Lu J C. 2002. Research profiling: improving the literature review. Scientometrics, 53 (3): 351 – 370.

Price D D. 1965. Networks of scientific papers. Science, 149 (3683): 510 – 515.

Qin H. 1999. Knowledge discovery through co-word analysis. Library Trends, 48 (1): 133 – 159.

Qin H. 2001. Component study of co-word analysis. PhD thesis in Philosophy in Library and information science in the Graduate College of the University of Illinois at Urbana-Champaign.

Raan A F J V, Tijssen R J W. 1993. The neural net of neural network research: an exercise in bibliometric mapping. Scientometrics, 26 (1): 169 – 192.

Rajaraman K, Tan A H. 2001. Topic detection, traking and trend analysis using selforganizing neural networks. The 5th Pacific-Asia Conference on Knowledge Discovery and Data Mining, Berlin.

Small H. 1973. Co-citation in the scientific literature: a new measure of the relationship between two documents. Journal of the American Society for Information Science, 24 (4): 265 – 269.

Small H. 1976. Structural dynamics of scientific literature. International Classification, 3 (2): 67 – 74.

Small H. 1977. Aco-citation model of scientific specialty: a longitudinal study of collagen research. Social Studies of Science, 7: 139-166.

Small H. 1985. Clustering the science citation index using co-citations. Scientometrics, 7 (3): 391-409.

Small H. 1986. The synthesis of speciality narratives form co-citation clusters. Journal of the American Society for Information Science, 37 (3): 97-110.

Small H. 1993. Macro-level changes in the structure of co-citation clusters: 1983-1989. Scientometrics, 26 (1): 5-20.

Small H. 1994. A sci-map case study: building a map of AIDS research. Scientometrics, 30 (1): 229-241.

Small H. 1999. Visualizing science by citation mapping. Journal of the American Society for Information Science, 50 (9): 799-813.

Small H. 2003. Paradigms, citations, and maps of science. Journal of the American Society for Information Science and Technology, (5).

Small H, Greenlee E. 1986. Collagen research in the 1970s. Scientometrics, 10 (1/2): 95-117.

Small H G. 1998. A general framework for creating large-scale maps of science in two or three dimensions: the sciviz system. Scientometrics, 41 (1): 125-133.

Small H G. 1998. Co-citation context analysis and the structure of paradigms. Journal of Documentation, 36 (3): 183-196.

Swan R, Allan J. 1999. Extracting signicant time-varying features from text. Proc. 8th Intl. Conf. on Information Knowledge Management.

Swan R, Jensen D. 2000. Time mines: constructing timelines with statistical models of word usage. Proceedings of ACM SIGKDD (2000): 73-80.

Ward M O. 2002. Xmdvtool: information visualization. IEEE Computer Graphics and Applications, 22 (1): 20-21.

Weinberg B H. 1974. Bibliographic coupling: a review. Information Storage and Retrieval, 10 (5/6): 189-196.

White H D, Griffith B C. 1981. Author co-citation: a Literature measure of intellectual structure. Journal of the American Society for Information Science, (5): 332-339.

Yang J, Ward M O, Elke A. 2003. Rundensteiner. Interactive hierarchical displays: a general framework for visualization and exploration of large multivariate data sets. Computers & Graphics, (27): 265-283.

Y-H Fua M O, Ward E A. 1999. Rundensteiner hierarchical parallel coordinates for exploration of large datasets. Proc. of IEEE Visualizaton: 43-50.

Zhang X. 2006. Fast algorithms for burst detection. PhD Dissertational New York University, (9).

Zhu D H, Porter A L. 2002. Automated extraction and visualization of information for technological intelligence and forecasting . Technological Forecasting & Social Change, (69): 495-506.

后 记

本书的研究工作得到国家自然科学基金重点项目（编号：71033001）的资助。本书内容主要体现当前的认识和技术水平，由于时间、资料及学识所限，疏漏之处在所难免，望有识之士批评指正。我们将本着求真务实的态度，不断探索和发展国际科技资源监测的理论方法体系，继续完善已开发的监测系统及其在实践中的应用，为国家科技管理部门动态监测国际科技资源的布局状况、实施有效的国际科技合作计划管理，为产学研有效地利用国际科技资源、开展高水平的国际科技合作提供理论支持。

本书各部分执笔人员的分工如下：第一章，刘云、陈雄、李昕、孙涛涛执笔；第二章，刘云、叶选挺、王文平、樊威、陈择欣执笔；第三章，刘云、叶选挺、王小黎执笔；第四章，刘云、陈雄、孙涛涛、樊威执笔；第五章，刘云、王小黎、宋敦江执笔；第六章，刘云、李昕、王小黎执笔；第七章，刘云、陈雄、宋敦江执笔。

本书在研究过程中得到美国佐治亚理工学院公共政策学院 Diana 教授、Alan Porter 教授、Rogers 教授等国外专家的指导和帮助，在监测系统研究开发过程中得到科学技术部国际合作司和中国科学技术交流中心有关领导的指导和支持。此外，北京理工大学管理与经济学院的多位硕士研究生和本科生也参与了监测系统开发中的数据收集和整理等工作。

在此，谨对在本书调研和写作过程中给予大力支持的各位专家和参与人员表示衷心的感谢！

刘 云

2013 年 1 月 20 日